KB0035371

문재인 시대
파워엘리트

| 일러두기 |

1. 이 책에 소개된 인물들은 2장은 직급 순서, 3장은 가나다 순서로 배치했습니다.
2. 2장에 나오는 내각과 청와대 인사는 2017년 5월 16일까지 발표된 내용을 기준으로 반영했습니다.

문재인 시대

새 시대 새 정권이 선택한 인재

파워엘리트

매일경제 정치부 지음

매일경제신문사

　사상 초유의 대통령 탄핵과 조기 대통령선거, 범진보 진영이 득세한 '기울어진 운동장', 고故 김대중 전 대통령DJ 이후 첫 재수 대통령 탄생.

　19대 대통령선거는 이렇듯 기존 정치권의 상식을 허물어뜨리며 대한민국 정치사에 또 하나의 역사를 썼습니다. 5년마다 치러지는 대통령선거는 응축된 당대의 시대정신이 표출되는 가장 큰 무대입니다. 지난 10년 두 번의 대선을 가른 시대정신은 경제 살리기와 경제 민주화였습니다. 1997~2007년은 정권 교체와 정치개혁이 화두였고, 이런 기치를 내건 진보 진영의 시대였습니다. 최근 20년간 10년을 주기로 진보와 보수 정권을 오가며 시대정신을 투영시켰던 대한민국은 앞으로 5년의 시대정신을 구현할 적임자로 문재인 대통령을 선택했습니다.

대선 직전 《매일경제》는 정치·경제·사회 등 각계 오피니언 리더 256명을 대상으로 설문조사를 실시했습니다. 국민들이 가장 바라는 리더십은 무엇인지, 대통령이 임기 중 가장 역점을 두고 해야 할 일은 무엇인지 물었습니다. 절반이 넘는 응답자가 '통합의 리더십'을 선택했습니다. 개혁의 리더십과 소통의 리더십이 뒤를 이었습니다. 바로 향후 5년간 대한민국을 이끌어갈 시대정신인 것입니다.

지난 박근혜 정권은 안타깝게도 분열의 시대를 낳았습니다. '최순실 국정농단 사태'로 국론과 민심은 반으로 쪼개졌습니다. 서울 한복판에서 정권을 규탄하는 촛불집회와 박근혜 전 대통령 탄핵을 반대하는 태극기집회가 동시에 열렸습니다. 대선 과정에서도 고질적인 지역, 이념, 세대별 대결이 첨예하게 맞붙었습니다. 다시 대한민국을 한 그릇에 담는 일이 문 대통령에게 주어진 가장 큰 과제일 것입니다.

선거는 분열을 먹고 자랍니다. 지지자는 모으고 반대편은 짓눌러야 승리하는 게 선거의 생리입니다. 이제 내 편과 네 편을 나누는 선거는 끝났습니다. 문 대통령은 대선 과정에서 '적폐 청산'과 '정권 교체'를 내걸어 지지층 결집에 성공했고 막판 '통합정부'를 키워드로 반대편을 보듬는 모습을 보여줬습니다. 정권 교체로 지난 정권의 과오를 심판하면서도 또 다른 분열과 갈등은 바라지 않는 게 바로 2017년 대한민국의 시대정신입니다. 이제 원심력은 최소화하고 구심력을 극대화하는 통합의 리더십이 절실합니다.

유례없는 조기대선으로 역대 정권과 달리 시행착오가 용납되지 않는 문재인 정부는 취임하자마자 국정 운영에 시동을 걸어야 합니다. 취임 후 100일, 이른바 골든 타임이 문재인 정부 5년을 좌우할 것입니다.

문 대통령이 1호 공약으로 내세웠던 일자리 창출은 물론 저성장 한국 경제에 돌파구를 제시해줘야 합니다. 북한이라는 상수에 미·중 관계라는 변수가 결합된 3차 방정식을 슬기롭게 풀어내야 합니다. 4차 산업혁명이라는 거대한 파고 속에서 '패스트 팔로어Fast Follower(빠른 추격자)'를 넘어 '퍼스트 무버First Mover(시장 선도자)'로 도약할 기반을 마련해야 합니다.

개혁의 고삐도 늦춰선 안 됩니다. 국민들은 정치, 경제, 사회, 교육 등 곳곳에 남은 부조리를 뿌리 뽑아 공정사회와 상식이 통하는 사회를 만들어달라고 주문하고 있습니다. 일자리 창출, 경제 활성화, 외교 난맥상 해결, 4차 산업혁명 대비 등 최우선 과제를 5년 임기 중 잡음 없이 해내려면 더 이상 낡은 정치가 아닌 새 시대에 걸맞은 새로운 통합의 정치가 이 땅에 안착해야 합니다.

시대정신을 담은 민심의 나침반을 좇으려면 국정의 키를 쥔 문 대통령 혼자 힘으로는 부족합니다. 풍랑에 휘청거리거나 좌초하지 않으려면 노를 젓는 문재인 사람들의 역할이 절대적입니다. 이들 '문재인 시대 파워엘리트'가 하나로 힘을 모을 때 문재인 정부는 앞으로 전진할 수 있습니다. 《매일경제》에서 《문재인 시대 파워엘리트》를 발간한 이유도 여기에 있습니다.

《매일경제》는 1998년 국내 언론 중 처음으로 대통령 인맥을 분석한 《DJ 시대 파워엘리트》를 펴내 큰 반향을 일으켰습니다. 이후에도 《노무현 시대 파워엘리트》, 《이명박 시대 파워엘리트》, 《박근혜 시대 파워엘리트》 등을 펴내며 새 정부의 인맥 지침서로 자리매김하게 했습니다. 이번 파워엘리트 시리즈 역시 문재인 정부를 이끌 핵심 인사와 그들의 네트워크, 이를 통한 새 정권의 성향과 방향을 소개하는 교과서가 될 것입니다.

문 대통령을 둘러싼 가장 큰 논란 중 하나가 '친문 패권주의'일 것입니다. 문 대통령과 함께했다가 등진 많은 인사들이 문 대통령 주변의 인의 장막을 비판했습니다. 하지만 이번 대선을 거치면서 문 대통령은 통합을 키워드로 일신한 면모를 보여줬습니다. 2012년 대선 패배로 사람을 깊게 쓰는 것 이상으로 넓게 쓰는 것의 중요성을 깨달은 것입니다.

두 번의 대선을 거치면서 문 대통령 주변에는 친노 그룹이 주축이 된 원조 친문 세력에 새롭게 합류한 신新 친문 그룹이 포진했습니다. 대선 경선을 거치며 틀어졌던 안희정 충남지사와 이재명 성남시장 측 인사들도 본선 무대에 오르기 전 대거 포용했습니다. 더불어민주당 안팎의 세력들이 똘똘 뭉쳐 '용광로 선대위'를 꾸린 것입니다. 이후에도 다양한 세력들을 포용했습니다. 김대중 전 대통령의 아들인 김홍걸 씨를 비롯해 동교동계 인사들이 문 대통령에게로 향한 것입니다. 동교동계와 함께 국내 정치사를 대표하는 상도동계 명망가들도 영입했습니다. 고 김영삼 전 대통령YS의 아들인 김현철 씨는 물론 YS의 최측근이던 김덕룡 김영삼민주센터 이사장까지 가세했습니다. 지난 박근혜 정권을 탄생시키는 데 기여했던 김광두 서강대학교 석좌교수의 합류는 문 대통령의 포용 의지를 확인할 수 있는 대표적 사례입니다. 새 정부 초기에 문 대통령의 측근들이 2선으로 물러나는 결단을 내리면서 탕평 인사와 통합 정치에 나서고 있는 점은 긍정적인 신호입니다.

《문재인 시대 파워엘리트》는 문 대통령의 인사 철학을 반영해 새 정부에서 핵심 역할을 할 인물들을 최대한 분석하려고 노력했습니다. 이 책에 포함돼야 할 인사들은 이보다 훨씬 많을 것입니다. 다만 선택과 시간의 제약 때문에 더 많은 인사를 싣지 못한 점은 아쉬움으로 남습니다. 이 책을 펴내기까지 《매일경제》 박정철 부장을 비롯해 윤상환, 이상훈, 김기철, 신헌철 차장, 안두원, 강계만, 임성현, 오수현, 전범주, 김명환, 정석환, 김효성, 안병준, 김정범, 김태준, 추동훈, 박태인 기자, 이승민 씨 등 모든 정치부원들이 참여했습니다.

문재인 시대를 열어갈 파워엘리트에 대한 상세한 분석이 새 정부의 국정 운영을 안내하는 소중한 길잡이가 되기를 바랍니다. 새 정부가 출범할 때마다 《매일경제》의 파워엘리트 시리즈를 사랑해주시는 독자 여러분들의 성원에 감사드립니다.

《매일경제》 편집국장
서양원

차
례

책을 펴내며   5

01

문재인의 모든 것

걸어온 길	18
문재인의 23문 23답	28
리더십과 용인술	33
재산	37
가족과 친인척	41
지지자들	48
측근 그룹	53
정책 참모 그룹	56
외부 영입 그룹	59
원로 및 기타 그룹	62
차기를 노리는 지자체장 3인방	66

02

1기 내각과
청와대 인사

이낙연	국무총리	74
서 훈	국가정보원장	76
홍남기	국무조정실장	78
표 - 대통령비서실 개편 기구도		80
임종석	비서실장	82
주영훈	경호실장	84
전병헌	정무수석비서관	86
조 국	민정수석비서관	88
조현옥	인사수석비서관	90
김수현	사회수석비서관	92
하승창	사회혁신수석비서관	94
윤영찬	국민소통수석비서관	96
박수현	대변인	98
권혁기	보도지원비서관(춘추관장)	100
박형철	반부패비서관	102
이정도	총무비서관	104

03

문재인의
파워엘리트

강기정 전 국회의원 108

강병원 더불어민주당 의원 110

고민정 전 KBS 아나운서 112

권인숙 명지대학교 교수 114

권칠승 더불어민주당 의원 116

김경수 더불어민주당 의원 118

김광두 서강대학교 석좌교수 120

김기식 전 국회의원 122

김기정 연세대학교 교수 124

김동연 부총리 겸 기획재정부 장관 126

김두관 더불어민주당 의원 128

김민석 전 국회의원 130

김병기 더불어민주당 의원 132

김상곤 전 경기도 교육감 134

김상조 공정거래위원장 136

김석동 전 금융위원장 138

김영록 전 국회의원 140

김용기 아주대학교 교수 142

김용익 전 국회의원 144

김조원 더불어민주당 당무감사원장 146

김진표 더불어민주당 의원 148

김태년 더불어민주당 의원 150

김해영 더불어민주당 의원 152

김 현 전 국회의원 154

김현미 더불어민주당 의원 156

김현철 서울대학교 교수 158

김호기 연세대학교 교수 160

김홍걸 더불어민주당 국민통합위원장 162

김효석 전 국회의원 164

남인순 더불어민주당 의원 166

노영민 전 국회의원 168

도종환 더불어민주당 의원 170

문정인 연세대학교 교수 172

박광온 더불어민주당 의원 174

박남춘 더불어민주당 의원 176

박범계 더불어민주당 의원 178

박병석 더불어민주당 의원 180

박선원 전 청와대 외교안보전략비서관 182

박 승 전 한국은행 총재 184

박영선 더불어민주당 의원 186

박 정 더불어민주당 의원 188

백원우 전 국회의원 190

변양균 전 청와대 정책실장   192

서갑원 전 국회의원   194

설 훈 더불어민주당 의원   196

성경륭 한림대학교 교수   198

손혜원 더불어민주당 의원   200

송영길 더불어민주당 의원   202

송인배 청와대 제1부속비서관   204

신경민 더불어민주당 의원   206

신동호 한양대학교 겸임교수   208

안규백 더불어민주당 의원   210

안민석 더불어민주당 의원   212

양정철 전 청와대 홍보기획비서관   214

염한웅 포스텍 교수   216

예종석 전 아름다운재단 이사장   218

오갑수 글로벌금융학회장   220

오거돈 전 해양수산부 장관   222

오영식 전 국회의원   224

우상호 더불어민주당 의원   226

우원식 더불어민주당 의원   228

위철환 변호사   230

유송화 청와대 제2부속비서관   232

유정아 전 KBS 아나운서   234

윤건영 청와대 국정상황실장   236

윤관석 더불어민주당 의원   238

윤대희 전 국무조정실장   240

윤종원 주OECD 대사   242

윤태영 전 청와대 대변인   244

윤호중 더불어민주당 의원   246

이광재 전 강원지사   248

이다혜 바둑기사   250

이미경 전 국회의원   252

이병완 전 청와대 비서실장   254

이석현 더불어민주당 의원 256

이수혁 전 외교부 차관보 258

이영탁 전 국무조정실장 260

이용섭 전 국회의원 262

이해찬 더불어민주당 의원 264

이호철 전 청와대 민정수석 266

이 훈 더불어민주당 의원 268

전윤철 전 감사원장 270

전재수 더불어민주당 의원 272

전해철 더불어민주당 의원 274

전현희 더불어민주당 의원 276

정세현 전 통일부 장관 278

정의용 청와대 국가안보실장 280

정재호 더불어민주당 의원 282

정 철 카피라이터 284

정청래 전 국회의원 286

정태호 전 청와대 대변인 288

조대엽 고려대학교 교수 290

조병제 전 주말레이시아 대사 292

조윤제 서강대학교 교수 294

진성준 전 국회의원 296

최재성 전 국회의원 298

최정표 건국대학교 교수 300

추미애 더불어민주당 의원 302

한병도 전 국회의원 304

한완상 서울대학교 명예교수 306

홍영표 더불어민주당 의원 308

홍익표 더불어민주당 의원 310

홍종학 전 국회의원 312

황 희 더불어민주당 의원 314

부 록 문재인 시대 파워엘리트 표 316

01

문재인의
모든 것

걸어온 길

흥남부두에 묻은 한恨

　문재인 대통령은 한국전쟁 중이던 1953년 1월 24일, 경상남도 거제군 명진리의 허름한 시골 농가에서 태어났다. 거제는 한국전쟁을 피해 남으로 자유를 찾아온 부모님이 처음 정착한 곳이었다.

　1·4후퇴 중 흥남철수작전 당시, 잠시 중공군을 피한다는 심정으로 별 준비 없이 서둘러 떠나온 피난길이 한평생 실향失鄕의 한으로 이어졌다. 문 대통령의 부모는 1950년 12월 23일 흥남부두에서 극적으로 탈출선에 몸을 싣고 북한 땅에서 빠져나왔다. 이 배는 영화 〈국제시장〉에 등장한 미군의 무기 수송 화물선인 '메러디스 빅토리호Meredith Victory Ship'로 추정된다. 12월 23일은 흥남철수 마지막 날로, 그 직후에 흥남부두가 폭파됐으니 문 대통령의 부모는 극적으로 탈출에 성공한 셈이다. 만약 이들이 배에 오르지 못했다면 대한민국

가난했던 학창 시절의 문재인(뒷줄에서 가운데).

19대 대통령 문재인도 존재하지 않았을 것이다.

이후 문 대통령 가족은 거제를 떠나 북한 출신 피난민이 많이 살던 부산 영도로 삶의 터전을 옮겼다. 영도는 고갈산 아래 산복도로를 중심으로 비탈진 언덕에 얼기설기 판잣집이 들어선 대표적 서민 달동네였다. 연고도 없는 도시에 정착한 터라 문 대통령의 유년 시절은 집안이 가난했다. 문 대통령은 자서전《문재인의 운명》에서 자신의 가난한 어린 시절에 대해 이렇게 말했다.

"자립심과 독립심을 키우는 데 많은 도움이 됐다고 생각한다. 가난이 내게 준 선물이다. '돈은 별로 중요한 게 아니다'라는 지금의 가치관은 오히려 가난 때문에 내 속에 자리 잡은 것이었다. 아마도 가난을 버티게 한 내 자존심이었을지도 모르겠다. 그런 가치관은 살아오는 동안 큰 도움이 됐다.”

놀 줄 아는 수재

문 대통령은 부산 최고의 명문 경남중학교와 경남고등학교에 입학했다. 경남중학교에 입학하면서 처음으로 빈부의 격차를 느꼈다고 한다. 가난한 집 아이들이 모여 살던 초등학교와는 달리 부유층 자제들이 많이 다니던 경남중학교의 분위기는 사뭇 달랐다. 그는 난생처음 경제적 불평등이 주는 세상의 불공정함을 깨닫고 정신적 방황을 겪었다고 한다. 이 같은 사춘기 시절의 방황은 독서열로 이어졌다. 그 시절의 문 대통령은 닥치는 대로 책을 읽었고, 늘 학교도서관에 맨 마지막까지 남아 책을 읽었다.

명문 경남고등학교에 우수한 성적으로 입학했지만 공부만 하는 모범생과는 거리가 멀었다. 그는 운동하는 친구들과 어울렸고, 술도 마시고 담배도 피웠다. 싸움에 말려 친구들과 의리를 지키려다 정학을 당하기도 했다. 그런 와중에도 늘 성적은 좋은 편이었다.

원래 문 대통령은 대학에서 역사학을 전공하고 싶었다. 그러나 부모님과 담임선생님의 뜻대로 서울대학교 상대에 응시했고 낙방했다. 문 대통령은 고1 때 한 교사가 친구를 입술이 터질 때까지 때리는 모습을 보고, 이후 그 교사가 가르치는 과목은 아예 공부하지 않았다고 했다. 그는 반에서 1, 2등을 다툴 정도로 뛰어난 성적이었는

대학 시절의 문재인(앞줄에서 가운데).

데, 그 과목만은 거의 꼴찌 수준이었다. 단지 고교 시절의 치기 어린 반항심과 분노의 표출이었으나 이것이 서울대학교 낙방의 원인이 됐다. 그는 재수 끝에 1972년 경희대학교 법학과 4년 전액 장학생으로 입학했다.

최루탄 맞으며 꽃피운 사랑

문 대통령이 대학에 입학한 1972년은 박정희 정권의 10월유신 선포와 함께 민주주의 억압이 노골화되던 시기였다. 문 대통령은 1975년 4월 인혁당 사건 관계자들이 사형을 당한 뒤, 사법 살인에 항의하는 대규모 학내 시위를 주도하다 구속됐다.

학내 시위를 주도하다 강제 징집된 문재인은
특전사에 배치되었다.

문 대통령이 영부인인 김정숙 여사와 만나 연애를 시작한 것도 이즈음이었다. 문 대통령은 3학년 때인 1974년 학교 축제 때 파트너로 김 여사를 만났다. 그 뒤 인사 정도만 하는 사이로 지내다가 이듬해 유신반대 시위에 나섰다가 최루탄 가스에 쓰러진 문 대통령을 발견한 김 여사가 따로 그를 옮겨 손수건으로 얼굴을 닦아주면서 본격적인 인연이 시작됐다. 이후 문 대통령과 김 여사는 구속-징집-고시공부라는 긴 시간을 함께하며 7년간의 연애 끝에 결혼에 이르게 됐다.

문 대통령은 김 여사와 연애를 시작한 1975년에 강제 징집됐다. 창원 39사단 훈련소에서 훈련을 마치고 특전사령부 제1공수 특전여단에 배치됐다. 문 대통령은 군대에 와보니 "내가 군인 체질이라는 걸 알게 됐다"고 저서에서 밝힐 정도로 군 생활에 잘 적응했다. 실제로 그는 폭파과정 최우수, 화생방 최우수 표창을 받았고 공중낙하와 수중침투, 천리행군, 고급

문 대통령과 김정숙 여사의 결혼식.

인명구조 훈련 등을 거뜬히 치러냈다고 한다.

유치장에서 받은 사법고시 합격통지서

1978년 2월, 31개월 만기 제대한 직후 문 대통령의 아버지가 급작스럽게 돌아가셨다. 이후 문 대통령은 사법고시에 응시하기로 결심했다. 장남으로서 집안을 이끌어야 한다는 책임감 때문이었다고 한다.

전라남도 해남 대흥사로 들어가 고시공부에 매달렸고, 1979년 초 사법고시 1차에 합격했다. 하지만 10·16 부마항쟁이 일어난 것

01 문재인의 모든 것 **23**

사법연수원 시절의 문재인(왼쪽)과 박원순.

을 보고 학교로 복학해 다시 복학생 대표로 시위의 한복판에 섰다. 결국 1980년 5월 확대계엄 조치가 발동되면서 또다시 구속되기에 이른다.

문 대통령은 그동안 준비했던 것이 아쉬워 1980년 4월 학내시위 와중에 2차 시험을 치렀는데, 경찰서 유치장에서 2차 사법시험 합격통지서를 받았다. 당시 경찰서장은 축하 차 면회를 온 학생처장과 법대 동창회장을 유치장 안으로 들여보내 조촐한 소주 파티를 열 수 있게 해주었다. 경찰 역사상 전무후무한 일이었다.

변호사 문재인(왼쪽)과 모친 강한옥 여사. 이 시기에 노무현 전 대통령을 만났다.

노무현 전 대통령과의 운명적인 만남과 이별

문 대통령의 사법연수원 시절은 평탄했다. 풍족하지는 않았지만 매달 봉급을 받을 수 있어 경제적으로 자립할 수도 있었다. 이 무렵 7년간 연애해온 김정숙 여사와도 결혼했다. 작고한 조영래 변호사와 박원순 서울시장, 박시환 대법관, 송두환 헌법재판관, 이귀남 법무장관, 박병대 대법관, 박징규 민정수석, 조배숙 의원, 박은수, 고승덕 전 의원 등 쟁쟁한 동기들이 있었음에도 문 대통령은 연수원 성적 차석으로 법무부 장관 표창을 받았다.

그는 애초 판사를 지망했지만 시위 전력으로 인해 임용에서 탈락했다. 이후 문 대통령은 고향 부산으로 내려가 변호사 생활을 시작했다. 이때 노무현 변호사와의 운명적인 만남이 있었다. 두 사람은 1982년 8월 문 대통령의 사법시험 동기인 박정규 전 청와대 민정수석의 소개로 처음 만났다. 문 대통령은 당시 만남을 "무엇보다 느낌이 달랐다. 소탈하고 솔직하고 친근했다"고 회상했다. 곧바로 의기투합한 두 사람은 '변호사 노무현 문재인 합동법률사무소'를 열었고 부산의 대표적인 재야 인권변호사로 활동했다.

노무현 전 대통령이 정계로 입문하면서 잠시 떨어진 둘은 2002년 노 전 대통령이 대선에 출마하면서 다시 힘을 합쳤다. 문 대통령은 대선 정국에서 부산선대위 본부장을 맡았고, 참여정부 시절에는 초대 민정수석, 시민사회수석, 정무특보 등을 거쳐 참여정부 마지막 비서실장을 역임했다.

청와대 시절의 문 대통령의 성정은 누구보다 대쪽 같았다. 고위 공직자의 관행이었던 특혜를 철저하게 내려놓았다. 업무시간 외엔 직접 차를 몰았고 방이 따로 없는 대중음식점에서 식사를 하고 비행기나 기차는 늘 일반석을 이용했다. 그리고 대통령의 지근거리에서 국정 전반을 보좌하다보니 늘 격무에 시달렸다. 청와대 생활 1년 동안 과로로 인해 무려 10개의 이가 빠질 정도였다.

2009년 노무현 전 대통령이 세상을 떠났을 때 서거 소식을 공식 발표한 사람도 문 대통령이었다. 참여정부 시절 수차례 총선 출마 요구를 거절했던 그는 노 전 대통령 서거와 함께 정치의 길에 들어

노무현 전 대통령(오른쪽)과 함께한 참여정부 시절의 문재인.

섰다. 문 대통령은 저서《문재인의 운명》에서 "당신(노 전 대통령)은 이 제 운명에서 해방됐지만 나는 당신이 남긴 숙제에서 꼼짝하지 못하 게 됐다"고 회고했다.

문재인의 23문 23답

1. 출생

경상남도 거제군 명진리

2. 학력

남향초등학교, 경남중학교, 경남고등학교, 경희대학교 법학과

3. 주요 경력

22회 사법고시 합격, 법무법인 '부산' 대표변호사, 대통령 비서실 민정수석비서관, 시민사회수석비서관, 민정수석비서관, 대통령 비서실장, 19대 국회의원, 더불어민주당 대표

4. 키, 몸무게, 신발 사이즈, 혈액형

172cm, 67kg, 260mm, B형

문 대통령과 김정숙 여사 그리고 반려견.

5. 종교

천주교(세례명 디모테오)

6. 가족관계

부인 김정숙(1954년생·주부)

아들 문준용(1982년생·미디어 아티스트)

딸 문다혜(1983년생·주부)

7. 신체 비밀

임플란트와 발가락

8. 어린 시절 꿈

역사학자

9. 취미

등산

10. 하루 수면 시간

7시간

11. 좋아하는 음식

회와 해산물

12. 한 달 독서량

예전엔 10권, 최근엔 바빠서 2~3권

13. 좋아하는 노래

〈꿈꾸는 백마강〉

14. 주량과 술버릇

소주 1병, 술버릇 없음

15. 담배

2004년 민정수석 그만두고 네팔로 히말라야 트레킹 갔을 때 끊음

16. 가장 아끼는 물건

법무법인 '부산' 개업 시 노무현 전 대통령이 개업 선물로 보내준 괘종시계

17. 가장 기뻤던 일

사법고시 합격과 노무현 대통령의 당선

18. 나의 단점

과도한 진지함과 결벽주의

19. 가장 용서할 수 없는 것

힘 있는 사람, 가진 사람, 잘나가는 사람들이 약하고 없는 사람들을 무시하는 것

20. 따르고 싶은 현대 정치인과 이유

프랭클린 루스벨트, 진보적이면서도 통합적인 리더십

21. 좋아하는 연예인

가수 이은미, 배우 송강호

22. 감명 깊게 본 영화

〈광해, 왕이 된 남자〉

23. 프러포즈는 어떻게 했나

아내가 먼저 했다. 친구들과 있는데 아내가 와서 갑자기 "재인이 너 나랑 결혼 할 거야, 말 거야? 빨리 말해!"라고 해서 깜짝 놀라 "알았어"라고 했다.

리더십과 용인술

2016년 4·13 총선을 앞두고 당시 문재인 대표와 더불어민주당은 위기에 봉착했다. 안철수 전 민주당 대표가 탈당해 국민의당을 창당했고, 이어 김한길, 박지원, 천정배 의원 등이 줄줄이 탈당해 국민의당에 합류했다. 가장 심각한 것은 민주당의 뿌리인 호남의 지지율이 떨어지기 시작했다는 점이다.

문 대통령은 위기를 새로운 인재 영입으로 돌파했다. 이때 문 대통령이 영입한 인사들이 표창원, 김병기, 조응천, 손혜원, 김병관 의원과 양향자 최고위원 등이다. 이들은 모두 더불어민주당에 새 바람을 불어넣었고 대선 승리에도 크게 기여했다.

문 대통령이 조응천 의원을 영입한 일화는 문 대통령의 사람 욕심이 얼마나 큰지를 단적으로 보여준다. 대통령민정수석실 공직기강

2017년 4월 23일 서울 여의도 더불어민주당사에서 있었던 통합정부추진위원회 기자회견.
문 대통령은 당시 당내 경선 경쟁자 측 인사들은 물론 각계 인사를 망라해 통합기구를 구성했다.

비서관이었던 조응천 의원은 당시 '정윤회 문건 유출 사건'에 책임
을 지고 청와대를 나온 뒤 아내와 함께 '별주부짱'이라는 식당을 운
영하고 있었다. 문 대통령은 조 의원의 마음을 얻기 위해 여러 차례
그 식당을 찾아갔다.

　문 대통령의 이 같은 변화는 2012년의 대선 실패가 있었기에 가
능했다. 2012년 대선에서 그는 정치 아마추어의 모습을 수차례 보
였다. 정치인으로서 가치관이 명확하고 진정성만 갖고 있으면 유권
자들이 알아줄 것으로 생각했다. 이 때문에 두 가지 한계를 노출했
다. 우선 인력 풀이 얕았다. 늘 '친노'라는 꼬리표가 붙었고 '3철(전해

철·이호철·양정철)'이라는 인의장막에 둘러싸여 있다는 비판을 받았다.

또 기획이나 연출도 극도로 싫어했다. '좋은 그림'을 위한 동선 연출조차 꺼리는 분위기였다. 작은 연출이라도 시키면 곧바로 문 대통령의 얼굴에 어색함이 묻어났고 오히려 역효과가 났다. 은수미 전 의원은 이런 이야기를 들려줬다. 당시 송전탑에서 고공 농성 중인 현대차 불법파견 해고 노동자 최병승 씨 문제가 이슈였다. 문 대통령은 은 전 의원에게 소송권 남용으로 원직 복직을 막는 회사 측 행태를 제한하는 일명 '최병승법'을 만들어보라고 요청했다. 은 전 의원은 "송전탑 밑에 가서 자기가 이 법을 만들었다고 흔들어야 하는데, 당시 문 후보는 그런 걸 안 했다. 여론을 환기시켜야 하는 측면도 있는데, 그걸 쇼라고 생각해버렸다"고 말했다. 이렇다 보니 유약하고 우유부단하다는 평가를 받았다.

2012년 대선 실패는 문 대통령이 좀 더 유연하고 포용적인 리더로 성장하는 밑거름이 됐다. 이에 대해 이해찬 의원은 "2012년에는 선비였는데 이젠 정치적 리더가 됐다고 느낄 정도로 굉장히 강인해지고 시야도 넓어진 모습이 역력히 보인다"고 평가했다. 여전히 노무현의 그림자가 남아 있고 핵심 참모 그룹도 있지만, 문 대통령은 사람을 넓게 썼고 뜻만 맞는다면 한때 적이었던 사람을 품을 줄도 알게 됐다.

2016년 4·13 총선을 앞두고 김종인 당시 건국대학교 교수를 영입해 비상대책위원회 대표를 맡긴 것은 그의 변화를 상징적으로 보여준다. 김종인 전 대표는 2012년 대선에서 박근혜 후보를 도왔던 사람이다. 적장의 책사에게 당권을 맡긴 셈이다. 예전의 문재인이라면 상상할 수 없는 일이다. 대선을 앞두고 당내 경선 과정에서 불거진 갈등을 수습하는 모습에서도 달라진 문 대통령의 면모를 확인할 수 있다.

　문 대통령은 자신과 갈등의 골이 깊었던 박영선 의원을 붙잡기 위해 삼고초려까지 했다. 한 측근은 "2016년 총선 때만 해도 문 대통령은 당을 떠나려는 의원들을 붙잡지 않았다. 리더로서 내키지 않은 일도 해야 하고, 마음에 들지 않는 사람이라도 필요하다면 써야 한다고 생각한 것 같았다"고 했다. '친노 패권주의'처럼 과거 문 대통령에게 붙었던 꼬리표가 오히려 용인술의 폭을 넓히는 촉매제로 작용하고 있었던 것이다.

재산

　문재인 대통령의 공식 재산 규모는 18억 6,402만 6,000원이다. 19대 대선후보로 등록하면서 중앙선거관리위원회에 신고한 경남 양산 자택과 건물, 예금 등을 합친 그의 전 재산이다.

　당시 문 대통령의 재산 규모는 19대 주요 대선주자 중에서 네 번째로 많은 수준이었다. 안철수 국민의당 대선후보가 1,196억 9,010만 원을 신고해 1위에 올랐고, 유승민 바른정당 대선후보가 48억 3,612만 1,000원으로 그 뒤를 이었다. 홍준표 자유한국당 대선후보는 25억 5,554만 3,000원을 신고했고, 심상정 정의당 대선후보는 3억 5,073만 7,000원이다.

　문 대통령이 신고한 재산 중 본인 명의는 11억 3,007만 원이다. 김정숙 여사 명의로 4억 2,422만 6,000원이 신고됐고 아들 준용 씨의 재산은 1억 6,557만 7,000원이다.

세부 내역별로 보면 문 대통령 본인과 김 여사, 준용 씨 등의 명의로 된 서울 연희동 자택, 경남 양산 자택 등을 포함한 건물이 8억 5,805만 4,000원이다. 경남 양산시 매곡동, 제주시 한경면 청수리 등에 보유한 문 대통령 본인 명의 토지는 3억 1,252만 3,000원이다.

문 대통령 직계가족의 예금 합계는 10억 7,286만 9,000원으로 2012년 대선 당시 6억 2,614만 원에 비해 4억 5,000만 원가량 늘었다. 자동차는 문 대통령 본인 명의로 2010년식 쏘렌토R(1,268만 원)이 있고, 김 여사는 2013년식 스포티지R(1,665만 원)을 보유하고 있다.

2012년 대선에 출마했던 문 대통령은 당시 재산으로 12억 5,467만 원을 신고한 바 있다. 지난 5년간 재산이 6억 원가량 늘어난 셈인데 문 대통령이 보유한 자택의 가격이 상승했기 때문으로 풀이된다.

문 대통령이 소유한 1,721㎡ 규모의 경남 양산시 매곡동 자택 부지의 경우 2012년 대선 당시 1억 3,079만 원으로 신고됐는데 이번에는 2억 428만 2,000원으로 올랐다. 자택 역시 2012년 1억 3,400만 원에서 2017년 대선에는 2억 7,400만 원으로 상승했다.

'3김(김영삼·김대중·김종필) 시대'가 막을 내리고 청와대에 입성한 대통령 중에서는 재산 규모가 역대 3위다. 2007년 대선에서 승리한 이명박 전 대통령이 후보 등록과 함께 353억 8,030만 원의 재산(2006년 말 기준)을 신고했고 2012년 대선에서 문 대통령을 꺾은 박근혜 전 대통령은 당시 21억 8,105만 원의 재산을 신고했다. 노무현 전 대통령은 2억 6,263만 3,000원을 신고했다.

대선주자들의 재산 규모에 대한 관심이 워낙 집중되다 보니 문 대통령은 대선 정국에서 상대 진영으로부터 이 부분에 대해 집중 공세에 시달렸다. 국민의당은 문 대통령의 재산 급증과 준용 씨 주택 구입자금 등을 놓고 문 대통령을 거세게 비판한 바 있다.

2017년 4월 21일 국민의당 선거대책위원회(이하 '선대위')는 "2013년에 발생한 소득액의 출처와 증발한 현금의 정확한 사용처를 밝혀라. 소득과 예금을 합쳐 2013년 한 해 동안 약 6억 원의 현금이 어떻게 쓰였는지 전혀 알 수 없이 증발했다"고 주장했다. 이와 함께 당시 국민의당 선대위는 "지난해(2016년) 5월 말 기준 예금이 2억 5,000여만 원이었는데 이번 대선후보 등록 시 지난해 말 기준으로 예금 6억 8,000만 원을 신고했다"며 4억 3,000만 원에 달하는 재산 급증에 대한 해명도 요구했다. 이에 대해서 문 대통령 측은 재산 증가 사유를 "국회의원 퇴직금, 책 인세, 법무법인 지분 매각금"이라고 해명했다.

국민의당은 준용 씨 아파트 구입자금과 관련된 의혹에 대해서도 공세 수위를 높인 바 있다. 국민의당 선대위는 "(준용 씨 처가가) 딸을 통해 사위(준용 씨)에게 전달했다고 해도 사위에게 준 돈이 돼 500만 원까지만 면제된다"며 우회 증여 의혹을 제기했다. 이와 함께 문 대통령이 2012년 대선 당시 펀드로 모금한 2억 원을 아직도 상환하지 않은 것에 대해서도 공세를 펼쳤다.

당시 문 대통령 측은 준용 씨 주택 구입자금에 대해 "남편 쪽 부모님은 남편에게, 아내 쪽 부모님은 아내에게 도움을 준 것이다. 부부가 집을 마련하는 경우 공동 명의와 단독 명의로 하는 경우가 있으며 둘 다 통상적"이라고 밝혔다. 펀드 미상환에 대해서는 "가입자의 인적사항과 연락처, 상환 계좌를 알 수 없어서 상환이 불가능한 금액이 일부 있다. 지속적으로 안내할 것"이라고 말했다.

가족과 친인척

내조의 여왕이자 호남 특보인 아내

문재인 대통령이 2012년에 이어 두 번째 도전 끝에 대선에서 승리를 거둘 수 있었던 요인 중 빼놓을 수 없는 것이 바로 가족의 헌신이다. 특히 부인인 김정숙 여사의 공은 절대적이다. 야권의 심장인 호남에서 문 대통령에 대한 여론이 좋지 않았던 시절, 남편을 대신해 호남 곳곳을 누비며 '호남 특보'라는 별명을 얻을 정도로 열성적인 내조를 했다.

김 여사는 문 대통령을 "된장찌개 같은 남자"라고 표현한다. 김 여사는 2017년 4월《매일경제》와의 인터뷰에서 "된장 고유의 진한 맛을 잃지 않으면서도 어떤 식재료를 넣어도 맛이 나는 된장찌개, 남편은 그런 사람"이라며 "돌아가고 싶을 정도로 험난하고 어려운 길이라도 옳다고 생각하면 묵묵히 가는 사람이 문재인"이라고 했다.

아내 김정숙 여사(오른쪽)와 모친 강한옥 여사(중앙)는 문 대통령의 든든한 후원자다.

김 여사가 전국 곳곳을 누비는 모습을 보면 '여장부'답다고 느낄 수 있다. 하지만 대선 과정에서 김 여사를 수행한 이들은 입을 모아 "사람을 대하거나 누군가를 모시는 걸 보면 하루 이틀 익힌 솜씨가 아니라 오랜 세월 몸에 밴 게 보인다. 문 대통령은 정말 복 받은 사람"이라고 말한다.

이번 대선에서 김 여사를 수행한 민주당 관계자는 "시장에 가서 어린아이를 보면 몸을 낮춰 인사하고, 좌판을 펼쳐놓고 쭈그리고 앉아 나물을 다듬는 할머니를 보면 가장 먼저 달려가 인사한다. 누구에게나 헌신적인 분"이라고 설명했다. 2012년 대선에서 김 여사를 수행한 다른 민주당 관계자 역시 "어느 날 일정이 밀려 부산에 있는 문 대통령 자택에서 다 같이 잠을 잔 적 있었는데 아침에 일어나보니 김 여사가 떡을 굽고 조청 등을 준비해 수행원들을 대접했다. 상차림 솜씨를 보니 하루 이틀 해본 게 아니더라"고 했다.

김 여사는 2016년 추석 이후 2017년 설까지는 광주에서, 설 이후에는 전남 섬 지역을 매주 1박 2일로 찾아 '호남 특보'라는 별명을 얻었다. 그간 찾은 섬만 해도 낙월도·암태도·팔금도·안좌도·자은도·노화도·보길도·소안도 등 10여 곳에 달한다. 김 여사는 "완도군 소안도가 가장 기억에 남는다. 독립운동을 했던 고 김남두 선생의 며느리인 김양강 할머니께 직접 따뜻한 밥 한 끼를 차려드렸다"며 "할머니가 좋아하는 도다리쑥국을 지역 어르신께 대접하며 나라 사랑이 무엇인지, 어떻게 도움을 드릴 수 있는지 생각했다. '이런 게 정치인의 아내가 해야 할 일이구나'를 깨달으며 다닌다"고 했다.

문 대통령에게는 헌신적인 아내지만 자식들에게는 강인한 어머니이기도 한 김 여사. 대선 과정에서 아들 준용 씨의 '취업 특혜' 의혹이 불거졌을 때는 자식을 키워본 어머니의 마음을 강조하며 여장부다운 면모를 보였다. 김 여사는 2017년 4월 광주를 찾은 자리에서 준용 씨의 논란을 걱정하는 지역 어른들에게 "우리 애가 중학교 1학년이 됐을 때 개인 컴퓨디기 보급됐다. 게임 같은 걸 복사해서 쓰기도 했는데 그게 무단 사용이란 것을 안 순간 중학교 1학년짜리가 '게임 복사 같은 거 안 하고 내 돈으로 살래요'라고 했다"며 "주위 사람들조차 무단 복사 프로그램을 자기 컴퓨터에 쓰지 못하게 했던 아이다. 대학 졸업할 때까지 아버지가 청와대 민정수석, 비서실장이었다는 것을 교수들도 몰랐는데 아버지가 그렇게 했다면 결코 받아들이지 않았을 아이"라고 강조하기도 했다.

문 대통령과 김 여사는 아들 준용 씨와 딸 다혜 씨, 1남 1녀를 뒀다. 건국대학교를 졸업하고 미국 파슨스 스쿨에서 석사 과정을 마친 준용 씨는 알려진 대로 미디어 아티스트로 활동하고 있다. 2012년 문 대통령이 대선 출정식을 할 때도 나서지 않을 정도로 언론 노출을 꺼리는 딸 다혜 씨는 주부 생활을 하고 있다. 다혜 씨는 대선 정국인 2017년 5월 8일 문 대통령이 서울 광화문에서 마지막 유세에 나설 때 영상 메시지를 통해 대중에 모습을 드러냈다. 다혜 씨는 "제가 지금까지 모습을 드러낸 적이 없는데 아버지께 뭔가 해드리고 싶어 작은 힘이라도 되고자 몰래 영상을 찍었다. 아버지 말씀처럼 뚜벅뚜벅 걸어오신 가장 준비된 대통령후보라 생각한다. 전업맘, 워킹맘, 아빠들도 아이 키우기 좋은 나라를 만들어달라"고 했다. 영상 메시지를 통해 문 대통령을 격려한 다혜 씨가 외손자와 함께 무대 위에 오르자 문 대통령은 외손자를 번쩍 안아 올리며 지지자들의 환호에 답하기도 했다.

문 대통령이 워낙 가족 이야기를 하는 것을 자제할 뿐 아니라 친척들조차 공개를 원하지 않기 때문에 문 대통령의 처가나 다른 친척에 대해서는 알려진 내용이 거의 없다. 문 대통령의 장인·장모인 김 여사 부모의 경우 서울 동대문 광장시장에서 한복집을 운영했고, 문 대통령과 김 여사가 결혼할 때는 강화도에서 목장을 경영했다고 한다.

부산 성당에서 아들 위해 묵묵히 기도한 모친

문 대통령은 고 문용형 씨와 강한옥 여사 사이에서 2남 3녀 중 둘째이자 장남으로 태어났다. 문 대통령의 누나인 재월 씨와 여동생인 재성 씨는 주부이고 남동생인 재익 씨는 원양어선 선장이다. 막냇동생인 재실 씨가 부산 남항동에서 강 여사를 모시며 함께 살고 있다.

민주당 경선 과정에서 문 대통령은 "어머니 기도발로 여기까지 왔습니다"라고 말할 정도로 어머니에 대한 사랑이 지극하다. 문 대통령의 유년 시절 강 여사는 생계를 위해 좌판 장사와 연탄 배달 등 막일을 마다하지 않았다. 어머니의 힘겨운 모습을 선명하게 기억하는 문 대통령은 방송 연설을 통해 "어머니와 함께 연탄 리어카를 끌고 미는 일이 장남인 내 몫이었다. 힘겹게 끌다가 리어카와 함께 비탈길 아래로 굴러떨어지는 아찔한 사고도 있었다. 깨진 연탄보다 아들이 다쳤을까봐 발을 구르던 어머니의 모습을 아직도 서럽게 기억하고 있다"고 고백한 적 있다.

부산 지역 언론에 따르면 강 여사는 홀로 걷기 어려울 정도로 몸이 약해졌지만, 부산 영도구의 한 성당에서 열리는 문 대통령을 위한 미사만큼은 빠뜨리지 않는다고 한다. 혹시 아들에게 부담이 될까봐 정치 이야기는 일절 하지 않을 정도로 문 대통령 걱정뿐이다. 문 대통령 역시 자신으로 인해 어머니가 불편해질까 노심초사한다.

문 대통령의 딸 문다혜 씨의 결혼식에서 찍은 가족사진.

김정숙 여사는 시어머니인 강 여사에 대해 "막내 시누이(재실 씨)
가 결혼을 안 하고 어머니를 모시고 사는데 어머니께서 자신이 세
상을 떠나면 막내딸이 어떻게 될지 몰라 생활비를 드려도 절대 쓰지
않으신다. 추운 겨울에도 전기장판을 깔고 조금이라도 돈을 아낄 정
도로 막내딸을 챙기신다"며 애틋한 감정을 드러내기도 했다.

　문 대통령 부친인 고 문용형 씨는 문 대통령이 군대에서 제대한
1978년에 세상을 떠났다. 문 대통령이 사법고시 도전을 결심한 것
도 아버지가 세상을 떠나면서 장남으로서 집안을 이끌어야 한다는

문재인 대통령의 가계도

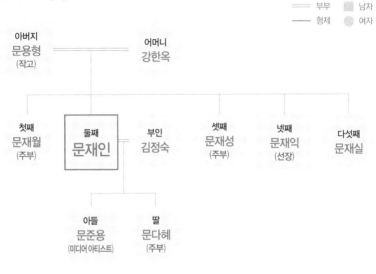

책임감 때문이었다고. 김 여사는 "시아버지께서 아들이 출세하는 걸 보지 못하고 돌아가셔서 문 대통령이 아버님에 대한 회한이 크다"고 말했다.

지지자들

양날의 검인 열성 지지자들

문재인 대통령을 탄생시킨 가장 큰 원동력 중 하나가 열성적인 지지층이다. 워낙 지지층의 충성도가 높은 덕에 대선 유세 과정에서 문 대통령이 가는 곳마다 구름 같은 인파가 몰려들었고, 문 대통령은 지지자들과 악수하느라 손등에 멍이 들 정도였다. 사진 촬영 요청이 끊임없이 몰려들면서 기차 등으로 이동할 때 문 대통령 바로 옆자리에 앉는 경우가 많았던 김경수 더불어민주당 의원은 기차에서 종종 서서 가야 하는 상황도 발생했다.

이 같은 강렬한 지지층의 성원을 의식한 듯 문 대통령은 대선 정국에서 '광화문 대통령'을 공약으로 내세웠다. 국민들과 함께 출근하고, 퇴근하면서 시장에서 소주나 막걸리를 기울이는 대통령이 되겠다는 점도 강조해 지지층의 결집을 더욱 강화했다. 문 대통령이

부산 서면에서 지지자들에게 둘러싸인 대통령후보 시절의 문 대통령.

이처럼 탄탄한 지지층을 갖추게 된 것은 노무현 전 대통령이 삶을 비극적으로 마무리했기 때문으로 풀이된다.

전통적인 '친노(친노무현) 성향'의 유권자들은 노 전 대통령이 이명박 전 대통령 재임 기간에 정권의 탄압으로 자살을 택했다고 주장한다. 당시 노 전 대통령을 지키지 못했다는 이들의 죄책감이, 자연스럽게 노 전 대통령과 가장 가깝고 그의 죽음으로 정치 무대에 뛰어든 문 대통령에 대한 열성적인 지지로 이어졌다는 분석이다.

문 대통령이 대선 정국에서 30~40대 유권자들의 압도적 지지를 받을 수 있었던 것도 2000년대 초반에 노 전 대통령을 지지한 이들의 표심이 고스란히 옮겨왔기 때문으로 분석된다. 2002년 대선에서 투표권이 없었던 20대가 이번 대선에서 문 대통령을 지지한 것은 그가 박근혜 전 대통령과 2012년 대선에서 가장 대척점에 섰던 정치인이기 때문이다. 박근혜-최순실 게이트로 보수 정권에 대한 실망이 어느 때보다 커진 상황에서 박 전 대통령에게 날을 세운 문 대통령을 지지하는 것은 자연스러운 흐름이라는 분석이다.

다만 이 같은 열성적인 지지가 오히려 문 대통령에게는 '양날의 검'이라는 지적도 있다. 문 대통령이 2015년 새정치민주연합(더불어민주당의 전신) 대표에 취임한 뒤 안철수 국민의당 대선후보, 박지원 국민의당 대표, 김한길 전 새정치민주연합 공동대표, 손학규 전 민주당 대표, 김종인 전 민주당 비상대책위원회 대표 등 굵직굵직한 지도부급 인사들이 당을 떠났다. 이들이 문 대통령 지지자들의 '등쌀'을 이기지 못해 당을 떠났다는 분석이 나오는 것도 사실이다.

문자폭탄· 18원 후원금 논란

문 대통령 지지자들은 문 대통령과 다른 정치적 소신을 밝힌 정치인에게 도가 넘는 '문자폭탄'을 보내거나 민주당 경선 과정에서 경쟁 후보를 도와주는 의원들에게 '18원 후원금'을 보내는 등 과도한 지지 행태로 문 대통령에 대한 반감을 더욱 커지게 만들었다. 대선 경선에 출마했던 김부겸 민주당 의원은 2016년 12월 당내 개헌 논의 보고서가 논란을 일으켰을 때 "벌써 대선후보가 확정된 것처럼 편향된 전략보고서를 작성한 것은 심각한 문제"라고 비판했다가

목포에서 지지자들과 악수를 나누는 대통령후보 시절의 문 대통령.

3,000건이 넘는 문자폭탄을 받고 휴대전화 번호를 바꾸기도 했다. 민주당 경선에서 안희정 충남도지사를 도운 박영선 민주당 의원 역시 "적폐 청산 2호는 조직적 악성 댓글과 문자폭탄"이라고 목소리를 높이기도 했다.

2017년 4월 3일 문 대통령이 민주당 대선후보로 확정된 뒤 MBN과의 인터뷰에서 18원 후원금과 문자폭탄에 대해 "그런 일들은 치열하게 경쟁하다 보면 있을 수 있다. 우리 경쟁을 더욱 흥미롭게 만들어주는 양념 같은 것이었다고 생각한다"고 말하면서 반발은 더욱 거세졌다. 박영선 의원은 "아침에 눈뜨니 문자폭탄과 악성 댓글이

'양념'이 되었다"고 비꼬았고, 박지원 당시 국민의당 대표도 "양념이 과하면 음식 맛도 버린다. 자기에게는 밥맛을 내는 양념이었겠지만 안희정·박영선·박지원에게는 독약이었다. 이런 분이 대통령이 되면 자기들 패권, 자기들에게만 단맛을 내는 양념을 칠 것이고 반대하는 세력에는 쓴 양념을 줄 수 있다"고 목소리를 높였다.

논란이 거듭되는 가운데 문 대통령은 2017년 4월 방송기자클럽 초청 토론회에서 "아마 저는 대한민국 정치인들이 모두 합쳐 받은 양보다 훨씬 많은 공격을 SNS를 통해 받아왔고 그 가운데는 차마 볼 수 없는 욕설도 많다. 지금 나선 후보들보다 더 많은 양"이라며 "이 역시 SNS를 통해 주권자로서 의사를 표출하는 것"이라고 밝혔다. 당시 토론회에서 문 대통령은 "정치적 의사 표현도 정도를 넘어서면 안 된다. 과도한 욕설이나 비방, 허위사실로 공격하는 것은 도를 넘어서는 일이고 그것은 정당한 주권 행사를 벗어나는 일이기에 그 점에서는 자제해주는 게 바람직하다고 지지자들에게 여러 번 말했다"고 강조했다.

문 대통령이 대선 과정에서 적폐 청산과 함께 통합도 강조한 만큼 SNS를 통해 표출되는 지지자들의 과도한 '지원 사격'에 어떻게 대응하느냐에 따라 문 대통령이 강조한 통합의 성패가 갈릴 것이라는 분석이 나온다.

측근 그룹

　문재인 대통령의 측근 그룹은 참여정부 때 청와대에서 함께 근무한 인사들이 주축을 이룬다. 대표적으로 양정철 전 홍보기획비서관, 김경수 더불어민주당 의원, 윤건영 전 정무기획비서관, 송인배 전 사회조정2비서관, 전재수 의원, 전해철 의원 등이 꼽힌다.

　이 중 양 전 비서관은 자타가 공인하는 문 대통령의 최측근 인사다. 아무리 가까운 사람이라 해도 성격상 호칭을 편하게 부르지 못하는 문 대통령이지만 양 전 비서관에게만큼은 '양비', '양 교수'라며 친근감을 드러낸다. 양 전 비서관은 참여정부 임기 내내 청와대에서 근무하면서 당시 민정수석·비서실장 등을 역임한 문 대통령과 인연을 맺은 뒤, 2011년 문 대통령의 저서 《문재인의 운명》을 기획하면서 최측근 인사로 불리기 시작했다.

김경수 의원은 선거기간 선거대책위원회 대변인 직함을 달았지만, 문 대통령의 모든 일정마다 예외 없이 지근거리에서 수행하면서 사실상 수행팀장 역할을 했다. 윤건영 전 비서관은 종합상황본부 부실장을 맡아 선대위 안살림을 도맡았다. 종합상황본부는 선대위 내 모든 사안이 보고되는 곳이다. 내부 사정을 손바닥 보듯 들여다볼 수 있어 반드시 대선후보의 최측근 인사가 배치된다.

송인배 전 비서관은 선거기간 동안 일정총괄팀장을 맡았다. 대선후보의 모든 동선을 파악할 수 있는 자리다. 송 전 비서관은 2016년 총선 때 경남 양산에 출마했다가 석패했는데, 양산에 거처를 두고 있는 문 대통령이 그에 대해 미안한 마음을 갖고 있다고 한다. 송 전 비서관은 2016년 총선이 다섯 번째 국회의원 도전이었다. 그는 1998년 서울 종로 국회의원 보궐선거에서 당선된 노무현 전 대통령의 비서로 정치 생활을 시작한 뼛속까지 친노 인사다.

청와대 제2부속실장을 지낸 전재수 의원, 참여정부 청와대 민정수석 출신인 전해철 의원도 문 대통령의 측근으로 분류된다. 참여정부 시절 국회의원을 지낸 인사 중에서 문 대통령과 가까운 인물로는 노영민 전 의원과 최재성 전 의원이 있다.

3선 의원 출신인 노영민 전 의원은 2012년 대선 당시 문재인 후보의 비서실장을 맡았고, 이번 대선 땐 조직위원장을 맡아 최일선에서 싸웠다. 과거 고 김근태 상임고문 측 지지 그룹이었던 민주평화국민연대(민평련) 출신으로 노무현 전 대통령과의 인연을 뿌리에 두고 있는 다른 친문 인사들과는 결이 다르지만, 친문계 인사들의 좌장 역할을 맡고 있어 입지가 두텁다. 선거 때 전문가들로 구성된 문 대통령의 지지자 모임인 '더불어포럼' 출범을 주도했다.

'문재인의 복심'으로 불리는 최재성 전 의원은 이번 선거 때 인재영입 총책임자로 활약했다. 최 전 의원은 지난해 4·13 총선 당시 영입대상 선정부터 검증까지 맡으며 문 대통령의 신뢰를 받았다. 글로벌 기업 인텔의 수석 매니저 출신의 유웅환 박사와 호사카 유지保版祐二 세종대학교 교양학부 교수 영입부터 김광두 서강대학교 교수와 김상조 한성대학교 교수까지 최 전 의원이 주축이 돼 영입을 추진했다. 17대 총선에서 열린우리당 소속으로 출마해 국회에 입성한 최 전 의원은 열린우리당 대변인을 비롯해 당내에서 대변인만 총 네 번을 지낼 만큼 정치적 판단력과 순발력이 뛰어난 것으로 평가받는다.

참여정부 출신은 아니지만 문 대통령의 정계 투신 이후에 형성된 측근 인맥도 있다. 이번 대선 때 메시지선임팀장을 맡아 문 대통령의 '필사'로 불린 신동호 전 당대표실 부실장이 대표적이다. 신 전 부실장은 19대 국회 때 문 대통령이 새정치민주연합 당대표 시절에 당대표실 부실장으로 합류한 이후 문 대통령의 메시지 초안 작업을 도맡아 해왔다. 정치권에 입문하기 전에는 대북문화사업을 10여 년간 지속한 북한 전문가이자, 등단 시인이기도 하다.

당직자 출신인 진성준 전 의원은 2012년 대선 때 캠프 대변인을 맡으면서 문 대통령과 인연을 시작했다. 친노 직계와는 거리가 있지만 문 대통령이 아끼는 인물이다.

정책 참모 그룹

문재인 대통령은 19대 대선을 치르면서 매머드급의 경선 캠프와 선거대책위원회를 꾸렸다. 블랙홀처럼 인재들을 빨아들인다는 상대 진영의 비판에도 불구하고 문 대통령은 '준비된 대통령'을 내세워 핵심 인재 확보에 매진했다. 다양한 인재 풀을 토대로 차기 정부에서 인물을 적재적소에 배치하겠다는 뜻을 분명히 한 것이다.

문 대통령은 싱크탱크인 정책공간 국민성장, 새로운대한민국위원회, 비상경제대책단, 민주당 정책본부 등을 통해 정책 참모 그룹을 형성했다. 정책공간 국민성장은 1,000여 명의 전문가 그룹으로 구성되어 약 1,000쪽에 달하는 정책집을 작성해 문 대통령에게 전달했다. 이는 문 대통령 대선공약 기초자료로 활용됐다. 이론과 실무를 겸비한 중도파 조윤제 서강대학교 교수가 정책공간 국민성장

연구소장을 맡았다. 조 교수는 참여정부에서 경제보좌관으로서 노무현 전 대통령의 경제교사 역할을 맡은 인연으로 문 대통령과 함께했다. 정책공간 국민성장 부소장인 조대엽 고려대학교 교수와 연구위원장인 김기정 연세대학교 교수도 중심축을 형성하고 있다. 상임고문에는 한완상 전 부총리, 자문위원장으로 박승 전 한국은행 총재 등이 각각 활동했다.

정책공간 국민성장은 주제별로 7개 분과와 10개 추진단으로 구성돼 있다. 경제분과위원장에는 최정표 건국대학교 교수, 외교안보분과위원장에는 서훈 이화여자대학교 교수, 사회문화분과위원장에는 조흥식 서울대학교 교수, 국민성장추진단장에는 김현철 서울대학교 교수 등이 각각 포진했다. 정책공간 국민성장은 대선을 앞두고 당내 경선 경쟁후보였던 안희정 충남지사·이재명 성남시장·최성 고양시장뿐 아니라 박원순 서울시장·김부겸 의원의 싱크탱크까지 통합한 '민주정책통합포럼'으로 재출범하기도 했다.

새로운대한민국위원회에서는 박근혜 전 대통령의 경제교사였던 김광두 서강대학교 교수와 재벌개혁 전도사인 김상조 한성대학교 교수가 투톱으로 활동했다. 김광두 교수는 '문재인노믹스'의 사람중심 경제 철학을 구체적인 정책으로 풀어냈다. 문 대통령은 김광두 교수 영입을 통해 중도 보수로 확장하는 길을 열었다.

비상경제대책단은 실물경제 문제 해법을 제시하는 역할을 주로 해왔다. 단장은 이용섭 전 의원이 맡았다. 그는 행정고시 14회로 공직에 들어가 청장(관세청·국세청), 장관(행정자치부·건설교통부), 국회의

원(18·19대) 등을 모두 두 번씩 역임한 대표적인 경제통이다. 비상경
제대책단은 가계 부채, 골목상권 활성화 방안, 한·미 자유무역협정
FTA 대응 방안 등 다양한 경제 현안을 소화했다.

민주당 정책본부는 경선 직후 선대위와 합류해 최종 공약집을 만
들었다. 선대위 공동정책본부장인 윤호중 민주당 정책위의장과 민
주연구원장을 맡던 김용익 전 의원을 주축으로 정책조직이 짜였다.
홍종학 전 의원은 경선 캠프에서 정책본부장을 맡았지만 대선에서
는 정책부본부장으로 옮겨 후보 정책과 정당 정책을 융합하는 가교
역할을 충실히 했다. 김진표 의원을 주축으로 일자리위원회도 운영
됐다. 공공 일자리 81만 개 창출 공약을 이행하기 위한 세부전략을
수립했다.

자문단인 '10년의힘위원회'에서는 국민의정부와 참여정부 내각
에 몸담았던 장·차관 60여 명이 활약했다. 공동위원장은 김대중·노
무현 정부에서 통일부 장관을 역임한 정세현 한반도평화포럼 상임
대표와 노무현 정부에서 국무조정실장을 지낸 이영탁 세계미래포
럼 이사장이 맡았다. 박승 전 한국은행 총재와 강철규 전 공정거래
위원장, 윤덕홍 전 교육부총리는 상임고문으로 참여했다. 경제 분야
자문단에는 박봉흠·변양균 전 기획예산처 장관, 추병직 전 건설교통
부 장관, 최낙정 전 해양수산부 장관, 권기홍 전 노동부 장관, 김용덕
전 금융감독위원장, 윤대희 전 국무조정실장 등이 함께했다. 사회
분야에는 변재진 전 보건복지부 장관, 이재용·이규용 전 환경부 장
관 등이 이름을 올렸다.

외부 영입 그룹

문재인 대통령은 이번 대선을 앞두고 전직 관료와 학계, 산업계 등 다방면에서 다양한 인재들을 끌어모았다. 각자의 분야에서 능력을 인정받는 인물들이 모이면서 막강한 인재 풀을 확보했다는 평가를 받았고 이는 이번 대선 승리의 중요 요인으로 작용했다. 문 대통령의 정책자문을 맡았던 전직 관료 출신들은 대체로 국민의정부, 참여정부 등 민주당 정권에서 일했던 인물이 많다.

전직 외교관들이 모인 외교 자문 그룹 '국민아그레망'이 대표적이다. 국민아그레망 소속 인사로는 정의용 전 주제네바 대사, 조병제 전 주말레이시아 대사, 김현종 한국외국어대학교 교수 등이 있다. 정 전 대사는 선거기간에 문 대통령의 외교정책 총괄역을 맡았다. 사드 배치에 대한 전략적 모호성과 북핵 해결 과정에서 사드를 지렛대 삼아 미국·중국과 협상 주도 등 선거 당시 문 대통령의 안보 현안 입장에는 정 전 대사의 아이디어가 많이 반영됐다. 외교부 재직 당시 '북미통'으로 꼽혔던 조 전 대사는 2008년 한미방위비분담협상 정부대표를 역임한 바 있다.

서훈 이화여자대학교 교수와 김병기 의원은 국가정보원 출신이다. 2000년, 2007년 남북정상회담 막후 주역으로 활약하며 국민의 정부·참여정부 당시 국정원 내 대북채널 3인방 KSS 라인(김보현·서영교·서훈)의 일원이었던 서 교수는 국정원 대북전략국장과 제3차장을 역임한 대북통이다. 김 의원은 국정원 인사처장 출신으로 국정원 조직을 속속들이 파악하고 있는 인사다.

경제·산업 분야에서는 김광두 서강대학교 교수, 김상조 한성대학교 교수, 염한웅 포스텍 교수, 유웅환 전 인텔 수석매니저 등이 문 대통령이 영입에 공을 들인 전문가들이다. 김 교수는 2012년 대선 때는 박근혜 새누리당 후보를 도와 '줄푸세'(세금은 줄이고 규제는 풀고 법질서는 세운다) 공약을 만든 보수 경제학자로, 문 대통령이 그를 영입하며 통합 의지를 천명했다는 평가가 나왔다. '삼성 저격수'로 불리는 김상조 교수는 문 대통령의 재벌 개혁 공약 밑그림을 그렸다. 유웅환 전 매니저는 문 대통령이 직접 기자들 앞에서 영입 발표를 할 정도로 애정이 크다. 문 대통령의 복심인 최재성 전 의원이 직접 스카우트했다. 유 전 매니저는 문 대통령의 핵심 공약인 4차 산업혁명 인프라 조성 프로젝트에 참여할 전망이다. 이 밖에 김현철 서울대학교 교수, 최정표 건국대학교 교수, 조대엽 고려대학교 교수, 김용기 아주대학교 교수 등도 문 대통령이 대선 때 영입한 경제 전문가들이다.

　홍보·소셜 미디어 분야에서는 고민정 전 KBS 아나운서와 윤영찬 전 네이버 부사장이 참여했다. 고 전 아나운서는 사석에서 "문재인에게 인생을 걸었다"고 얘기할 정도로 열정을 갖고 이번 대선 최일선에서 뛰었다. 기자들과 함께 전국 유세현장을 누비는 강행군을 마다하지 않아 좋은 평가를 받았다. 윤영찬 전 부사장은 선대위 SNS 본부장을 맡아 문재인1번가, 파란을 일으키자 등 유권자 참여형 소셜 미디어 이벤트를 히트시키면서 SNS 전쟁에서 문 대통령이 다른 후보들을 압도하는 데 기여했다.

　임종석 전 서울시 정무부시장, 전병헌 전 의원, 강기정 전 의원, 송영길·민병두·김태년 의원 등 정치인 중에서 영입한 인사들도 비중 있는 역할을 수행하면서 그간 문 대통령을 따라다니던 패권주의 비판을 불식시켰다. 임종석 전 부시장은 비서실장을 맡아 선거에서 가장 중요한 메시지와 일정, 수행 업무를 총괄하면서 단숨에 문 대통령의 최측근 인사로 뛰어올랐다. 지난해 8월 민주당 전당대회에서 당대표 후보로 출마해 비문진영 후보를 자처했던 송영길 의원도 이번 대선에서는 총괄본부장을 맡아 본부 조직을 총괄했다. 정세균 계로 분류되는 전병헌 전 의원은 전략본부장직을 수행하며 '준비된 대통령', '국민과 SNS로 소통하는 캠프' 등 캠프 전략을 주도했다.

원로 및 기타 그룹

대선 정국에서 통합을 강조한 문재인 대통령의 의중은 한국 정치의 양대 산맥인 '상도동계'와 '동교동계' 인사를 적극 영입한 것에서도 드러난다. '3김 시대'를 이끌었던 고 김영삼 전 대통령과 고 김대중 전 대통령의 정치적 연고이자 후계인 만큼 문 대통령은 이들을 영입하기 위해 총력전을 펼쳤다. 상도동계와 동교동계 인사들 대부분이 정치 일선에서 물러났지만 이들의 영향력은 여전히 건재하다. 정치 일선에서 뛰었던 만큼 경험도 풍부하고 어느 정도 조직 동원 능력까지 갖췄기 때문이다.

문 대통령은 김영삼 전 대통령 아들인 현철 씨와 함께 상도동계 양대 산맥인 김덕룡 김영삼민주센터 이사장을 영입하는 데 성공했다. 특히 김 이사장의 경우 안철수 국민의당 대선후보 역시 영입에

상도동계 주요 인사인 김덕룡 김영삼민주센터 이사장(오른쪽)을 영입한 건 문 대통령에게 큰 성과였다.

공을 들였던 만큼 당시 김 이사장의 합류가 문 대통령의 대세론을 입증했다는 이야기도 나왔다. 김 이사장은 "국민 통합을 하려면 연합정치가 필요한데 그래도 (문 후보가) 제일 큰 정당을 이끌고 있으며 경륜이 있다. 누구보다 통합정부를 만드는 데 가장 적임자"라고 강조했다.

2017년 5월에는 김영삼 전 대통령의 공보비서를 지낸 박종웅 전 한나라당 의원이 문 대통령 지지 선언을 하기도 했다. 문 대통령과 경남고등학교 동기인 박 전 의원은 "일부에서 문제를 제기하고 있는 안보 불안이나 도덕성 문제는 전혀 우려할 만한 부분이 없다. (문 대통령의) 도덕성과 성실성은 현재와 같은 난국을 극복하고 국민적 역량을 결집시키는 크나큰 원동력이 되리라 확신한다"고 말했다.

동교동계 인사들의 합류는 그동안 동교동계 원로는 국민의당을 지지한다는 평가를 깨뜨리는 데 일조했다. 박지원 국민의당 대표는 김대중 전 대통령 비서실장 출신이고, 국민의당 상임고문을 맡고 있는 권노갑·정대철 전 의원 역시 김대중 전 대통령의 영원한 비서실장으로 알려졌다. 그러나 2017년 4월 동교동계 원로 10여 명이 문 대통령 지지 선언을 하면서 문 대통령은 김대중 전 대통령의 후예들을 끌어안는 데 성공했다.

동교동계 원로 명단에는 장하준 케임브리지대학 교수의 부친인 장재식 전 의원과 김화식·김태랑·나병선·배기선·배기운·안병엽·이강래·이근식·임복진·한영애 전 의원 등이 포함됐다. 여기에 김대중 전 대통령의 아들인 홍걸 씨도 참석해 문 대통령과 함께했다. 당시 장재식 전 의원은 "지금 호남은 안타깝게도 김대중 정신의 가치를 왜곡한 정치세력으로 인해 분열 속에 있다. 지역 갈등을 조장하는 세력과 결별하고 화합과 통합의 김대중 정신을 이어갈 문 후보에게 힘을 모아 달라"며 국민의당을 향해 직격탄을 날리기도 했다.

평균나이 68.5세 '꽃할배 유세단'의 유세 활동도 화제를 모았다. 12~14대 국회의원과 코레일 사장을 역임한 이철 전 의원,《나의 문화유산 답사기》의 저자 유홍준 교수, 유시민 전 보건복지부 장관의 누나이자 국가인권위원회 상임위원을 지낸 유시춘 작가, 5선 중진

문 대통령을 지지하는 평균나이 68.5세의 꽃할배 유세단.
왼쪽에서 두 번째가 원혜영 의원, 다섯 번째가 이철 전 의원이다.

원혜영 민주당 의원으로 구성된 꽃할배 유세단은 2017년 5월 발대
식을 열고 광주를 시작으로 전국 유세에 나섰다.

국회의장 선거 때마다 후보군으로 거론되는 원 의원이 이들 중
'막내'라는 점에서 이들의 연륜과 경험을 짐작할 수 있다. 이들은 민
주당을 상징하는 푸른색으로 드레스 코드를 맞추기도 했는데 원 의
원은 검은색 나비넥타이와 푸른색 '반짝이' 재킷을 입을 정도로 강
한 의지를 보였다. '맏형'인 이철 전 의원은 "우리 후배들과 후세를
위한 마지막 봉사 같은 것 아닐까 생각한다"고 말했다.

차기를 노리는
지자체장 3인방

　문재인 대통령 시대의 시작과 함께 더불어민주당에서 차기 대권 주자로 거론되는 안희정 충남도지사·이재명 성남시장·박원순 서울 시장에 대해서도 자연스럽게 시선이 쏠리고 있다. 그동안 정치권에서 정부 출범과 함께 차기 대통령후보군을 논하는 것이 금기처럼 여겨졌지만 민주당에 워낙 쟁쟁한 대선주자들이 몰려 있어 향후 이들이 어떤 행보를 펼칠지를 놓고 다양한 전망이 오가고 있다.

　안 지사·이 시장·박 시장 모두 2018년 지방자치단체장(지자체장) 재선 임기가 끝난다는 공통점이 있다는 점 역시 이들의 행보가 더욱 주목받는 이유 중 하나다. 이들 모두 3선 도전과 중앙정치 무대 진출이라는 갈림길에 서 있는 만큼 향후 이들의 결단에 따라 민주당 내 역학구도가 요동칠 가능성이 있다.

2017년 4월 8일 호프데이 때 건배를 하는 더불어민주당 경선후보들.
왼쪽부터 최성 고양시장, 이재명 성남시장, 문재인 당시 후보, 안희정 충남지사.

당대표? 충남지사 3선? 갈림길에 선 안희정

안희정 지사의 경우 2017년 민주당 대선 경선에서 문 대통령에
이어 2위를 차지했다. 세대 교체를 강조하며 문 대통령의 대세론을
넘기 위해 총력전을 펼쳤지만 '선의와 대연정 발언' 논란에 대한 거
센 공세로 본선 무대에 진출하는 데 실패했다. 당내 경선에서는 패
했지만 민주당 차기 대선주자로 거론되는 정치인 중 외연 확장 측면
에서 가장 강점을 보인다는 평가를 받고 있다.

백재현(경기 광명갑), 박완주(충남 천안을), 김종민(충남 논산), 어기구
(충남 당진), 정재호(경기 고양을), 조승래(대전 유성갑) 의원 등이 핵심 친

2017년 4월 7일 충남보훈공원을 찾은 안희정 지사(왼쪽)와 문재인 당시 대통령후보.

안(친안희정) 인사로 분류된다. 여기에 박영선(서울 구로을), 변재일(충북 청주청원), 강훈식(충남 아산을), 김성수(비례대표), 박용진(서울 강북을), 이철희, 정춘숙(이상 비례대표) 의원 등도 경선에서 안 지사를 도왔다.

안 지사의 과제는 전국 무대에서 인지도를 높여야 한다는 점이다. 경선 과정에서 소신 발언으로 언론의 주목을 받기는 했지만 낮은 인지도 탓에 젊은 유권자를 상대로 벌인 승부에서 눈에 띄는 성적표를 받지 못했다는 지적이다. '충청대망론'의 기대감 속에 충청권에서는 인지도가 높았지만 다른 지역에서 진행된 경선에서는 고전을 면치 못한 것도 사실이다.

향후 행보에 대해서는 다양한 해석이 나온다. 차기 당대표에 도전해 중앙정치 무대로 진출하는 시나리오와 함께, 충남도지사 3선 도전 가능성도 조심스럽게 거론되고 있다. 다만 국회의원 경력이 없다는 점에서 민주당 지지자들이 '원외 당대표'를 받아들일 수 있느냐가 변수로 꼽힌다. 보수 진영 색깔이 강한 충남에서 안 지사 말고는 당내에서 눈에 띄는 필승 카드가 없다는 점에서 당의 요청으로 충남도지사 3선을 노릴 수도 있지만 이 경우 중앙정치와 지나치게 멀어진다는 것이 치명적이다.

변방의 장수에서 중앙 정치인으로 발돋움한 이재명

이재명 시장의 경우 특유의 '사이다 발언'으로 지지세를 급속도로 끌어올렸다. 스스로를 '변방의 장수'라고 표현할 만큼 별다른 조직 기반도 없는 상황에서 돌풍을 일으킬 수 있었던 것이 이 시장의 저력을 잘 보여준다는 분석이다. 2017년 더불어민주당 대선 경선에서 이 시장은 3위를 차지했다. 안 지사가 중도·보수 진영으로 외연 확장을 통해 2위에 올랐다면 이 시장은 문 대통령보다 더욱 선명한 진보 노선을 강조하며 단숨에 주목받는 정치인으로 뛰어올랐다.

더불어민주당 대선 경선 과정에서는 이종걸(경기 안양만안), 유승희(서울 성북갑), 정성호(경기 양주), 김병욱(경기 성남분당을), 김영진(경기 수원병), 제윤경(비례대표) 의원 등이 당내에서 이 시장을 지원했다. 이 시장의 과제는 유권자들에게 안정감을 주는 동시에 '촛불정국'과 같은 외부 요인 없이도 스스로 지지율을 끌어올릴 수 있다는 것을 보

더불어민주당 경선 당시 문 후보의 잔에 맥주를 따르고 있는 이재명 시장(왼쪽).
이 시장은 2017년 경선에 나섬으로써 중앙 정치인으로 발돋움했다.

여줘야 한다는 것이다.

　더불어민주당 경선뿐 아니라 전체 대선주자 여론조사에서 이 시장은 선명성을 강조한 덕분에 일정 수준의 지지율을 유지했지만 박스권을 벗어나는 데는 실패했다. 진보 성향의 유권자만으로는 대권을 노리기 어려운 만큼 향후 5년 동안 중도·보수 성향 유권자들의 마음을 달랠 필요가 있다는 지적이다. 또 이 시장이 차기 서울시장에 출마할 가능성도 제기된다. 국회 입성 경험은 없지만 인지도에서만큼은 민주당 내 어떤 후보에도 밀리지 않는 만큼 2018년 지방선거 지형도가 요동칠 가능성이 있다. 동시에 경기도지사 출마 가능성도 거론되는 만큼 이 시장의 결단에 민주당 의원들의 시선이 집중될 것으로 보인다.

높은 인지도·풍부한 행정 경험을 가진 박원순

박원순 시장의 경우 일찌감치 경선 불출마를 선언해 중앙정치 무대에서 다소 멀어졌지만 언제든 대권 잠룡으로 거론될 잠재력을 갖췄다는 평가다. 유력 정치인들이 총출동하는 서울시장 선거에서 이미 두 차례 승리를 거뒀다는 점에서 경쟁력이 어느 정도 입증됐고, 메르스MERS, 중동호흡기증후군 사태 당시에는 발 빠른 대처로 대선주자 지지율을 빠르게 끌어올리기도 했다.

다만 더불어민주당 경선 과정에서 문 대통령과 지지층이 상당 부분 겹치면서 지지율을 끌어올리는 데 실패했다. 박 시장 역시 사석에서 "나를 지지할 것처럼 보였던 분들이 문 대통령에게 가는 경우가 많았다. '이번 대선은 내 무대가 아니었구나'라는 생각이 들었다"고 털어놓기도 했다.

비록 더불어민주당 경선을 완주하지 못했지만 지자체장 중에서 가장 영향력 있는 서울시장을 두 차례나 지내면서 인지도를 끌어올렸다는 점은 그가 가진 강점이라고 할 수 있다.

김상희(경기 부천소사), 남인순(서울 송파병), 박홍근(서울 중랑을), 권미혁(비례대표), 기동민(서울 성북을) 의원 등이 박 시장 곁을 지킨 바 있다. 시민사회의 지지를 이끌어낼 수 있다는 점도 박 시장이 가진 강점 중 하나다. 다만 박 시장은 중앙정치 경험이 부족하다는 점이 약

19대 대선 불출마 선언으로 잠시 숨 고르기에 들어간 박원순 서울시장(오른쪽).

점으로 꼽힌다.

안 지사와 이 시장 모두 중앙정치 경험이 부족한 것은 마찬가지지만 박 시장의 경우 시민사회 출신이라는 점에서 이 같은 약점이 더욱 부각되는 모양새다. 향후 서울시장 3선에 도전하면 서울을 지역구로 둔 당내 중진 의원들과 치열한 경쟁이 펼쳐질 전망이다. 당대표 출마 가능성도 제기되지만 박 시장이 서울시장 3선에 성공하면 임기 중 처음으로 '여당 출신 서울시장'을 지내는 만큼 예전보다 확실한 지원을 받을 수 있다는 점이 변수다.

02

1기 내각과
청와대 인사

이낙연 　국무총리

명쑒대변인 출신의 화합형 호남 총리

　2004년 3월 국회에서 노무현 당시 대통령에 대한 탄핵안이 가결됐다. 집권 여당 열린우리당을 제외한 의원 중에 반대표를 던진 단 두 사람 중 한 명이 이낙연 총리다. 2002년 대선에서 노무현 캠프 대변인과 인수위 대변인을 거쳤던 이 총리로서는 당론을 거스르고 의리를 택한 셈이다. 노무현 대통령의 취임사를 마지막으로 다듬기도 했던 이 총리는 대선 직후 열린우리당이 떨어져나갈 때 민주당에 남았다. 친노도 친문도 아닌 이 총리가 문재인 정부의 첫 총리로 발탁된 것은 호남 출신으로서 새 정부의 탕평 인사 원칙을 반영할 뿐 아니라 '통합'이라는 문 대통령의 집권 키워드를 인사에 녹여낼 수 있기 때문이다. 문 대통령은 직접 총리 인선을 발표하면서 "균형 인사의 시작"이라며 "첫 총리를 대탕평, 통합형, 화합형 인사로 임명하겠다고 약속했는데 이 총리야말로 새 정부의 통합과 화합을 이끌 적임자로 판단된다"고 말했다. 이런 정치적 평가를 넘어 이 총리가 그동안 보여온 신의와 소통의 행보가 총리 발탁에 크게 반영된 것은 물론이다. 이 총리는 전남지사 임기 중 총리로 발탁됐다. 1995년 광역단체장 선거가 시작된 이후 현직 단체장이 총리로 발탁된 건 처음이다.
　이 총리는 16~19대 국회의원을 지낸 4선 의원이다. 《동아일보》 기자 시절 동교동계를 담당하면서 김대중 전 대통령과 인연을 맺었다. 당시 이낙연 기자를 눈여겨본 김 전 대통령의 영입으로 그는 2000년 전남 함평·영광에서 첫 금배지를 달았다. 초선 시절에 새천년민주당에서 두 차례 대변인을 지냈고 2002년 대선 때는 노무현 후보의 대변인, 2007년 대선 때는 대통합민주신당 대변인 등 20년 국회의원 기간 중 무려 다섯 차례나 대변인을 맡으며 '직업이 대변인'이란 별명을 얻었다. 막말 공방이 난무하는 최근 정치권과 달리 이 총리는 대변인 시절 촌철살인과 해학이 담긴 언행으로 여야 정치인 모두에게서 호평을 받았다. 실제로 더불어민주당이나 국민의당 소속 국회의원뿐 아니라 자유한국당이나 바른정당 소속 의원들과 두루 친한 것으로 알려졌다. 특히 광주제일고등학교 45회 출신인 이 총리의 후배들이 국민의당에 다수 포진되어 있다. 한 기수 후배가 주승용 원내대표, 황주홍·장병완 의원 등이다. 이 총리와 주 원내대표는 광주서중학교·광주제일고등학교 출신 의원들의 모임인 '남사당회'에서 수시로 만나 친분을 쌓아왔다. 김동철 의원(49회)도 고교 후배다. 국민의당 대선 경선을 치른 손학규 전 민주당 대표와도 가까운 사이다. 손 전 대표가 2014년 7월 정계를 은퇴한 뒤 강진에서 은거할 때 가장 먼저 찾은 이가 이 총리였다.

이 총리는 과거 전남지사에 출마했을 때 공약으로 '100원 택시'를 내걸었고, 이 공약은 실제로 일부 도시에서 시행 중이다. 전남 316곳의 오지에 사는 주민들이 택시를 부르면 그 마을에서 가장 가까운 버스정류장까지 100원을 받고 택시를 운행한 뒤 차액을 지자체에서 받는 식이다. 이 총리의 히트 상품인 '100원 택시'는 문 대통령의 대선공약에 포함되기도 했다. 미술 교사 출신의 부인 김숙희 씨와 1남을 두고 있다.

출 생   1952년 전남 영광
학 력   광주제일고등학교, 서울대학교 법학과
경 력   《동아일보》 도쿄 특파원, 《동아일보》 국제부장, 16~19대 국회의원, 노무현 대통령 당선자 대변인, 민주당 원내대표, 대통합민주신당 대변인, 민주당 사무총장, 민주통합당 전남도당위원장, 전라남도 도지사

서 훈 국가정보원장

국정원 개혁을 맡은 국정원 대북통 출신

서훈 국가정보원장(이하 '국정원장')은 이미 예견된 인사였다. 참여정부와 문재인 정부까지 대북 안보 분야에서 활약해왔고 국정원 출신이란 점에서 문재인 대통령이 중점 공약으로 내세웠던 국정원 개혁의 적임자이기 때문이다. 서 원장은 "국정원의 정치 개입 근절은 어제오늘의 숙제가 아니다. 건강한 국가정보원은 정치로부터 자유로워지는 것이다. 정치 개입, 선거 개입, 사찰 등을 근절할 수 있도록 노력할 것"이라고 말했다.

서 원장은 선거대책위원회 안보상황단장을 맡아 문 대통령의 안보 정책을 총괄했다. 국정원 출신인 그는 참여정부 국가안전보장회의NSC 정보관리실장으로 청와대에 파견을 나와 당시 청와대에서 근무하던 문 대통령과 처음 인연을 맺었다.

서 원장은 1954년 서울에서 태어나 서울고등학교와 서울대학교 교육학과를 졸업하고 미국 존스홉킨스대학에서 국제정치학 석사학위를 받았다. 취임 직전까지 이화여자대학교 북한학과에서 초빙교수로 재직했다. 2000년과 2007년 두 차례 남북정상회담 때 막후 주역으로 알려져 있다. 한국의 전·현직 관료 중 생전의 김정일 국방위원장을 가장 많이 만난 인사로 꼽힌다. 2000년 6·15 정상회담을 앞두고 대북 특사 역할을 한 당시 박지원 문화관광부 장관을 수행해 중국 베이징에서 북측과 협상을 벌였으며 '청와대 국장'이라는 위장감투를 쓰고 정상회담 준비단에서도 일했다. 임동원 전 통일부 장관이 2002년 청와대 특보 자격으로 방북해서 김정일 국방위원장을 만날 때도 면담과 만찬에 참석했다. 2005년 6월 정동영 통일부 장관과 김정일 위원장의 면담을 성사시키고 배석까지 했다. 또 2007년 남북총리회담 대표로 활동하면서 장성택, 김양건 등 북측 주요 인사들과 얼굴을 마주하고 협상을 벌였다. 서 원장은 국민의정부와 참여정부 당시 국정원 내 대표적인 대북 전략·협상 채널인 이른바 'KSS 라인'(김보현 3차장·서영교 5국장·서훈 단장)의 일원이었다. 참여정부에서는 국정원 대북전략국장과 제3차장을 역임했다. 국정원 제3차장은 대북 정보 업무를 총괄하는 자리다. 1980년 국정원에 들어온 이후 주로 대북 전략 파트에서 근무해 '대북통'으로 명성이 높았다.

대북 협상을 벌일 때 서 원장은 북한 내에서도 자신만의 별도 동선을 갖고 움직일 정도로 입지가 탄탄했다. 당시 정동영 통일부 장관의 정책보좌관이던 홍익표 민주당 의원은 "우리는 당시 서훈 국장의 대북 접촉을 'S라인'이라고 불렀다. 큰 방향은 통일부 장관이 협의하지만 구체적인 내용은 S라인에서 밤새 내부 조율을 했다"고 전했다.

1996년에는 한반도에너지개발기구KEDO 대표를 맡아 2년간 북한에 상주하기도 해 북측의 협상 스타일을 누구보다 잘 안다는 평가를 받고 있다. 친화력도 좋고 추진력과 기획력이 뛰어나다는 평가다. 대주가大酒家로도 알려져 있다. 2005년 평양에서 열린 장관급회담 때 실무접촉 단장으로 나왔던 김성혜가 우리 측 회담 관계자들에게 "서 국장과 밤새 술을 너무 먹어 힘들다"고 언급할 정도였다.

출 생 1954년 서울
학 력 서울고등학교, 서울대학교 교육학과, 미국 존스홉킨스대학 국제정치학 석사
경 력 한반도에너지개발기구(KEDO) 대표, 국가안전보장회의(NSC) 정보관리실장, 국정원
        대북전략국장·제3차장, 이화여자대학교 북한학과 초빙교수

홍남기 국무조정실장

정권 불문하고 인정받는 정통 경제 관료

홍남기 국무조정실장은 전임 정권 미래창조과학부 제1차관에서 '국정 조정 사령탑'으로 발탁됐다. 통상 전임 정권의 청와대 근무 경력은 새 정부에서 결격 사유가 되지만 홍 실장은 예외다. 박근혜 정부는 물론 참여정부 시절에도 청와대에서 일했다. 정권을 가리지 않고 줄곧 능력을 인정받아온 인물이다.

홍 실장은 공직 생활의 대부분을 예산·기획·재정 담당 경제부처에서 보냈다. 경제기획원부터 시작해 재정경제원, 예산청, 기획예산처, 기획재정부 등을 거쳤다. 기재부 복권위원회 사무처장으로 일할 때는 당첨금을 20년간 분할 지급하는 연금복권 발행에 주도적인 역할을 했다. 기재부 대변인 시절에는 하루도 빠지지 않고 당시 박재완 장관에게 조간 기사 분석 대면 보고를 했다는 일화는 유명하다.

유학과 해외 근무로 국제 감각도 갖췄다는 평을 받는다. 영국 맨체스터의 샐퍼드대학University of Salford에서 석사학위를 받았다. 미국 워싱턴 주정부 예산성에 1년간 파견돼 미국식 예산 시스템을 익혔고 3년간 주미 한국대사관 공사참사관으로도 일했다. 워싱턴에 근무할 때 상사들이 워싱턴을 방문한다는 연락을 받으면 분 단위로 동선을 짜 일일이 답사까지 해본 뒤 안내를 해 신임을 얻었다는 후문도 있다.

진보와 보수 정권을 오가며 공직 생활을 이어온 것은 정통 경제 관료로서 그의 능력과 성실성이 높이 평가받았기 때문이다. 노무현 정부 시절에는 경제수석비서관실 행정관과 정책실 정책보좌관으로 일했으며, 질 높은 정책 개발과 혁신에 앞장선 공로로 당시 노무현 대통령으로부터 격려금을 받아 화제가 되기도 했다.

박근혜 정부 출범을 앞두고 대통령직인수위원회에 경제1분과 전문위원으로 합류해 경제 정책의 밑그림을 그린 데 이어 출범 후에는 국정기획수석비서관실과 정책조정수석비서관실에서 기획비서관으로 일했다. 박근혜 정부의 핵심 부처였던 미래창조과학부에서는 1차관으로서 창조경제·연구개발·과학기술전략·미래인재 정책 업무를 총괄했다.

고교 시절의 꿈이 천문학자일 정도로 과학기술에 애정과 관심을 자주 피력했던 것으로 전해진다. 미래부 직원들도 "홍 실장이 '미래부 업무가 재미있다'고 입버릇처럼 말하곤 했다"고 전할 정도다.

청와대는 홍 실장의 인선 배경에 대해 "정책 기획·조정 업무에 탁월한 역량을 갖춘 인사다. 부드러운 인품과 강한 추진력을 겸비해 공직 사회에서 존경받는 공직자로 평가받는다"고 설명했다. 청와대는 이어 "4차 산업혁명과 신성장동력을 주도할 국가 지원 체계를 구축하는 데도 남다른 전문성을 갖고 있다"고 덧붙였다. 국정 조정이라는 기본 임무와 함께, 4차 산업혁명이라는 특명까지 이행할 적임자라는 것이다.

출 생 1960년 강원 춘천
학 력 춘천고등학교, 한양대학교 경제학과
경 력 행정고시 29회, 청와대 경제수석실 행정관·정책실 정책보좌관, 주미 한국대사관 공사
　　　　참사관, 기획재정부 복권위원회 사무처장·대변인·정책조정국장, 청와대 국정기획수석
　　　　비서관실 기획비서관, 정책조정수석비서관실 기획비서관, 미래창조과학부 제1차관

표 대통령비서실 개편 기구도

〈개편 전〉 기구: 1실장(장관급), 10수석(차관급), 41비서관
정원: 443명

〈개편 후〉 기구: 2실장(장관급), 10수석·보좌관(차관급), 41비서관
정원: 443명

미래전략	교육문화	고용복지	인사	외교안보
과학기술 정보방송통신 기후환경	교육 문화체육 관광진흥	보건복지 여성가족 고용노사	인사 인사혁신	외교 국방 통일

정책실장

경제보좌관
(국민경제자문회의 간사위원 겸임)

과학기술보좌관
(국가과학기술자문회의 간사위원 겸임)

※ 과제별
특별보좌관 임명

정책기획비서관 ——— 통상비서관

일자리수석	경제수석	사회수석	
일자리기획 고용노동 사회적경제	경제정책 산업정책 중소기업 농어업	사회정책 교육문화 주택도시 기후환경 여성가족	균형발전

임종석 _{비서실장}

전대협 의장 출신의 청와대 2인자

"대통령을 성심으로 모시되 '예스맨'이 되지는 않겠다."

문재인 정부 청와대 2인자에 오른 임종석 비서실장의 일성이다. 임 실장은 "투명과 소통이라는 두 가지 원칙으로 비서실을 운영하겠다. 문 대통령과 직언하고 격의 없이 토론하겠다"고 말했다. 보수 정권 10년간 주로 60~70대 고령의 인사들이 도맡았던 비서실장 자리에 51세의 운동권 출신이자 86그룹의 대표주자인 임 실장이 임명되면서 화제가 됐다. 특유의 친화력과 정무 감각을 갖췄다는 평가다.

임 실장은 이번 대선을 거치면서 문 대통령의 최측근 인사로 자리매김했다. 2012년 대선 때는 노영민 전 의원이 비서실장을 맡았지만, 이번 대선에서는 그전까지 문 대통령과 인연이 없던 그가 비서실장으로 전격 발탁되면서 신新친문 인사로 부상했다. 박원순 서울시장 밑에서 부시장을 지내며 '박원순의 남자'로 불렸지만 2016년 9월 문 대통령이 "확장력이 있는 대선 캠프를 만들고 싶다. 도와달라"며 직접 그를 영입한 것으로 알려졌다. 당시는 대선을 1년 3개월여 앞둔 시점이었지만 정국이 박근혜 전 대통령 탄핵 국면으로 급속히 접어들면서 임 실장도 예상보다 일찍 전면에 나서게 됐다. 그는 "문재인이라면 전국적 지지를 받는 대통령이 돼 한국의 정치 지형을 바꿀 수 있겠다고 생각해 캠프 합류를 결심했다"고 했다. 그는 실세형 비서실장으로 불린다. 문 대통령에게 적극적으로 의견을 개진하는 위치였다는 것이다. 2017년 초 대선 캠프가 공식 출범할 때 문 대통령의 '비선 실세'로 불렸던 양정철 전 청와대 홍보기획비서관에게 비서실 부실장이라는 공식 직책을 맡기면서 수면 위로 끌어올린 것도 임 실장의 입김이 반영된 인선이었다.

　전남 장흥이 고향으로 1986년 한양대학교에 입학해 민중가요 노래동아리에 가입하면서 학생운동에 발을 들이게 됐다. 1989년 4월 영남대학교에서 열린 전국대학생대표자협의회(전대협) 총회에서 3기 의장으로 선출되면서 임종석이라는 이름 석 자가 전국적으로 알려졌다. 훤칠한 외모에 수개월간 경찰 수배를 피해 종횡무진 활약하는 모습으로 학생운동권에서는 팬을 거느릴 정도로 '스타' 대접을 받았다. 그가 나타났다는 첩보를 입수한 경찰들이 현장을 급습할 때마다 허탕치게 만드는 신출귀몰한 모습으로 '임길동'이라는 별명을 얻기도 했다. 당시 한국 사회를 뒤흔들었던 임수경 씨의 방북 프로젝트를 지휘하며 주도면밀한 기획력을 과시하기도 했다. 이 사건으로 임 실장은 1989년 12월 체포돼 5년형을 선고받고 복역하다 1993년 가석방됐다.

　2000년 김대중 전 대통령의 '젊은 피' 영입 프로젝트의 일환으로 386운동권 출신들을 대거 정치권에 불러들였을 때 정치권에 입문했다. 16대 총선에서 승리하면서 34세의 젊은 나이에 국회의원이 됐다. 당시 원내 최연소 국회의원이었다. 2004년 17대 총선에서 당선되며 재선에 성공했지만 이명박 정부로 정권이 넘어간 직후인 2008년 4월 실시된 18대 총선에서는 당시 김동성 한나라당 후보에게 석패했다.

출 생　1966년 전남 장흥
학 력　용문고등학교, 한양대학교 무기재료공학과
경 력　전대협 3기 의장, 16·17대 국회의원, 민주통합당 사무총장, 서울시 정무부시장

주영훈 경호실장

노무현에 이어 문재인의 호위무사로

　노무현 전 대통령 가족을 담당하던 가족부장, 노 전 대통령 퇴임 후 봉하마을 경호팀장, 노 전 대통령 서거 후 권양숙 여사 경호부장. 이번에 문재인 대통령 경호를 총괄하는 자리에 오른 주영훈 실장의 경력이다. 노 전 대통령과 가족 곁을 지근거리에서 지켜왔다. 노 전 대통령과 함께 해온 이력은 고스란히 문 대통령과의 인연이 됐다. 정치적 '호위무사'가 아닌 무관 출신 문재인의 진짜 호위무사다.

　노 전 대통령은 퇴임 후 봉하마을에서 시골 촌로의 모습으로 살아가며 국민들에게 감동을 줬다. 당시 자전거를 타고 논두렁길을 달리던 노 전 대통령 뒤에서 같은 행색으로 자전거를 타며 경호하는 사진이 SNS에서 큰 화제가 되기도 했다. 노 전 대통령 서거 당시에는 운구 행렬을 뒤따랐고 이후 권 여사 경호를 계속해왔다. 문 대통령 당선 직후에는 "벅찬 감동이다. (권양숙) 여사님 부둥켜안고 목 놓아 울고 싶다"는 글을 남기기도 했다.

　1984년 청와대 경호실 공채로 시작해 보안과장, 인사과장, 경호부장 등을 거친 정통 경호관이다. 9년 만에 다시 경호실로 돌아온 주 실장은 누구보다 경호실 사정을 꿰뚫고 있어 문 대통령의 대선공약이기도 한 '광화문 대통령'의 경호 문제를 해결할 적임자로 꼽힌다. 대선 과정에서 문 대통령의 공약을 구체화할 '광화문대통령공약기획위원회' 부위원장을 맡은 것도 이 같은 배경 때문이다. 주 실장은 경호실장에 임명된 뒤 "경호실은 친근한 경호, 낮은 경호, 열린 경호를 목표로 거듭나겠다. 새로운 경호 제도와 경호 문화를 정착해 '광화문 대통령 시대'를 뒷받침하겠다"고 밝혔다.

2017년 1월 박근혜 전 대통령의 '세월호 7시간' 행적을 두고 박 전 대통령 측이 "노 전 대통령도 관저에서 근무했다"는 해명을 내놓자 주 실장은 SNS에 "진실을 호도하는 짓을 묵과할 수 없다. 퇴청을 안 한 대통령은 없었다"고 비판하기도 했다.

출 생   1956년 충남 금산
학 력   한국외국어대학교 아랍어과
경 력   대통령 경호실 공채, 경호실 보안과장, 경호실 인사과장, 경호실 경호부장, 경호실
         안전본부장, 더불어민주당 선대위 광화문대통령공약기획위원회 부위원장, 대통령
         경호실장

전병헌   정무수석비서관

청와대-국회 소통의 최적임자

　전병헌 정무수석은 김대중DJ 정부 당시 청와대 근무 경력과 3선 중진의 국회 경험을 앞세워 당과 청와대 간 또 국회와 청와대 간 소통에 최적임자라는 평가를 받는다. 전 수석은 "정치 환경이 근본적으로 달라졌기 때문에 청와대와 국회의 관계도 획기적으로 달라져야 한다"고 말했다. 그는 "5당 체제는 본질적·구도적으로 여소야대가 될 수밖에 없는 시스템이다. 문 대통령도 언제든 문을 열어놓고 국정을 국회와 소통하겠다는 입장이고 그런 연락과 가교 역할을 부지런하게, 충실히, 창의적으로 잘하겠다"고 다짐했다.

　1987년 평민당 전문위원으로 정치에 입문했다. 당시 나이 29세에 불과했다. DJ 당선인 인수위원회 전문위원, 국민의정부 청와대 정무·정책기획비서관을 거쳐 국정상황실장과 국정홍보처 차장을 역임했다. 대표적인 'DJ 키즈'로 정치 이력을 쌓으며 3선 정치인으로 발돋움했다. 치밀한 정세 판단과 순발력으로 범진보 진영의 대표적인 전략통으로 평가받는다. 과거 DJ가 전 수석에게 "자네는 머리 회전이 빨라 과속할 수 있으니 세 번만 더 생각하고 움직여라"고 했을 정도다.

　이번 대선에서도 경선과 본선 캠프에서 모두 전략본부장을 맡아 선거전을 진두지휘했다. 두 번째 대선에 뛰어든 문재인 대통령은 선거 과정에서 '준비된 대통령'이란 선거 구호로 다른 후보와 차별화를 시도했다. 정권 교체와 적폐 청산 등을 앞세워 지난 10년간 보수 정권의 실정을 비판했다. 국민의당 안철수 후보와의 대결에서는 '진짜 정권 교체와 가짜 정권 교체'란 프레임으로 승부를 걸었다. 모두 그의 손을 거친 작품이다. DJ 동교동계 출신으로 대표적인 정세균계로 분류되던 그는 대선을 앞두고 문재인 캠프에 합류했다.

그는 20대 국회의원 선거를 앞두고 공천 탈락을 했다. 지역구 내 별다른 맞수가 없었음에도 보좌관의 비리 전력 때문에 공천을 받지 못했다. 재심을 신청했지만 최종 탈락하자 "석과불식碩果不食(큰 과실을 다 먹지 않고 종자로 남김)의 심정으로 정권 교체를 위해 다시 시작하겠다"며 백의종군을 선언하고 총선 승리에 기여했다. 국회의원 시절 줄곧 문화, 교육 등의 상임위에서 활동하며 전문성을 발휘해왔다.

18대 국회의원 시절 국회 문화체육관광방송통신위원회 민주당 간사를 맡아 당시 한나라당에 맞서 '언론악법 투쟁'을 이끌기도 했다. 손학규 당대표 시절에는 정책위의장을 맡아 당의 정책 컨트롤 타워 역할을 도맡았다. 당시 '무상급식, 무상의료, 무상보육, 반값 등록금'이란 3+1 복지 정책을 내놓았는데 손 대표가 "대한민국 정치사의 정책 지형이 바뀌었다"고 평가할 정도로 민주당 역사에 큰 족적을 남긴 정책들이다. 게임 산업에도 일가견이 있어 한국e스포츠협회장을 맡으며 젊은이들과도 격의 없이 교류했다. 게임 캐릭터로 분장하는 코스프레도 마다하지 않아 게임 마니아 사이에서는 '갓병헌'으로 불리기도 한다. 2009년 재선 의원 시절 딸 전지원 씨가 고려대학교 총학생회장에 당선돼 화제가 되기도 했다.

출 생   1958년 충남 홍성
학 력   휘문고등학교, 고려대학교 정치외교학과, 동 대학원 경제학 석사
경 력   김대중 정부 청와대 국정상황실장, 17·19대 국회의원, 민주당 정책위의장, 민주당 원내대표, 새정치민주연합 최고위원, 더불어민주당 최고위원, 한국e스포츠협회장

조 국 민정수석비서관

개혁 성향 강한 비非검찰 출신의 사정 사령탑

문재인 정부의 첫 청와대 인선에서 가장 많은 화제를 불러모은 인사가 바로 조국 민정수석비서관이다. 전통적으로 검찰 출신 인사들이 도맡았던 민정수석 자리에 비非검찰 출신으로 개혁 성향이 강한 그가 임명됐기 때문이다. 청와대는 조 수석 임명 배경에 대해 "비검찰 출신의 법치주의·원칙주의·개혁주의자로서 대통령의 강력한 검찰 개혁과 권력기관 개혁 의지를 확고히 뒷받침할 적임자로 판단했다"고 설명했다. 조 수석은 첫 일성으로 "민정수석은 검찰의 수사를 지휘해선 안 된다"고 강조했다. 전임 민정수석들은 검찰을 좌지우지하며 급기야 박근혜 정권의 국정농단 사태를 야기했다는 비판을 받아왔다.

트위터 팔로어가 127만 명에 달하는 조 수석에게는 앙가주망engagement(사회참여)형 학자라는 평가와 함께 폴리페서polifessor란 꼬리표가 따라다닌다. 신언서판身言書判이 모두 뛰어나 대학 때부터 인기가 많았다고 한다. 180cm가 넘는 키에 훤칠한 미남형으로 스스로 "외모가 스트레스"라고 말할 정도다. 운동권 출신에 시민단체인 참여연대 활동을 꾸준히 해왔지만 그의 이름이 정치권은 물론 일반인에게 잘 알려진 계기는 SNS 시대의 개막과 함께였다. 이명박 정권 시절인 2010년에는 《진보집권플랜》이란 책을 통해 진보 진영 집권을 주창하고 나섰다. 스스로 이념 지형을 '중도 좌파'로 규정하는 그는 트위터 활동을 통해 꾸준히 민주당을 외곽 지원해왔다.

2015년에는 새정치민주연합 혁신위원으로 활동하며 본격적으로 정치 활동을 시작했다. 이번 대선에서는 문재인 당시 후보 유세장에 직접 동행해 대중 앞에서 지지 연설을 했다. 동시에 "동성애 인권 의식은 심상정 다음으로 낫다", "안보를 지키고 평화를 만들어낼 사람", "코리아 패싱은 콩글리시" 등 그가 던지는 트위터 발언들은 인터넷 언론 등을 통해 확대 전파되면서 문 대통령을 돕는 감초 역할을 했다.

이른바 '강남 좌파'의 원조 격으로 불리지만 부산 사나이다. 부산 대신동에서 태어나 구덕초등학교, 대신중학교, 혜광고등학교 등 줄곧 한 동네에서 컸다. 서울대학교에 일찍 입학(82학번 최연소)한 탓에 82학번 동기들과는 두 살 차이가 났다. 법대 동기로 나경원 자유한국당 의원, 원희룡 제주도지사, 김난도 서울대학교 교수, 김상헌 전 네이버 대표, 최상목 기획재정부 차관 등이 있다. 대학 시절에는 법대 학술지 편집장을 지냈다. 남한사회주의노동자연맹(사노맹) 사건으로 5개월간 감옥 생활을 하기도 했다. 이후 사법고시 대신 학문의 길을 택했다. 캘리포니아대학 버클리캠퍼스(UC버클리)에서 박사학위를 받은 뒤 귀국해 울산대학교와 동국대학교 조교수를 거쳐 2001년 모교 교수로 임용됐다.

1987년 6월항쟁의 도화선이 된 고 박종철 열사의 고등학교 1년 선배다. 조 수석에게 사회적 부채의식을 갖게 한 것도 박종철이었다. 조 수석은 고교 동창회에서 박 열사와 친분을 쌓았다. 지금도 박종철기념사업회 운영위원으로 있다.

출 생 1965년 부산
학 력 혜광고등학교, 서울대학교 법학과, 동 대학원 법학 석·박사, 미국 캘리포니아대학 버클리캠퍼스 법학 박사
경 력 울산대학교 법대 교수, 동국대학교 법대 교수, 참여연대 사법감시센터 소장, 국가인권위원회 위원, 새정치민주연합 혁신위원회 위원, 서울대학교 법학전문대학원 교수

조현옥 인사수석비서관

새 정부 균형 인사를 책임진 첫 여성 인사수석

　문재인 정부의 첫 청와대 여성 인사의 영예는 조현옥 인사수석비서관에게 돌아
갔다. 이화여자대학교 정책과학대학원 초빙교수였던 조 수석의 깜짝 등용은 문재
인 대통령이 후보 시절 약속했던 '여성 인재 중용'의 신호탄으로 해석된다. 또 참
여정부 인사의 재기용과도 관련 있는 인선이다.

　조 수석의 낙점은 문 대통령의 공약 실행 의지로 분석된다. 문 대통령은 선거기
간 내각의 30%를 여성으로 채우고 임기 내에 동수 내각 실현을 위해 노력하겠다
고 밝힌 바 있다. 이에 대해 조 수석은 임명 직후에 '동수 내각' 실현 가능성에 관
해 "여성은 아무래도 인력 풀pool이 남성에 비해 작은 편이다. 여성 30%라는 기
준을 맞춰 놓고 노력해보겠다"고 답했다.

　조 수석은 이화여자대학교 정치외교학과를 졸업한 정치학자다. 국책 연구기관
인 여성정책연구원과 여성정치세력민주연대 등 시민단체를 거치며 여성 정책의
전문성을 키웠다. 참여정부 시절에는 청와대 고위공직자 인사검증자문회의 위원
을 거쳐 2006년부터는 청와대 균형인사비서관으로 일하면서 이름을 알렸다. 문
대통령과의 인연도 이때부터 시작됐다. 2011년 박원순 서울시장 후보 캠프를 도
운 인연으로 그해 말부터 약 4년 동안 여성가족정책관·여성가족실장을 역임했다.
이번 대선기간에는 문 대통령 캠프에서 중앙선거대책본부 성평등본부 부본부장
으로 활약했다. 청와대는 "여성 특유의 청렴함과 공정성, 섬세함으로 대통령이 강

조하는 시스템 인사, 균형 인사를 청와대, 내각, 공기업 전반으로 확산시켜 나갈 인사 정책 책임자로 판단했다"고 인선 배경을 설명했다.

조 수석의 면모는 서울시 근무 시절의 주위 평가로 잘 알 수 있다. 조 수석을 옆에서 지켜본 서울시 공무원들은 조 수석이 합리적인 의사 결정에 업무 파악이 빠르고 사안에 대한 이해도가 높다고 입을 모은다. 뛰어난 균형 감각도 그의 장점으로 꼽힌다. 시민단체 출신의 인사들은 보통 일방적 일처리를 선호하는 편인데, 조 수석은 공무원들의 의견을 존중하면서 시민단체와의 양방향 소통을 통해 정책을 만들어 호평을 들었다는 후문이다.

여성으로서 강점인 세밀함과 배려심을 갖췄다는 평가도 받는다. 다문화결혼 이민자들이나 한부모 등 최근 활발한 자생적 커뮤니티가 대표 단체를 만들어 서울시 등 정책 당국과 소통하고 관련 정책 지원 등을 이끌어냈는데, 이때 서울시에서 일하던 조 수석이 관련 동아리 등을 일일이 찾아내 공개된 자리를 만들고 조직화할 수 있도록 돕는 등 결정적인 역할을 했다.

서울시에서 재임할 당시 나이보다 앳된 외모 때문에 민원인들로부터 종종 오해를 받는 경우도 있었다고 한다.

출 생 1956년 서울
학 력 숙명여자고등학교, 이화여자대학교 정치외교학과, 독일 하이델베르크대학 정치학 박사
경 력 여성정치세력민주연대 대표, 참여정부 인사수석실 균형인사비서관, 이화여자대학교 정책과학대학원 초빙교수, 서울시 여성가족정책실장, 더불어민주당 선대위 성평등본부 부본부장

김수현   사회수석비서관

도시재생 뉴딜을 이끌 부동산 정책 브레인

    김수현 사회수석과 문재인 대통령의 인연은 참여정부 시절부터다. 노무현 정부에서 김 수석은 청와대 국민경제비서관, 사회정책비서관을 지내고 환경부 차관을 역임하는 등 대표적인 정책 브레인으로 활약했다. 2012년 대선 때도 문 대통령 캠프에서 미래캠프 지원단장을 맡아 정책 실무를 총괄했고 이번 대선에서도 정책특보로 힘을 보탰다. 문 대통령이 18대 대선에서 낙선하고 야인으로 지낼 때도 김수석은 정책자문 조직인 '심천회心天會'에서 성경륭 한림대학교 사회과학부 교수, 조대엽 고려대학교 노동대학원장 등과 함께 매달 만나 정책 공약을 다듬어왔다. 이번 대선에서 캠프에 합류하기 전에는 서울시 산하 서울연구원장으로 재직하면서 서울시의 각종 부동산 정책에 관여했다.

    이번에 신설된 사회수석은 보건복지, 주택도시, 교육문화, 환경·여성가족 등 사회 전반의 정책을 총괄하는 자리다. 김 수석은 "경제수석, 일자리수석과 함께 국민·청년이 희망을 가질 수 있는 정책을 발굴하고 기획하고 조율하는 데 혼신의 힘을 다하겠다"고 말했다. 하지만 김 수석의 주특기가 부동산 분야인 만큼 도시재생 활성화, 임대주택 확대 등 문 대통령의 부동산 공약을 실현하는 데도 앞장설 것으로 보인다. 그는 참여정부에서 당시 이정우 정책실장과 함께 종합부동산세(종부세) 도입 등을 담은 '8·31 부동산종합대책'을 만들어낸 장본인이다.

    매년 17만 가구 공적 임대주택 공급, 소규모 개발 위주의 도시재생 뉴딜 정책,

청년 주거안정 지원 등이 문 대통령의 대표 부동산 공약이다. 대규모 개발보다 소규모 도시재생에 초점을 둔 이 공약의 밑그림을 그린 이가 김 수석이다. 도시재생은 박원순 시장이 민선 2기 핵심 과제로 꼽은 대표적인 사업이기도 하다. 철거 중심의 재개발에서 벗어나 소규모 정비사업 모델 개발 등을 통해 낙후된 도심을 재정비하는 방안이다. 실제로 박 시장은 도시재생본부를 설치해 서울역 고가 개발을 비롯해 종로구 창신·수인 지역과 낙원상가 일대, 창동·상계, 성수동 등 여러 곳에서 도시재생 사업을 추진했다. 문 대통령은 이 같은 성공 사례를 거론하며 "그동안 도시재생 사업에 연간 1,500억 원이 투입됐지만 생색내기에 불과하다. 매년 10조 원의 공적 재원을 100개 동네에 투입해 우리 동네가 달라졌다는 것을 확연히 느끼도록 하겠다"고 공언한 바 있다. 당시 세종대학교 교수로 있던 김 수석은 박원순 시장이 대선 출마를 포기한 직후 문재인 캠프에 합류하며 서울시의 혁신 성과를 문재인표 국가 정책 과제로 발전시켰다.

 김 수석은 2008년 한 칼럼에서 "종부세는 고가 주택을 가진 사람들을 괴롭히려고 만든 세금이 아니다. 능력에 맞게 보유하고, 가격에 상응하게 세금을 내는 문화를 만들기 위해서였다. 소위 시장주의자들이 요구하듯 정부가 강남에서 손떼기 위해서라도 보유세는 정상화할 필요가 있었다"고 말했다. 종합부동산세, 재건축초과이익환수제 등 과도한 시장 개입으로 일각에서는 실패작으로 평가받는 참여정부 부동산 정책의 입안자로서 해명을 내놓은 것이다.

출 생 1962년 경북 영덕
학 력 경북고등학교, 서울대학교 도시공학과, 서울대학교 도시지역계획학 박사
경 력 대통령비서실 국정과제비서관, 대통령비서실 국민경제비서관, 대통령비서실 사회정책
　　　　비서관, 환경부 차관, 세종대학교 도시부동산대학원 교수, 서울연구원장

하승창 사회혁신수석비서관

경실련 출신의 풀뿌리 혁신 전문가

하승창 사회혁신수석은 대표적인 '박원순의 사람'이다. 시민사회 분야의 오랜 경력으로 문재인 대통령이 역점을 두고 추진하는 '풀뿌리 혁신'에 적임자라는 평가를 받으며 이번에 신설된 사회혁신수석비서관에 발탁됐다. 경제정의실천시민연합(경실련) 출신으로 서울시 정무부시장을 지냈다. 전임자가 임종석 청와대 비서실장이다. 당시 임 비서실장이 총선 출마를 위해 자리를 내놓으면서 후임자가 됐다. 하 수석도 당시 더불어민주당 비례대표를 기대했지만 서울시로 방향을 틀었다. '박원순의 복심'으로서 서울시에서 쌓은 행정 경험이 결과적으로 사회혁신수석 발탁의 밑거름이 됐다. 하 수석은 임명 후 "서울시에서 여러 해본 일이 있어서 이미 검증된 정책을 전국적으로 가능하도록 돕는 게 내 업무가 될 것이다. 이런 것을 통해 문재인 대통령이 지금까지 우리 사회가 풀지 못한 숙제를 국민과 함께 풀겠다는 국정 철학을 구현할 것이고 나는 충실히 보좌하겠다"고 밝혔다.

하 수석은 2017년 3월 문재인 캠프에 영입돼 사회혁신·사회적경제위원회 공동위원장직을 맡았다. 다양한 혁신 사례와 아이디어를 정책으로 구체화하는 일이 하 수석의 주된 업무였다. 하 수석은 "촛불집회에서 봤듯이 시민이 사회 문제를 해결하는 데 나서는 흐름이 일반화됐다. 이를 통해 우리 사회가 성장하고 발전하도록 여러 자원·제도·법령 등을 고치고 만들어 그런 일을 시민이 잘할 수 있도록 돕는 일이 사회혁신수석의 임무"라고 설명했다.

하 수석은 연세대학교 사회학과 졸업 후 노동운동에 몸담았다. 1990년에는 민족통일민주주의노동자동맹(삼민동맹) 사건으로 실형을 선고받아 복역했다. 이후 시민사회 중심 풀뿌리 운동으로 방식을 바꿨다. 경실련 상근활동가로 시민운동을 시작해 1997년 정책실장을 지내며 재벌 개혁 운동을 펼쳤다.

2000년 함께하는시민행동 사무처장 시절에는 납세자 운동을 전개했다. 시민사회단체연대회의 운영위원장, 희망과대안 운영위원장 등을 역임하며 대표적인 '2세대 시민운동가'로 자리 잡았다. 2011년과 2014년 서울시장 선거에서 박원순 시장 캠프 총괄기획단장을 지내며 당선에 기여했다. 함께서울정책박람회의 총감독을 맡는 등 박 시장의 정책과 시정 방향을 가장 잘 이해하는 인물 중 한 명으로 꼽힌다. 2012년 대선 때는 무소속 안철수 후보의 '진심캠프'에서 대외협력실장을 지내기도 했다.

출 생 1961년 서울
학 력 마포고등학교, 연세대학교 사회학과, 동 대학원 석사
경 력 경제정의실천시민연합 간사·조직국장· 정책실장, 함께하는시민행동 사무처장, 박원순
        서울시장 후보 희망캠프 기획단장, 안철수 대통령후보 진심캠프 대외협력실장, 서울시
        정무부시장, 더불어민주당 선대위 사회혁신위원장

윤영찬 　국민소통수석비서관

_____

신문과 인터넷 포털을 섭렵한 미디어 전문가

_____

　신문 기자에서 네이버 부사장을 거쳐 청와대 국민소통수석(구 홍보수석)까지. 윤영찬 수석은 온·오프라인 미디어를 두루 섭렵한 이색 경력의 소유자다. 청와대는 윤 수석의 인선 배경을 "정치부 기자 출신으로 균형감과 정무 감각을 지닌 언론 친화형 인사"라고 밝혔다.

　《동아일보》 기자로 근무하다 네이버로 옮겨 부사장까지 오르며 탄탄대로를 걷던 윤 수석은 이번 대선을 앞두고 전격적으로 정치권에 합류했다. 그는 "박근혜 전 대통령 탄핵을 요구하는 촛불을 보면서 나도 다른 사람을 위해 가치 있는 뭔가를 하고 싶어졌다. 좋은 정책이 유권자들에게 잘 전달되는 일을 하고 싶었다"고 말했다.

　선대위 SNS본부장으로 영입된 후 정당 사상 최초의 정책 쇼핑몰 '문재인1번가', '국민주 문재인 펀드', '파란을 일으키자'와 같이 대선기간 선거판을 달궜던 SNS 선거운동 등을 성공적으로 이끌었다. 정책 쇼핑몰 '문재인1번가'는 오픈 직후 실시간 검색어에 오르며 접속 폭주로 서버가 마비되는가 하면, 대선 비용 모금을 위한 '국민주 문재인 펀드'는 판매 한 시간 만에 목표액인 100억 원을 훌쩍 넘기며 마감됐다. '파란을 일으키자' 포스터는 수많은 패러디를 양산하면서 SNS 유저들의 자발적 선거운동을 이끌었다. 이 같은 성공의 일등 공신은 문 대통령의 SNS 책사로 활약한 윤 수석이다. 윤 수석은 "선거 홍보 방식도 진화해야 할 때다.

모바일 시대 후보자의 정책은 캠프에서 일방적으로 내보내는 것이 아니라 온라인에서 유권자들과 상호교감하며 다양한 경로로 유통되어야 한다"고 밝힌 바 있다.

노무현 정부 초대 외교부 장관을 지낸 윤영관 서울대학교 명예교수의 막냇동생인 그는 1990년 《동아일보》에 입사한 뒤 평화민주당(평민당) 출입기자로 10년 가까이 활동했다.

윤 수석은 선배 기자이던 이낙연 총리의 후임으로 평민당 출입을 시작했고 이 총리가 직접 김대중 전 대통령에게 그를 소개했다. 정치부 기자 시절 '노태우 비자금 폭로' 사건을 특종 보도하기도 했다. 당시 민주당 이부영 의원으로부터 "박계동 의원이 뭔가 갖고 있다"는 제보를 받은 뒤 심야에 박 의원을 만나 4,000억 원에 달하는 비자금 폭로를 이끌어냈다. 2008년 네이버로 자리를 옮겨 뉴스 편집과 대관 총괄·홍보 등을 맡았다가 2017년 1월 부사장으로 승진했고, 한국인터넷기업협회 상임부회장을 역임했다.

출 생 1964년 전북 전주
학 력 영등포고등학교, 서울대학교 지리학과
경 력 《동아일보》 정치부 기자, 네이버 미디어서비스실장, 네이버 부사장, 한국인터넷기업
　　　　협회 상임부회장, 더불어민주당 선대위 SNS본부장

박수현 대변인

대변인만 5차례 역임한 안희정 측근

　문재인 정부 첫 대변인으로 임명된 박수현 전 더불어민주당 의원은 안희정 충남지사의 최측근이다. 2017년 대선 민주당 경선 과정에서 안 지사 대변인으로 활동했던 박 대변인의 기용은 탕평, 통합 인사에 대한 문 대통령의 의지가 반영된 것이다. 박 대변인은 "청와대 대변인의 말이 청와대의 현재임을 잊지 않도록 하겠다. 청와대의 말만 일방적으로 전하는 것이 아니라 여야 모든 정당의 발표를 국민의 말씀이라 여기고 꼼꼼히 경청하겠다"고 밝혔다.

　박 대변인의 가장 큰 강점은 친화력과 성실성이다. 민주당에서 당 대변인과 원내 대변인 등 대변인만 다섯 차례나 지냈다. 언론과 소통 능력이 탁월하다는 평가다. 당 대변인 시절에는 기자들과 당구를 치며 친분을 쌓는 등 특유의 친화력을 발휘하기도 했다.

　19대 국회에서는 임기 내내 고속버스 등 대중교통을 이용해 지역구와 국회를 출퇴근하며 성실성을 인정받기도 했다. 평소 차분한 태도로 여야 의원을 막론하고 호평을 받았다는 점 역시 여소야대 국면에서 첫 대변인에 발탁된 배경이다.

　박 대변인은 2010년 지방선거에서 안 지사 캠프 본부장으로 활약했다. 이후 충남지사 정책보좌관을 지내다가 2012년 19대 총선 때 충남 공주에서 당선됐다. 당내 친문 인사들뿐 아니라 비주류 인사들과도 폭넓은 교분을 쌓아왔다. 김한길 전 의원이 새정치민주연합 대표를 지낼 때 비서실장을 지낸 박 대변인은 김종인 민주당 비대위 대표 시절에도 비서실장을 지냈다. 20대 총선에서는 선거구 획정 과정에서 지역구인 충남 공주가 충남 부여군·청양군으로 합쳐지면서 정진석 전 자유한국당 원내 대표에 패해 재선에 실패했다.

온화한 성품이지만 대변인 시절에 할 말은 하는 강단을 보이기도 했다. 2015년 대변인 시절 박근혜 전 대통령과 이병기 당시 청와대 비서실장, 김관진 국가안보실장을 겨냥해 "박근혜 정권이야말로 국가보안법으로 처벌해야 할 종북 정권"이라고 직격탄을 날린 바 있다. 국정교과서 논란에 대해서도 박 대변인은 "박근혜 대통령과 김무성 대표가 국정교과서를 밀어붙이는 이유는 박정희 전 대통령의 친일·독재를 미화하기 위한 것"이라고 지적하며 국정교과서 추진 중단을 강력히 촉구하기도 했다.

출 생 1964년 충남 공주
학 력 공주사대부속고등학교, 서울대학교 서양사학과(중퇴), 방송통신대학교 행정학과,
      연세대학교 행정학 석사
경 력 19대 국회의원, 민주통합당 원내부대표, 새정치민주연합 대표비서실장·대변인, 더불어
      민주당 비대위 비서실장, 19대 대선 안희정 캠프 대변인

권혁기 보도지원비서관(춘추관장)

친화력·순발력 겸비한 언론 소통 창구

"오늘 대통령이 드셨던 메뉴는 춘추관에서 기자들이 먹은 음식과 똑같다."

권혁기 보도지원비서관이 청와대 출입기자들에게 전한 말이다. 문재인 대통령이 청와대에 입성해 둘째 날 점심을 청와대 구내식당에서 했다. 청와대 수송부, 시설부, 조리부, 관람부 직원들과 함께였다. 청와대 본관, 여민관 등 구내식당의 메뉴는 똑같다. 한 끼 3,000원짜리다. 문 대통령이 취임 초 잇달아 보여준 파격적인 '낮은 행보'를 보여주는 대표적 장면이다. 이 같은 문재인 정부의 탈권위적인 일상을 언론으로 국민들에게 알리는 역할이 권 비서관의 몫이다. 전임 박근혜 정부가 불통 이미지로 각인된 데 대해 국민들의 거부감이 컸기 때문에 권 비서관은 문 대통령의 소통 이미지를 알리는 데 주력하고 있다.

권 비서관은 대선 기간 선대위에서 수석부대변인을 맡아 문 대통령을 향한 네거티브 방어에 핵심 역할을 수행했다. 특히 문 대통령의 아들 준용 씨에 대한 상대 후보와 언론의 의혹 제기에 사실 관계를 바로잡는 데 크게 기여했다. 권 비서관은 논평 메시지가 명확하고 일처리가 신속해 정무 감각과 순발력을 두루 갖춘 것으로 평가받고 있다. 언론과 소통 능력이 뛰어나 2012년 대선에서도 문 대통령과 동행하며 언론 지원 업무를 맡았다.

1997년 김대중 전 대통령 지원 세력인 민주연합청년동지회(연청) 청년조직국장으로 정치권에 입문했다. 참여정부에서 청와대 홍보수석실 행정관으로 근무했고 해양수산부 장관 정책보좌관을 역임했다. 민주당 전략기획국장을 맡을 정도로 전략 수립과 정세 분석에도 탁월한 것으로 평가받는다. 20대 총선에서 당직자 몫으로 비례대표 22번에 이름을 올렸지만 당선권에 들지 못했다. 이후 정세균 국회의장을 보좌하며 국회 부대변인을 지냈다.

출 생 1968년 서울
학 력 청량고등학교, 국민대학교 국사학과
경 력 청와대 국내언론비서실 행정관, 해양수산부 장관 정책보좌관, 민주당 전략기획국장,
        국회 부대변인, 더불어민주당 선대위 수석부대변인

박형철 반부패비서관

적폐 청산 선봉에 선 '면도날 수사' 검사

2012년 대선판을 뒤흔들었던 국정원 대선 개입 사건. 2013년 검찰 수사가 본격화됐고 당시 특별수사팀장이던 윤석렬 검사와 함께 부팀장으로 활약했던 이가 박형철 비서관이다. 그는 검찰 내에서도 '면도날 수사'로 불릴 만큼 수사의 달인으로 정평이 나 있었다. 수사팀은 원세훈 전 국정원장을 기소하는 과정에서 검찰 지휘부의 결재 없이 국정원 직원들에 대한 체포·압수수색을 벌이며 검찰 수뇌부와 마찰을 빚었다.

당시 수사팀은 원 전 원장에게 공직선거법 위반 혐의를 적용해야 한다는 의견을 냈고, 검찰 수뇌부의 반대를 무릅쓰고 국정원 직원들에 대한 체포영장을 집행했다. 결국 윤 검사는 정직 1개월 징계를 받은 채 수사팀에서 쫓겨났고, 박 비서관은 감봉 1개월 징계를 받고 좌천성 인사로 한직을 떠돌다 결국 2016년 검찰을 떠났다. 국정원 대선 개입 사건에 대한 재판은 아직 진행형이다. 항소심에서 전부 유죄 판결이 나왔다가 대법원에서 파기 환송돼 현재 서울고등법원에서 2년째 재판이 진행 중이다.

박 비서관을 포함한 당시 수사팀은 갖은 외압에도 불구하고 맡은 바 소임을 다해 호평이 뒤따랐다. 표창원 더불어민주당 의원은 이들을 향해 "그래도 이 땅에 법과 정의가 숨 쉬고 있다는 것을 알려주셔서 고맙습니다"라는 글을 SNS에 올려 경의를 표하기도 했다.

윤 검사는 '최순실 국정농단 사태' 특별검사로 화려하게 복귀했고 박 비서관은 이번에 문재인 정부의 역점 사안인 적폐 청산을 총괄하는 자리로 신설된 반부패 비서관에 전격 발탁됐다. 실제 조국 민정수석이 일성으로 '세월호 사태'와 '정윤회 문건 사건'을 재수사하겠다는 방침을 밝히면서 이를 진두지휘할 박 비서관에 관심이 쏠리고 있다.

청와대는 "문 대통령의 부패 척결 의지에 따라 반부패 전담 부서를 신설했다. 어떤 타협도 없이 부정부패를 척결하겠다는 대통령의 의지를 집행할 최적의 인물이 박 비서관이다"라고 발탁 이유를 밝혔다. 청와대는 이어 "박 비서관은 국정원 대선 개입 사건의 수사 때 조사 능력과 반부패 소신이 검증된 인물"이라고 평가했다.

박 비서관은 1968년 서울 태생으로 서울고등학교와 서울대학교 공법학과를 나왔다. 사법연수원을 25기로 수료한 그는 대검찰청 공안2과장, 서울지검 공공형사수사부장 등을 거치며 수사력을 발휘했다. 검찰을 떠난 뒤로는 변호사로 활동했다. 이득홍 전 서울고검장, 강인철 전 순천지청장 등과 함께 법률사무소 '담박'에 몸담았다.

출 생   1968년 서울
학 력   서울고등학교, 서울대학교 공법학과
경 력   사법고시 35회, 대검찰청 공안2과장, 서울지검 공공형사수사부장, 대전고검 검사,
        부산고검 검사, 법률사무소 '담박' 대표변호사

이정도 총무비서관

문고리가 맡던 청와대 살림살이를 꿰찬 베테랑 공무원

"오늘 특히 눈여겨봐줬으면 하는 인사다."

2017년 5월 11일 임종석 비서실장이 첫 번째 청와대 수석, 비서관 인선을 발표하며 이같이 말할 정도로 새 정부가 강조했던 인물. 바로 이정도 총무비서관이다. 당시 비非검찰 출신 민정수석으로 화제를 모았던 조국 교수만큼이나 이목을 집중시켰던 인사다. 파격 인사로 평가받았다. 역대 총무비서관은 대통령 측근 중의 측근이 맡던 게 관례였다. 청와대 살림살이는 물론 대통령 사생활까지 챙기는 집사 역할을 도맡기 때문이다. 과거에는 통치 자금을 관리하는 '금고지기' 역할을 했을 정도다. 이명박 정권의 김백준, 박근혜 정권의 이재만 비서관, 노무현 정권의 정상문 비서관처럼 '문고리' 권력들이 맡아온 것도 그 때문이다. 대부분 비리에 연루되며 불명예 퇴진의 멍에를 썼다. 문 대통령이 재정 전문가인 정통 경제 관료를 총무비서관 자리에 앉힌 배경이다.

이 비서관은 문 대통령과 직접적인 인연 자체가 없다. 30년 경력의 경제 관료다. 1992년 7급 공채로 공직에 입문했으며 주로 예산 업무를 도맡아왔다. 예산과에서 실무를 총괄하는 '총괄주사'로 세밀한 일처리로 호평을 받았다. 고시 출신 중에서도 소위 '에이스'들이 즐비한 기획재정부(기재부)에서 비주류인 비고시 출신이지만 업무 능력만큼은 기획재정부 내에서도 손꼽힌다. 동기들 사이에서도 초고속 승진을 거듭할 만큼 인정받았다. '7급 신화'로도 불릴 정도다. 기획재정부 인사과

장을 맡은 것도 비고시 출신으로는 그가 처음이다. 참여정부와는 연이 있다. 사무
관 승진 뒤에 2003년 변양균 전 청와대 정책실장이 기획예산처 차관에 이어 장관
을 거칠 때 비서와 보좌관으로 보좌했다. 변 전 실장이 청와대에 입성해 정책실장
을 맡을 때 이 비서관을 데려갈 정도로 신망이 두터웠다. 이 때문에 이번 인선에
변 전 실장의 입김이 반영됐을 것이란 해석도 있다. 참여정부 청와대 근무 경력에
도 불구하고 이명박 정권에서도 강만수 전 기획재정부 장관 비서관을 역임했다.
그만큼 업무 능력으로 인정받았다.

이 비서관은 인사과장 시절 하급자가 사무실을 찾아도 상석을 양보하고 손수
음료수병을 따줄 정도로 겸손했다고 한다. 업무 능력만큼이나 업무 시간도 타의
추종을 불허한다. 매일 오전 6시에 출근해 밤 11시 넘어 퇴근할 정도로 워커홀릭
으로 유명하다. 2016년 2월 기재부 복권위원회 사무처장을 끝으로 기재부를 떠
날 때만 해도 공직 생활을 마무리하는 것으로 예상됐지만 그해 10월 예산실 국장
으로 복귀해 주변을 놀라게 했다는 후문이다. 새 정부 총무비서관 발탁으로 또다
시 관가에 큰 화제가 됐다고 한다.

출 생   1965년 경남 합천
학 력   초계종합고등학교, 창원대학교 행정학과
경 력   기획예산처 예산실 사무관, 기획예산처 장관 비서관, 참여정부 경제정책수석실 행정관,
         기재부 장관 비서관, 기재부 예산실 농림수산예산과장, 기재부 문화예산과장, 기재부
         인사과장, 기재부 복권위원회 사무처장, 기재부 예산실 행정안전예산심의관

03

문재인의
파워엘리트

강기정 전 국회의원

호남 '반문 정서' 가라앉힌 주역

캠프 종합상황실장은 24시간도 모자라는 자리다. 시도 때도 없이 상황점검회의를 열어 현안에 대응하는 최전방 컨트롤 타워라 할 수 있다. 후보의 일거수일투족을 관리하는 것도 그의 몫이다. 문재인 대통령이 본선만큼 치열했던 당내 경선을 통과한 데는 당시 종합실장을 맡았던 강기정 전 의원의 공이 크다.

특히 뿌리 깊은 호남의 '반문 정서'를 누그러뜨리는 데 앞장섰다. 2017년 경선을 앞둔 문재인 캠프에 비상이 걸렸다. 첫 경선지로 승부의 분수령인 호남에서 활약할 '전사'들이 없었기 때문이다. 바로 20대 총선에서 더불어민주당이 호남에서 사실상 전멸한 탓이다. 광주에서 내리 3선을 한 강 전 의원 등 호남 출신 인사들이 대거 합류하면서 캠프가 활기를 띠기 시작했다. 20대 총선에서 공천 탈락 후 야인으로 돌아간 강 전 의원은 베를린자유대학에서 유학 중이었지만 7개월 만에 SOS를 받고 캠프에 합류했다. 기존의 친문 그룹 외에 캠프 내 주축으로 떠오른 이른바 '뉴 친문'들이다.

강 전 의원은 20대 총선에서 본선에 오르지도 못하고 공천에서 탈락했다. 정세균계로 분류되던 인사들이 대거 공천에서 배제되면서 그의 지역구도 전략 공천지로 결정됐다. 그는 '백의종군' 하겠다며 불출마를 선언했다. 공천에서 배제된 그는 그해 마지막 본회의 무대에 올라 테러방지법 저지를 위한 '눈물의 필리버스터filibuster'로 큰 화제를 모으기도 했다. 당시 총 38명의 의원이 8일간 연단에 나와 192시간 25분 동안 필리버스터를 이어가며 헌정사에 유례없는 진기록을 남겼다. 그는 9번째 주자로 나서 5시간 넘게 연설했다. 발언 중 눈물을 흘리며 〈임을 위한 행진곡〉을 불렀던 그의 모습에 많은 지지자들이 격려를 보내기도 했다.

국회의원 시절에는 복지 분야에서 활약해왔고 신용정보유출 대책위원장, 관피아 대책위원장, 연금개혁 위원장 등을 맡으며 굵직한 현안마다 목소리를 내왔다. 2010년 12월 당시 한나라당이 새해 예산안 단독처리를 강행하는 과정에서 한나라당 김성회 의원과 주먹다짐을 벌인 일화도 있다.

강 전 의원은 광주 대동고등학교 출신이다. 1980년 5·18 광주민주화운동 당시 전국 최초로 고등학교 시위가 벌어진 곳이다. 전남대학교 재학 시절 학생운동에 뛰어든 대표적인 호남 86그룹이다. 1985년 전남대학교 삼민투위원장으로 미국문화원 점거를 주도하며 8년 실형을 선고받고 복역했다. 3년 7개월이나 감옥에서 보낸 강 전 의원은 16대 총선에서 무소속으로 출마하며 정치권에 첫발을 내디뎠다. 부인 유귀숙 씨와의 사이에 1남 1녀를 두고 있다.

출 생 1964년 전남 고흥
학 력 광주 대동고등학교, 전남대학교 공대, 동 대학교 행정대학원 석사
경 력 17~19대 국회의원, 새정치민주연합 정책위의장, 민주통합당 최고위원

강병원 더불어민주당 의원

20대 총선에서 5선 이재오 꺾은 노무현 비서

"연신내 행운식당 아들 강병원이 당선됐습니다."

지난 20대 총선 서울 은평을에서 당시 여당의 거물 이재오 전 의원을 꺾으며 파란을 일으켰던 강병원 의원의 당선 인사다. 이 지역에서 무려 20년간 5선을 했던 '터줏대감'인 이 전 의원을 꺾은 강 의원은 당내 경선에서도 운동권 신화의 주인공인 임종석 전 의원을 제칠 정도로 탄탄한 경쟁력을 과시하며 금배지를 달았다.

강 의원은 1989년 서울대학교 농경제학과에 입학한 뒤 '21세기 진보학생연합'을 출범시키며 학생운동에 뛰어들었다. '21세기 진보학생연합'은 온건 성향의 운동권으로 평가된다. 그는 역대 처음으로 임기를 마치고 군에 입대한 총학생회장이었다. 졸업 후 그는 대우그룹에 입사해 회사원 생활을 하다가 2002년 노무현 대통령후보의 수행비서로 정치권에 입문했다.

참여정부 시절에는 대통령비서실 행정관으로 일했다. 이때 당시 비서실장이던 문 대통령과 인연을 맺었으며, 참여정부가 끝난 뒤에는 3년간 건설현장에 뛰어들어 건설노동자로 일하기도 했다. 강 의원은 당시를 회상하며 "밥벌이의 고달픔을 배웠다. 현장 속에서 새로운 정치가 무엇인지, 누구를 위한 정치를 해야 하는지 깨달았다"고 말했다.

19대 대선 유세 과정에서는 우상호 당시 더불어민주당 원내대표 주도로 발족된 '봄봄유세단'에서 도종환·박완주·유은혜·강훈식·박경미·백혜련·이재정·제윤경

의원 등과 함께 활동했다. 젊은 초·재선 의원들이 주축이 돼 전국 곳곳을 기민하게 움직일 수 있다는 장점을 살려 당시 문재인 후보가 일정상 방문하기 어려운 면 단위의 농촌이나 초접전 지역을 훑으며 표를 끌어모았다.

노동 현장에서의 경험 덕분에 국회 입성 후에는 환경노동위원회 소속으로 활동하고 있다. 정부가 공개를 거부하고 법원에서도 진단총평을 제외하고 비공개하라는 판결을 낸 삼성전자 반도체공장(기흥 화성) 진단보고서를 공개해 여론의 주목을 받기도 했다. 문 대통령 선대위에서 환경노동특보단장으로 활약하며 노동계 표심 잡기에 앞장섰다.

출 생   1971년 전북 고창
학 력   대성고등학교, 서울대학교 농경제학과
경 력   서울대학교 총학생회장, 노무현 민주당 대선후보 수행비서, 청와대 행정관, 노무현 재단 기획위원, 더불어민주당 부대변인·원내부대표, 더불어민주당 선대위 환경노동 특보단장

고민정 전 KBS 아나운서

문재인과 여성 표심을 연결한 방송인

　고민정 전 아나운서와 문재인 대통령을 이어준 다리는 고 신영복 선생이다. 고 전 아나운서가 문 대통령을 처음 만난 것은 2016년 1월 신영복 선생의 영결식이었다. 당시 KBS 아나운서였던 그는 신영복 선생의 제자 자격으로 추도사를 낭독했고, 평소 신영복 선생을 존경해왔던 문 대통령은 조문객으로 참석했다. 이후 신영복 선생의 추모 콘서트와 1주기 행사에서 그는 다시 문 대통령과 조우했다. 두 행사에서 고 전 아나운서는 사회자로 참여했고 문 대통령도 신영복 선생을 기억하기 위해 발걸음을 했다. 두 사람은 경희대학교 동문이라는 공통점도 있었다.

　이런 인연으로 그는 2017년 2월 경희대학교에서 열린 문재인 당시 대선후보의 《대한민국이 묻는다》 북 콘서트 사회자로 나섰고 이후 KBS를 그만두고 본격적으로 선거운동에 뛰어들었다. 당시 그는 "언론의 정상화를 위해서라도 반드시 정권 교체가 필요하다"는 생각에 합류를 결심한 것으로 전해졌다. 고 전 아나운서는 대선기간 동안 김경수 대변인과 함께 문재인 대통령을 가장 가까이에서 수행했다. 특히 젊은 여성들과 문 대통령의 접점을 넓히는 데 큰 역할을 했다.

　그는 '가난한 시인의 아내'로도 유명하다. 남편은 2000년 시집 《사람은 가고 사랑은 남는다》로 등단한 조기영 시인이다. 고 전 아나운서의 대학 11년 선배인 조 시인이 동아리방 방명록에 남긴 글을 보고 첫눈에 반했다고 한다. 후에 고 전 아나운서는 "시인이니까 오죽 글을 잘 썼겠는가. 그때 그 글을 보고 반했다. 말로만 듣던 선배였는데, 나중에 생각해보니 그게 사랑의 감정이었던 것 같다"고 회상했다.

그는 나중에 조 시인이 강직성 척추염을 앓고 있다는 사실을 알았다. 조 시인은 통증 때문에 고향인 정읍으로 내려가 투병생활을 했고 고 전 아나운서는 주말마다 기차를 타고 정읍을 오가면서 연애를 이어갔다. 두 사람은 2005년에 결혼했고, 둘의 러브스토리는 논픽션 드라마 〈결혼이야기〉로 만들어져 유명해졌다.

고 전 아나운서가 문 대통령의 선거운동을 돕기 위해 KBS를 사직했을 때 조 시인이 아내에게 쓴 편지도 SNS에서 화제가 됐다. '당신을 문재인에게 보내며'라는 제목의 편지에서 조 시인은 '온갖 낡은 것들을 씻어내면서 정의가 살아 숨 쉬고, 사회적 약자들을 보듬어주는 새 시대의 첫째가 당신처럼 나도 문재인이었으면 좋겠소. 촛불로 거짓을 씻고, 촛불과 미소로 우리 스스로 오욕을 씻어낸 새 시대의 첫째가, 새 시대 첫 번째 대통령이, 그 누구보다 기득권의 골칫덩어리 문재인이었으면 좋겠소'라며 아내의 선택을 응원했다.

출 생 1979년 서울
학 력 분당고등학교, 경희대학교 중어중문학과
경 력 KBS 공채 30기 아나운서, 더불어민주당 선대위 대변인

권인숙 명지대학교 교수

남녀 동수 내각을 지원할 여성학 전문가

'부천경찰서 성고문 사건.'

국가가 자행한 폭력의 대표적 사례로 부끄러운 한국의 역사다. 이 사건의 피해자가 권인숙 명지대학교 교수다. 대학생 시절이던 1986년 5월 권 교수는 허명숙이라는 가명으로 부천지역 노동운동에 뛰어들었다. 그는 1989년 9월 한 대학 신문에 "농활을 통해 나와 같이 살아가는 공동체에 '남'이 있구나 하는 것과 처음으로 사람에 대한 사랑을 느끼게 됐다. '이렇게는 살지 않겠다'는 생각에 운동권에 뛰어들었다"며 노동운동을 시작한 계기를 밝혔다.

5·3 인천항쟁으로 운동권에 대한 정권의 탄압 수위가 높았던 1986년 6월 권 교수는 당시 동네 통장의 신고로 자취하던 아파트에서 체포됐다. 그가 경찰 조사에서 끝까지 자백을 하지 않자 문귀동 당시 경장이 투입됐고 이른바 '부천경찰서 성고문 사건'이 벌어졌다. 권 교수는 사건 20일 만에 문 경장을 강제추행 혐의로 인천지검에 고소했다. 하지만 검찰은 돌연 축소 수사를 진행해 그해 7월 16일 '성모욕 행위는 없었다'고 공식 발표했다. 여론이 들끓었지만 권 교수는 어쩔 수 없이 대법원에 상고 포기서를 제출했고 징역 1년 6개월을 선고받았다.

1987년 6월항쟁이 있고서야 권 교수에 대한 명예 회복이 이뤄지기 시작했다. 그는 그해 7월 8일 양심수 석방을 요구하는 여론이 거세지면서 가석방됐고, 문 경장은 징역 5년형과 함께 위자료 지급을 선고받았다. 당시 변호인단으로 활동한 이가 고 조영래 변호사와 박원순 현 서울시장 등이다. 권 교수는 출소 후 노동운동계에서 활동을 이어가다가 1994년 여성학을 공부하기 위해 미국 유학길에 올랐다. 여성학자로 활발한 활동을 해온 그는 2005년 《대한민국은 군대다》라는 저서를 내며 한국 사회에 큰 반향을 불러일으키기도 했다.

2017년 3월 문 대통령의 공식 선대위가 출범하면서 외부 영입 1호로 합류했다. 공동선대위원장을 맡아 문 대통령 당선에 기여했다. 당시 권 교수는 문 대통령에 대해 "페미니스트가 되긴 어렵겠지만 노력해보는 것은 꼭 필요한 일이라는 그의 말이 인상 깊었다"고 말했다. 문 대통령은 대선공약을 통해 임기 내 남녀 동수 내각 실현 등 사회 모든 영역에서 여성의 대표성을 강화하겠다고 밝혔다. 여성학에서 큰 족적을 남긴 그인 만큼 문 대통령의 여성 정책에 조언자 역할을 할 것으로 보인다.

출 생 1964년 강원 원주
학 력 원주여자고등학교, 서울대학교 의류학과, 미국 러트거스대학(Rutgers University)
       여성학 석사, 미국 클라크대학(Clark University) 여성학 박사
경 력 노동인권회관 대표간사, 미국 플로리다주립대학 여성학과 교수, 명지대학교 교육
       학습개발원 교수, 더불어민주당 선대위 공동선대위원장

권칠승 더불어민주당 의원

문 대통령의 국회의원실을 물려받은 측근

　권칠승 의원은 더불어민주당 내에서 보기 드문 TK(대구·경북) 출신이다. 참여정부 때 청와대에서 문재인 대통령과 처음 인연을 맺은 이래 줄곧 지근거리에서 보좌해 왔고, 문 대통령이 의원 시절에 썼던 사무실을 물려받을 정도로 신뢰가 두텁다.

　경북 영천에서 태어나 대구중학교, 경북고등학교, 고려대학교 경제학과를 졸업 했다. 삼성그룹 공채 28기로 입사해 평범한 회사원 생활을 하다 1997년 15대 대선에서 김대중 새정치국민회의 후보의 선거기획단 활동을 통해 정치에 입문했다. 이후 13년 동안 당과 청와대를 오가며 일했다. 김대중 정부 때는 새정치국민회의, 새천년민주당에서 중앙당 사무처 직원으로 근무했다. 열린우리당으로 분당된 뒤 역시 당료로 지내다가 2004년 청와대로 옮겨 참여정부가 끝날 때까지 민정수석실 행정관으로 재직했다.

　정권이 바뀐 뒤에는 청와대를 나와 2009년부터 서갑원 의원의 보좌관으로 활동했다. 이듬해 4월 중앙당 부대변인으로 발탁됐고, 같은 해에 열린 지방선거에서 민주당 후보로 도의원(화성시 3선거구)에 출마해 당선되면서 정치인으로 거듭났다. 도의원으로서 그의 활약은 단연 돋보였다는 평가다. 2013년 삼성전자의 불산 누출 사고 조사위원을 지내면서 지방자치단체 최초로 유해화학물질 관리 조례를 제정했는데, 당시 행정학회가 최우수 조례로 선정했다. 경기도의회에서 예결특위 위원장을 맡아 김문수 당시 도지사와 무상급식을 두고 충돌하는 등 전면에서 활약했다. 2014년엔 무난히 새정치민주연합 후보로 나서 경기도의회 재선 의원이 됐다. 2016년 20대 총선 때 도의원직을 사임하고 신설 지역구인 화성병에 출마해 당선됐다.

노무현 전 대통령이 초선 의원일 때부터 문재인 대통령의 이름을 들었다는 권 의원은 2005년 청와대에서 문 대통령과 함께 일하면서 본격적인 인연을 맺기 시작했다. 그는 한 인터뷰에서 "참여정부에서 청와대에 근무할 때 민정수석으로 오면서 알게 됐다. 문 대통령이 비서실장을 할 때는 청와대 정무팀에 있었는데 정무팀이 비서실장 직속이라 볼 일이 많았다"고 회고했다. 지근거리에서 문 대통령을 봐온 권 의원은 그의 인간적 면모를 가리켜 "속세에 있을 것 같지 않은 사람"이라고 표현하기도 했다.

권 의원은 문 대통령이 국회의원 시절에 사용했던 의원회관 사무실을 그대로 물려받아 사용하고 있으며, 평소 기자들과 만날 때도 문 대통령에 대한 애정과 존경을 자주 표현하는 것으로도 유명하다.

그는 2017년 대선의 시대정신에 대해 "나라다운 나라를 다시 만드는 것"이라며 "문재인이 이끄는 대한민국은 부패하고 불의한 권력기관의 적폐를 바로잡아 공정한 나라가 될 것"이라고 강조했다. 국회산업통상자원위원회 소속으로 국회 지방재정분권특별위원회 위원, 국민연금 공공투자 정책추진특별위원회 간사 등으로 활동 중이다.

출 생 1965년 경북 영천
학 력 경북고등학교, 고려대학교 경제학과
경 력 더불어민주당 정책위원회 부의장, 문재인 국회의원 정무특보, 8·9대 경기도의회 의원, 20대 국회의원

김경수   더불어민주당 의원

노무현의 마지막 비서, 문재인의 최측근

　김경수 의원은 대선기간 내내 문재인 대통령 곁을 지켰다. 대변인이란 공식 선대위 직함 외에도 '문 대통령의 24시'를 함께하며 사실상 수행팀장의 역할도 맡은 측근 중의 측근이다. 2012년 대선 때도 문 대통령의 공보특보와 수행팀장으로 활약했다.

　김 의원을 따라다니는 수식어는 '노무현 대통령의 마지막 비서관'이다. 노무현 전 대통령 당선인 시절에는 비서실 기획팀, 참여정부 청와대 국정상황실 행정관, 청와대 연설기획비서관, 대통령 공보담당 비서관을 역임했다. 당내 대표적 친노·친문 의원으로 분류되지만 김 의원은 "친노, 비노 구분은 세상 물정 모르는 얘기"라며 손사래를 친다.

　1994년 신계륜, 임채정 전 의원의 보좌관으로 일하면서 정치권에 입문했다. 이후 새천년민주당 노무현 대통령후보 선대위 전략기획팀으로 일하면서 노 전 대통령과 인연을 맺었다. 노 전 대통령 서거 이후에는 봉하재단 사무국장, 노무현재단 봉하사업본부장을 지냈다. 서거 당시 김 의원은 "너무 슬퍼하지 마라. 삶과 죽음이 모두 자연의 한 조각 아니겠는가. 미안해하지 마라. 누구도 원망하지 마라. 운명이다"라는 노 전 대통령의 유서를 언론에 공개한 바 있다.

　김 의원은 2011년 민주통합당에 입당해 국회의원에 도전했다. 19대 국회의원 선거에서 경남 김해시를 지역구로 출마했지만 낙선했다. 2014년 제6대 전국 지방선거에서 경상남도 도지사 후보로 출마하기도 했다. 노 전 대통령이 꿈꾼 '시민 정치의 시대'를 열어가기 위해 '경남 지킴이'로 출사표를 던졌지만 재선에 나선 홍준표 당시 새누리당 후보에게 패배했다.

20대 총선에서는 경남 김해시를 지역구로 출마했다. 경쟁자인 새누리당 이만기 후보와 맞붙어 62.4%라는 당내 전국 최다 득표율로 당선됐다. 세 번의 도전 끝에 국회에 입성한 그는 "노무현 전 대통령에게 빚 하나 갚은 느낌"이라는 당선 소감을 밝힌 바 있다.

저서로는 고 노무현 전 대통령과의 일화와 자신의 정치적 비전을 담은《사람이 있었네》,《대통령 보고서》,《봉하일기, 그곳에 가면 노무현이 있다》등이 있다. 그의 공식 블로그에는 '함께 만드는 사람 사는 세상'이라는 문구가 적혀 있다. '사람 사는 세상'은 노 전 대통령이 생전에 꿈꾸던 세상 모습이었다. 학교 후배인 부인 김정순 씨와 결혼해 2남을 두고 있다. 김해 김씨 동성동본이라 결혼까지 가는 데 쉽지 않았다고 한다.

출 생   1967년 경남 고성
학 력   진주동명고등학교, 서울대학교 인류학과
경 력   대통령비서실 국정상황실 행정관, 대통령비서실 제1부속실 행정관, 대통령비서실 연설
         기획비서관, 노무현재단 봉하사업본부장, 민주당 경남 김해을 지역위원장, 18대 문재인
         후보 선대위 수행팀장, 더불어민주당 경남도당위원장, 20대 국회의원

김광두 서강대학교 석좌교수

'박근혜노믹스' 설계자에서 문재인 경제교사로

박근혜 전 대통령의 경제교사에서 문재인 대통령의 경제 멘토로 변신한 우파 성향의 경제학자다. 이른바 '서강학파'로 불리는 서강대학교 경제학 교수 라인은 원래 성장을 중시하는 우파적 성향이 강했다. 남덕우 전 경제부총리를 태두로 한 우파 성장론의 직계가 김 교수다. 같은 서강대학교 교수 출신인 김종인 전 의원, 조윤제 정책공간 국민성장 소장 등과는 다소 결이 다른 측면이 있었으나 활발한 정치 참여라는 공통적인 특징이 있다. 김 교수는 대선을 두 달 앞두고 문재인 캠프에 전격 합류하면서 또 한 번의 '변신'으로 주목받았다. 이 과정에는 조윤제 소장이 매개 역할을 한 것으로 전해진다.

그는 2007년 한나라당(현 자유한국당) 대통령후보 경선 때부터 박 전 대통령을 도운 인물이다. 경선 패배 직후엔 다음 대선에 대비해 '5인 공부 모임'을 이끌었다. 최외출 영남대학교 교수, 안종범 전 청와대 수석, 신세돈 숙명여자대학교 교수, 김영세 연세대학교 교수 등이 참여해 이른바 '줄푸세'(세금은 줄이고 규제는 풀고 법질서는 세운다)라는 키워드를 도출했다.

2012년 대선 때는 자신이 만든 국가미래연구원을 중심으로 박 전 대통령을 지원했다. 당시 캠프에서 '힘찬경제추진단장'이란 보직을 맡았다. 박근혜노믹스의 한 축인 경제민주화를 김종인 전 의원이 주도했다면, 규제 완화와 감세를 통한 성장론은 김 교수가 설계했다고 해도 과언이 아니다. '원칙이 바로 선 자본주의Pathway to the Disciplined Capitalism'라는 슬로건도 만들었다. 국가미래연구원은 2012년 대선 승리 후 정권인수위원회 멤버 7명을 배출하면서 박근혜 정권의 핵심 브레인 집단으로 주목받기도 했다. 하지만 막상 박근혜 정권이 출범한 뒤 김 교수는 권력에서 멀어지고 말았다.

당시 언론은 그와 김종인 전 민주당 의원, 이상돈 현 국민의당 의원 등 3인을 가리켜 '토사구팽 3인방'이라고 부르기도 했다. 이를 두고 친박 핵심들이 그를 배척했다는 소문도 돌았으나 "증세 없는 복지는 불가능하다"는 쓴소리가 박 전 대통령에게 전해지면서 '팽'을 당했다는 해석이 우세하다.

그는 2017년 대선을 앞두고 문재인 캠프에 전격 합류하면서 "선거 과정까지 박 전 대통령을 도왔고 그 이후엔 일절 관여하지 않았다. 박근혜 정부가 시작된 이후의 정책은 나와 상관이 없다"며 선을 그었다.

서강대학교를 졸업하고 미국 하와이대학에서 '한국의 국제수지 조정 정책'으로 박사학위를 받았다. 한국은행 금융통화위원을 지냈고, 몇 차례 한국은행 총재 물망에 오르기도 했다.

출 생 1947년 전남 나주
학 력 광주제일고등학교, 서강대학교 경제학과, 미국 하와이대학 경제학 박사
경 력 서강대학교 경제학과 교수, 한국은행 금융통화위원회 위원, 한국국제경제학회 회장, 서강대학교 석좌교수, 국가미래연구원장

김기식 전 국회의원

조직·정책·인재 영입에서 활약한 멀티플레이어

　김기식 전 의원은 대선기간 정책특보로서 미세먼지 대책과 유류세 개편 등 문재인 대통령의 생활밀착형 공약들을 만들어냈다. 휘발유, 석탄, 경유, 천연가스LNG 등에 대한 전반적인 에너지 세제를 10년 만에 개편하고, 국내 산업 환경 개선과 외교 협력을 통해 미세먼지를 감축하겠다는 것이 주된 내용이다. 그의 손길을 거쳐 문재인 대통령의 공약 시리즈인 '내 삶을 바꾸는 정권 교체'가 탄생했다.

　더불어민주당 인재영입위원회 부위원장으로 문재인 대통령의 외연 확대를 위해 적극 나섰을 뿐 아니라 통합정부추진위원회 자문위원단 자문위원으로 참여했다. 조직이면 조직, 정책이면 정책 어느 분야에서도 '멀티플레이'가 가능한 인재로 문 대통령은 그를 다목적 카드로 활용했다. 오랜 시민단체 활동으로 다져진 정책 생산 능력과 조직 능력 덕분이다.

　김기식 전 의원은 '검투사' 이미지가 강하다. 19대 국회의원 시절에는 '재벌과 금융권의 저승사자'로 불릴 정도로 강성 이미지를 드러냈기 때문이다. 초선 의원임에도 정무위원회 간사 자리를 움켜쥐고 금융 당국의 주요 법안마다 '브레이크'를 걸었다. 인터넷 전문은행 도입을 위한 은행법 개정안, 증권거래소의 지주회사화를 내용으로 하는 자본시장법 등 그의 반대에 부딪힌 법안들이 많았다.

　반대로 금융업계에 '아픈' 법안들은 단호하게 밀어붙였다. 대부업 최고금리를 인하하는 대부업법을 비롯해 '남양유업법'(대리점거래 공정화법), '김영란법' 등 굵직한 법안 통과의 최전선에 그가 있었다. 그는 정무위 피감기관에도 '경계대상 1호'였고 20대 총선 공천에서 탈락했을 때 일부 기관에선 환호성까지 나왔다는 후문이다. 박근혜 전 대통령이 2016년 4·13 총선 당시 그의 낙선운동을 직접 지시한 것으로 확인돼 논란이 되기도 했다. 안종범 전 청와대 정책수석의 수첩에서 박 전 대통령이 그의 낙선운동을 지시하는 메모가 발견됐다.

문재인 정부에서 그는 재벌 개혁에서 목소리를 낼 것으로 보인다. 그는 더불어민주당 초·재선 의원들이 만든 더미래연구소 소장을 맡고 있다. 더미래연구소는 '기존 순환출자 해소, 공익법인 의결권 강화, 반反시장 범죄에 대한 양형 강화와 이사 자격 제한' 등 강도 높은 재벌 개혁안을 주장하고 있다. 또 비정규직 일자리 개선을 위해 초기업단위 동일가치노동 동일임금, 비정규직 수당 신설 등도 제안했다.

출 생 1966년 서울
학 력 경성고등학교, 서울대학교 인류학과
경 력 참여연대 정책위원장, 혁신과통합 공동대표, 19대 국회의원, 민주당 정책위 부의장, 더미래연구소 운영위원장, 더불어민주당 인재영입위원회 부위원장, 더불어민주당 선대위 정책특보

김기정 연세대학교 교수

'문재인 독트린'을 만든 대통령의 중·고교 후배

　김기정 교수는 문재인 대통령에게 오랫동안 외교안보 분야에서 조언을 해온 최측근 인사로 꼽힌다. 문 대통령이 두 번 대선에 도전하는 과정에서 외교안보 정책 수립에 깊이 관여했고 이른바 '문재인 독트린'의 밑그림을 그린 인물이다. 김 교수는 문 대통령의 부산 경남중·경남고등학교 직속 후배라는 인연도 있다. 문 대통령은 경남고등학교 25회이고 김 교수는 29회다.

　하지만 두 사람이 직접 만난 것은 참여정부 말기가 처음이라고 한다. 참여정부를 결산하는 대통령 자문위원회 합동회의에서 만난 것이다. 이후 별다른 왕래가 없다가 2012년 대선에 앞서 어느 행사장에서 만난 그에게 문 대통령은 "외교안보 정책팀을 맡아 달라"고 불쑥 요청했다. 문 대통령은 이미 요로를 통해 김 교수를 핵심 브레인으로 삼으라는 추천을 받은 것이다. 2012년 대선 당시 김창수 코리아 연구원장 등과 '균형 외교', '한반도 평화 구상', '남북경제연합' 등의 핵심 정책을 만들었고 이번 대선에서도 골격은 그대로 유지됐다. 2012년 문 대통령의 첫 번째 대선 도전 때는 외곽 조직인 '담쟁이포럼'에 이름을 올렸다. 이 포럼에는 한완상 전 부총리 등 노무현 정부 당시의 청와대와 내각 인사들이 대거 참여했다.

　김 교수는 새누리당 박근혜 후보에 맞서 문재인-안철수 단일화 협상을 할 때도 통일외교안보 정책협의에 홍익표 의원 등과 함께 참여했다. 당시 북방한계선NLL 문제를 놓고 신경전을 벌였는데 결국 양쪽 입장을 모두 반영하는 쪽으로 결정된 일화가 있다. 균형과 실리 외교를 중시하는 김 교수는 노무현 정부에서 대통령자문 정책기획위원회 위원을 맡는 등 진보 진영을 대표하는 외교안보 전문가로 이름이 나 있었다. 참여정부 이후에는 2008년 출범한 한국미래발전연구원에 몸담으며 친 노 진영과 지속적으로 교류해왔다. 2009년 이명박 정부 시절에는 연세대학교 교 수 160여 명과 함께 시국 선언에 동참해 "민주주의를 훼손하는 억압적인 공안통치 를 중단하라"고 주장했다.

2017년 대선에서는 문재인 대통령 싱크탱크인 '정책공간 국민성장'에서 연구 위원장을 맡았다. 문 대통령이 대선 과정에서 보수 진영으로부터 대북·안보관이 불안하다는 이유로 집중 포격을 받을 때도 언론에 등장해 적극적인 지원 사격을 했다. 2017년 2월에는 미국으로 건너가 워싱턴 D.C. 존스홉킨스대학 국제대학원 SAIS에서 열린 '한국 외교 정책의 방향' 토론회에 참석해 문 대통령의 외교·안보관 을 홍보했다.

출 생   1956년 경남 통영
학 력   경남고등학교, 연세대학교 정치외교학과, 미국 코네티컷대학 정치학 박사
경 력   연세대학교 정치외교학과 교수, 통일부 통일정책평가위원, 외교통상부 정책자문위원, 대통령자문 정책기획위원회 위원, 문재인 미래캠프 남북경제연합위원회 위원, 연세대 학교 행정대학원장, 정책공간 국민성장 연구위원장

김동연 부총리 겸 기획재정부 장관

여야가 모두 탐내는 경제 정책통

　문재인 정부가 첫 경제 사령탑인 경제부총리로 선택한 인사다. 김동연 아주대학교 총장은 다양한 수식어를 가진 인물로 유명하다. '고졸 신화의 주인공', '입지전적 인물', '돈·학벌·인맥 없는 흙수저' 등. 그러나 그를 잘 아는 지인들은 그의 파란만장한 삶과 뛰어난 능력, 훌륭한 인성에 이 같은 표현은 오히려 부족하다고 입을 모은다.

　김 총장은 11세 때 33세의 젊은 나이였던 아버지를 여의었다. 남부럽지 않게 살던 그의 가족들은 하루아침에 청계천 판자촌으로 이사를 갔고, 이후 허름한 집을 전전했다. 졸지에 소년가장이 된 김 총장은 원하던 인문계 고등학교에 진학하지 못하고 상업계 덕수상업고등학교에 들어갔다. 졸업하던 해 은행원이 됐지만 그는 야간 대학을 다니며 고시 공부에 몰두했다. 결국 25세 때 행정고시와 입법고시에 모두 합격했다.

　쟁쟁한 학벌의 선후배와 동기들을 제치고 그는 국비유학생으로 선발됐고, 미국 정부에서 주는 풀브라이트 장학금을 받아 미국 미시간대학에서 정책학 박사학위를 취득했다. 이후 기획예산처 재정정책기획관, 청와대 경제금융비서관, 기획재정부 예산실장·차관 등을 거쳐 장관급인 국무조정실장까지 역임하며 대표적인 경제 정책통으로 이름을 날렸다. 32년에 이르는 공직 생활을 마무리한 뒤에는 아주대학교 총장으로서 인생의 2막을 열고 있다. 변양균 기획예산처 장관 시절에 전략기획관으로 함께하며 '변양균 사람'으로 분류되기도 한다.

　하지만 그의 뛰어난 정책 능력과 인품을 높이 산 정치권의 러브콜은 여야를 가리지 않았다. 2016년 총선 패배 이후 비상대책위원회를 꾸린 새누리당이 그에게 도움을 청하기도 했다. 당시 정진석 원내대표가 김 총장을 비대위원장에 삼고초려한 것이다. 정 원내대표는 "김 총장은 살면서 만나본 사람 중 가장 양심적이고 맑은 분"이라고 말하기도 했다.

　김 총장에게는 아픈 경험도 있다. 국무조정실장 시절 백혈병으로 아들을 먼저 떠나보냈다. 당시 아들의 죽음에도 그는 원래 예정돼 있던 원자력발전소 비리 종합대책을 생중계로 발표했다. 실무자들은 발표 연기를 권했으나 그는 "정부부처 업무를 조율하는 주무장관으로서 사적인 일로 공적인 일을 연기하는 것은 책임 있는 자세가 아니다"라며 직접 발표를 강행했다고 한다. 그의 업무 스타일을 짐작할 수 있는 일화다.

출 생　1957년 충북 음성
학 력　덕수상업고등학교, 국제대학교 법학과, 서울대학교 행정대학원 석사, 미국 미시간대학 정책학 박사
경 력　행정고시 26회, 기획예산처 사회재정과장, 세계은행 선임정책관, 기획예산처 전략 기획관, 재정정책기획관, 청와대 경제금융비서관, 기획재정부 예산실장, 기획재정부 제2차관, 국무조정실장, 아주대학교 총장

김두관 　더불어민주당 의원

장관, 도지사, 대선후보를 지낸 초선 의원

　김두관 의원은 선대위 공동선대위원장으로 활약했다. 20대 총선을 통해 국회의원 배지를 단 김 의원은 '초선답지 않은 초선', '리틀 노무현'으로 불린다. 시골마을 이장에서 시작해 장관, 경남도지사, 대선후보, 국회의원까지 이르는 인생 궤적은 그 자체로 드라마다. 김 의원은 1986년 민주통일민중운동연합 간사로 활동하다가 개헌추진본부 충북지부 결성대회를 주도한 혐의로 구속됐다. 이듬해인 1987년 동아대학교를 졸업하고 경남 남해 고향에서 농민회를 결성해 사무국장을 지냈고, 이후 이어리 마을의 이장으로 뽑혔다.

　그는 평소 가장 마음에 드는 자신의 경력으로 주민과 행정의 연결고리인 이장을 꼽기도 했다. 이후 경남 남해군수 등을 거쳐 참여정부 행정자치부 장관에까지 오른다. 경남도지사에 선출됐지만 2012년 중도 사퇴하고 민주통합당 대선후보 경선에 나섰다가 패배했다. 홍준표 당시 새누리당 의원이 경남도지사 빈자리를 채우며 그의 중도 사퇴를 비판하는 목소리도 있었다.

　김 의원은 2014년 7월 김포 국회의원 보궐선거에서 출마했다가 낙선한 뒤 김포를 중심으로 정치적 기반을 닦았다. 20대 총선에서 김포 국회의원으로 당선되면서 재기했다. 초선이지만 일선 공무원과 주민 사이의 가교 역할부터 행정 전반을 관장하는 조직의 수장까지 경험한 중진급 초선이다.

　자수성가형인 노무현 전 대통령을 빼닮은 이력과 노 전 대통령의 전격적인 발탁으로 행정자치부 장관이 된 이력 때문에 '리틀 노무현'으로 불린다. 그는 이 별명에 대해 "자랑스럽기도 하지만 굉장히 무겁게 느껴지고 부담되는 별명"이라는 입장을 밝힌 적 있다. 정치인에게 꼭 필요한 덕목을 애국심으로 꼽고, 우리 사회가 공정하고 건강했으면 좋겠다는 생각으로 정치를 시작했다는 김 의원. 그의 공식 블로그에는 백성은 가난한 것에 분노하기보다 고르지 못함을 걱정한다는 뜻의 '불환빈 환불균不患貧 患不均'이라는 글귀가 적혀 있다.

2013년 3월~2014년 3월까지 13개월간 베를린자유대학에 머물면서 독일의 정책 승계 문화를 비롯한 독일 정치를 공부한 김 의원은 차기 정부에서 '연대와 협력'을 펼쳐야 한다고 주장한 바 있다. 저서로 《남해군수 번지점프를 하다》, 《빗자루를 든 이장》, 《일곱 번 쓰러져도 여덟 번 일어난다》, 《길은 누구에게나 열려 있다》 등이 있다. 부인 채정자 씨와의 사이에 1남 1녀를 두고 있다.

출 생 1959년 경남 남해
학 력 남해종합고등학교, 동아대학교 정치외교학과
경 력 남해군수, 노무현 대통령 정무특보, 행정자치부 장관, 경남도지사, 새정치민주연합
        공동선대위원장, 더불어민주당 김포시 지역위원장, 20대 국회의원

김민석 전 국회의원

정치적 방랑기 끝내고 당 핵심으로

김민석 전 의원은 한때 정치권의 '아이돌'이었다. 1985년 서울대학교 총학생회장을 지낸 운동권 경력에 잘생긴 외모로 일약 스타덤에 올랐다. 전국학생연합(전학련·전대협의 전신) 의장 시절엔 수배를 피해 여장까지 하며 신출귀몰했고, 뛰어난 언변으로 유명세를 탔다. 1985년 6월 미국문화원 점거농성의 배후 혐의로 2년 8개월간 수감된 경력도 있다.

그는 '젊은 피 수혈' 케이스로 김대중 전 대통령에 의해 정치권에 전격 영입됐고, 32세이던 1996년 서울 영등포을에서 탤런트 최불암 후보를 누르고 국회의원 배지를 달았다. 당시 15대 국회의원 299명 가운데 최연소였다. 국회의원회관에 청바지를 입고 출근한 최초의 의원이기도 했고, 2000년 16대 총선에서 서울 최다 득표로 재선에 성공했다. 기세를 몰아 서울시장 후보에 오를 만큼 촉망받는 청년 정치인이었으나 2002년을 기점으로 긴 정치적 방랑기를 보내야 했다.

그는 2002년 서울시장 선거에 새천년민주당 후보로 출마했으나 이명박 한나라당 후보에게 153만 표 차이로 크게 패했다. 특히 그해 대선을 불과 두 달 남기고 민주당을 떠나 정몽준 전 의원의 '국민통합21'로 이적했다. 선거 전날 정 전 의원이 노무현 전 대통령에 대한 지지를 철회하는 사건이 벌어졌다. 대선 후 복당을 신청했으나 이미 '철새' 낙인이 찍힌 상태였다. 2004년 총선에 다시 출마했으나 낙선하고 중국 유학길에 올랐다. 우여곡절 끝에 다시 친정으로 돌아와 2008년 민주당 최고위원이 됐지만 정치자금법 위반으로 5년간 피선거권 제한을 받는 등 시련은 계속됐다.

현재 더불어민주당이 새정치민주연합이던 시절 김 전 의원은 '마포 민주당'이라 불린 원외정당 대표를 맡아 독자적인 정치 행보를 걸었다. 20대 총선에서 마포민주당 비례 2번으로 출마했으나 역시 고배를 마셨다. 그를 다시 더불어민주당의 품으로 껴안은 것은 당시 추미애 더불어민주당 대표다. 추 대표는 2016년 마포민주당과 합당을 성사시켰고, 김 전 의원을 특보단장에 임명하는 등 지근거리에 뒀다.

19대 대선 선거대책위원회 감투를 놓고 내부 신경전이 벌어졌지만 끝까지 김 전 의원을 밀어 종합상황본부장에 앉힌 것도 추 대표였다. 추 대표와 김 전 의원은 DJ에 의해 정치권에 함께 영입된 케이스로 오랜 동지 관계로 알려졌다. 대선 과정에서 오랜 정치 경력을 바탕으로 친문 계열 인사들과 호흡을 맞추며 대선 승리에 기여했다는 평가를 받고 있다.

출 생 1964년 서울
학 력 숭실고등학교, 서울대학교 사회학과, 하버드대학 케네디 스쿨 석사, 칭화대학 석사
경 력 15·16대 국회의원, 통합민주당 최고위원, 한양대학교 초빙교수, 민주당 대표, 더불어
민주당 특보단장, 더불어민주당 선대위 종합상황본부장

김병기 　더불어민주당 의원

김대중·노무현 정부에 이어 문재인의 국정원 인맥 핵심

　김병기 의원은 선대위에서 상황본부 제1부실장으로 활약했다. 국가정보원(국정원) 출신답게 시시각각으로 수집된 판세 정보를 분석하는 데 탁월한 능력을 발휘했다는 평가다. 1987년 국가안전기획부에 들어간 이후 25년간 국정원에서 일하며 보임·승진·채용·자료관리 등 인사와 관련된 업무를 담당했다. 김대중 정부 출범 당시 인수위원회에서, 참여정부 당시에는 국정원 개혁 태스크포스에서 파견근무를 했다. 2015년에는 국정원 스마트폰 해킹 의혹과 관련된 민주당 '국민정보지키기위원회'에 외부 인사로 참여하기도 했다.

　김 의원은 2013년 국정원 인사처장직을 마지막으로 퇴직했다. 이명박 정부 시절 당시 원세훈 국정원장과의 갈등으로 국정원을 나온 것으로 알려져 있다. 그는 2016년 더불어민주당에 입당하면서 "이명박 정부가 들어서고, 원세훈 원장이 부임하고 4개월도 지나지 않아 10년에 걸쳐 발전시킨 인사 제도가 간단히 폐지됐다"고 비판했다.

　김 의원은 문재인 대통령과는 경희대학교 선후배 사이다. 2016년 문 대통령이 당대표이던 시절에 영입됐다. 문 대통령은 당시 "김 전 처장이 이번 총선과 대선에서 두 번 다시 국정원이 선거에 개입하지 못하도록 원천 차단하는 역할을 해줄 것이라 기대한다"고 밝힌 바 있다. 김 의원은 20대 총선에서 서울 동작구를 지역구로 출마해 당시 경쟁자인 새누리당 이상휘 후보를 불과 1.8% 포인트 차이로 이기고 당선돼 국회에 입성했다.

　김 의원은 기회가 있을 때마다 문 대통령에 대한 애정을 드러내 화제가 되기도 했다. 2016년 12월 박근혜 전 대통령에 대한 탄핵안 소추 가결 전, 문 대통령과 함께 '국회 앞 무제한 장외연설'에 나서기도 했다. 이 자리에서 김 의원은 "세상 사람이 모두 부패해도 그분은 부패하지 않을 것", "저는 그 사람이 대통령이 된다면 목 놓아 울고 싶다", "저는 그 사람의 그림자가 될 것"이라고 말해 문 대통령 지지 입장을 밝힌 바 있다.

　그의 공식 사이트에는 국정원을 탈바꿈시키려는 의지가 반영된 '국정원을 유능하고 신뢰받는 정보기관으로! 국정원 강화를 위한 개혁'이라는 글귀가 적혀 있다.

出 生　1961년 서울
學 歷　중동고등학교, 경희대학교 국민윤리학과
經 歷　국가안전기획부, 국가정보원 인사처장, 20대 국회의원, 더불어민주당 선대위 상황본부
　　　　제1부실장

김상곤 　전 경기도 교육감

문재인 교육 공약을 총괄한 진보 교육감

　'운동권 교수'에서 대표적인 진보 교육감을 거쳐 정치권에 투신한 인물이다. 광주제일고등학교를 졸업하고 69학번으로 서울대학교에 입학해 상과대 총학생회장을 지냈다. 유신 직전인 1971년 교련 반대 운동을 주도하다 대학에서 제적되고 강제 징집됐다. 1983년부터 2009년까지 한신대학교 교수로 재직했고, 1986년 6월항쟁 때는 '교수 시국선언'을 주도했다. 이듬해 '민주화를 위한 전국교수협의회'(민교협) 창립을 주도했고, 1989년 '전국교직원노동조합'(전교조)을 만들 때는 교수위원회 결성을 주도적으로 이끌었다. 문민정부가 등장한 뒤에도 지속적인 사회참여를 통해 진보 진영의 입장을 대변해왔다. 1995년 민교협 공동의장을 지냈고 2005년에는 전국교수노동조합 위원장을 맡았다.

　그가 대중적 지명도를 갖게 된 것은 민선 교육감 선거에 출마하면서부터다. 'MB(이명박) 정부의 특권 교육, 줄 세우기 교육, 대물림 교육 철폐'라는 슬로건을 내걸고 경기도 교육감 선거에 출마해 당선됐다. 2013년까지 민선 1, 2기 경기도 교육감을 역임하면서 전면 무상급식을 관철시켰다. 또 학생 복장 자유화, 소지품 검사 금지 등을 골자로 한 '학생인권조례'도 시행했다.

　2013년 3월에는 안철수 당시 새정치민주연합 공동대표의 권유를 받고 교육감을 사퇴한 뒤 경기도지사에 출마했다. 그러나 당내 경선에서 김진표 후보에게 패했다. 이후에도 당이 곤경에 처할 때마다 '구원투수'로 투입됐다. 2015년 5월에 문재인 당시 새정치민주연합 대표의 삼고초려를 받아들여 혁신위원장을 맡았고 이후 인재영입위원장으로 활약했다. 2016년 8월에는 직접 더불어민주당대표 선거에도 출마했으나 추미애 의원에게 패했다.

이번 대선 때는 선거대책위원회 공동선대위원장으로 활약했다. 호남 출신의 장점을 살려 당내 경선 때부터 광주를 오가며 문재인 당선에 힘을 보탰다. 또 교육감 출신답게 경쟁 후보인 안철수 국민의당 후보의 교육 정책을 공격하는 데 앞장섰다. 김 전 교육감은 자신의 SNS에 "모든 시군구에 단설 유치원을 확대해야 한다"고 주장하면서 안 후보의 '대형 단설 유치원 자제' 발언을 비판했다.

문 대통령이 선거 과정에서 "모든 학교를 혁신학교로 전환해야 한다"며 혁신학교 형태의 교육방식 도입을 주장한 데도 김 전 교육감의 영향력이 미친 결과다. 입시 위주의 교육에서 벗어나 토론 중심으로 전환하자는 취지의 혁신학교는 그가 경기도 교육감 시절에 도입했다. 부인 엄소현 씨와의 사이에 3녀가 있다.

출 생 1949년 광주
학 력 광주제일고등학교, 서울대학교 경영학과, 동 대학원 경영학 박사
경 력 민주화를 위한 전국교수협의회 공동의장, 한신대학교 경영학과 교수, 14·15대 경기도
       교육청 교육감, 새정치민주연합 혁신위원장, 더불어민주당 선대위 공동선대위원장

김상조 공정거래위원장

재벌 저격수에서 문재인 재벌 개혁 사령탑으로

새 정부의 첫 공정거래위원장을 맡은 김상조 교수는 '삼성 저격수'로 이름을 알린 참여형 경제학자다. 참여연대 경제개혁연대 소장이던 2009년 이재용 삼성그룹 부회장의 경영권 승계 문제를 집중 부각시키는 데 앞장섰다. 80년대 초반 학번들이 대거 미국 유학길을 선택한 것과는 달리 서울대학교에서 박사학위를 받은 뒤 1994년 한성대학교 교수로 임용됐다. 1995년엔 민주화추진교수협의회(민교협) 총무국장을 맡는 등 일찌감치 사회 참여에 관심이 컸다. 당시 김상곤 전 경기도 교육감, 곽노현 전 서울시 교육감 등과 민교협에서 같이 활동했다.

1999년 참여연대 재벌개혁감시단 단장을 맡은 뒤로는 한국 대기업을 견제하는 역할을 자임했다. 2006년엔 감시단이 경제개혁연대로 독립했고, 지금까지 소장을 맡고 있다. 장하성 고려대학교 교수와 소액주주 운동에도 앞장섰다. 그가 재벌에 반드시 적대적인 것만은 아니다. 김 교수는 언론 인터뷰 등을 통해 한국 재벌의 '명과 암'을 구분해 설명했다. 다만 30여 년간 지속된 '낙수효과'가 한계점에 도달했고 재벌을 통제할 수 있는 정부의 권력이 약화됐다는 점을 강조한다. 한마디로 재벌은 지금 포식자가 돼 있다는 시각이다. 단지 재벌 해체가 아닌, 경쟁력을 강화시키는 쪽으로 적절한 견제가 이뤄져야 한다는 게 그의 지론이다.

그는 이번 대선에서 문재인 캠프의 '새로운대한민국위원회' 부위원장을 맡으며 정치권에 전격 합류했다. 안철수 국민의당 후보 캠프의 김성식, 채이배 의원 등과도 인연이 있었지만 문 대통령이 자신의 경제관과 일치한다고 판단했다는 후문이다. 그는 재벌 개혁에 앞장선 이력 탓에 정치권과 떼려야 뗄 수 없는 관계를 맺어왔다. 그러나 다른 폴리페서들과는 달리 직접적 정치 참여는 자제해왔다. 이번에 문재인 캠프에 합류하면서 "한 치 앞을 내다볼 수 없는 국내외 경제 상황에서 다음 대통령은 반드시 성공해야 한다는 절박한 사명감 때문"이라고 참여의 변을 밝혔다.

이번 대선에서 문재인 대통령이 공정거래위원회(공정위) 체제의 전면 조정을 공약한 데는 김 교수의 견해가 상당히 반영된 것으로 보인다. 문 대통령은 대선 과정에서 공정위의 전속고발권을 선별적으로 폐지하고, 공정거래법상 광범위한 형사처벌을 제한해 과징금 강화 등 민사적 제재로 전환하겠다는 방침을 밝혔다. 대신 과징금의 상한선을 대폭 올려 대기업의 횡포를 견제하겠다는 얘기다. 문 대통령이 집단소송제를 전 분야로 확대 도입하겠다고 공약한 것도 김 교수의 생각과 같은 맥락이다.

서울대학교 경제학과 81학번으로 은사인 정운찬 전 국무총리의 제자들이 만든 금융연구회에서 함께 활동한 주진형 전 한화투자증권 사장, 전성인 홍익대학교 교수, 신관호 고려대학교 교수 등과 가깝다. 이 모임은 2009년 한국금융연구센터로 전환됐고 그가 소장을 맡고 있다.

출 생   1962년 경북 구미
학 력   대일고등학교, 서울대학교 경제학과, 동 대학원 경제학 석·박사
경 력   한성대학교 무역학과 교수, 참여연대 재벌개혁감시단장, 재정경제원 금융산업발전심의회
         위원, 참여연대 경제개혁센터 소장, 경제개혁연대 소장, 한국금융연구센터 소장

김석동 전 금융위원장

'대책반장' 별명을 가진 경제 위기 수습 경제통

김석동 전 금융위원장은 정통 경제 관료 출신으로 금융 정책 분야의 요직을 두루 거친 정책통이다. 참여정부에서 재정경제부 제1차관을 맡았던 그는 문재인 대통령의 경남중학교 후배다.

1953년 이북에서 태어난 김 전 위원장은 부산에서 어린 시절을 보낸 뒤 경기고등학교, 서울대학교 경영학과를 졸업했다. 23회 행정고등고시에 합격해, 재정경제원 외화자금과 과장·금융감독위원회 감독정책1국 국장·재정경제부 금융정보분석원 원장·금융감독위원회 부위원장·재정경제부 1차관 등을 역임했다. 2008년에는 농협경제연구소 대표를 지내며 관가를 떠나 있기도 했다.

그는 이번 정부에서 가장 주목받는 금융권 인맥인 이른바 'KKK' 학맥으로 자주 거론되는 인물이다. KKK는 경남중학교, 경남고등학교, 경희대학교 등 문 대통령의 출신 학교를 일컫는다. 특히 경남중학교와 경남고등학교는 동문회를 함께할 정도로 끈끈한 결속력을 자랑하며, 심지어 서울에서 고등학교를 다닌 경남중학교 출신까지 선후배로 받아들일 만큼 동문 간 흡입력이 강하다. 경남고등학교는 한강 이남의 최고 명문고 중 하나로 손꼽히며, 그간 정계·관계·재계에 수많은 지도층 인사를 배출했다. 김 전 위원장은 경남중학교를 나온 뒤 경기고등학교에 진학했다.

김 전 위원장은 '대책반장'이라는 독특한 별명을 가질 정도로 위기 수습에 뛰어난 면모를 보였다. 1990년 재정경제원에서 5·8 부동산 특별 대책반장을, 이어 1993년 금융실명제 대책반장을 맡았다. 한국 경제에 위기가 닥칠 때마다 '해결사'로서의 면모를 과시해온 것이다.

공직자로서 김 전 위원장의 남다른 윤리 의식과 소신은 금융권 안팎에서도 정평이 나 있다. 대학교 졸업 후 그는 무역회사를 창업했다가 실패한 쓰디쓴 경험이 있다. 금융계에 오랜 기간 관행처럼 남아 있던 연대보증 제도를 그가 과감하게 폐지한 것도 그런 경험에서 비롯됐다고 한다. 창업자들과 중소기업의 시각에서 문제점을 인식했기 때문이다.

김 전 위원장은 '역사광'이자 '영화광'으로도 알려져 있다. 역사에 조예가 깊은 그는 한민족의 역사에 관한 서적을 출간한 일이 있다. 또 바쁜 일정에도 거의 주말마다 부인과 영화관을 찾는 것으로 알려졌다. 한때 그의 아들이 영화감독 지망생이었다는 사실이 알려지면서 화제가 된 일도 있다.

출 생 1953년 부산

학 력 경기고등학교, 서울대학교 경영학과

경 력 행정고시 23회, 재정경제원 금융부동산실명제실시단 총괄반장, 재정경제원 외화자금과장, 금융감독위원회 감독정책1국 국장, 재정경제부 금융정책국장, 재정경제부 금융정보분석원장, 금융감독위원회 부위원장, 재정경제부 1차관, 농협경제연구소 대표, 금융위원장

김영록 　전 국회의원

국민의당 바람에도 의리 지킨 호남 조직책

　2017년 3월 14일 문재인 당시 후보의 대선 예비후보 등록을 위해 중앙선거관리위원회에 나타난 두 사람. 경선 캠프 박광온 수석대변인과 김영록 총무본부장이 그들이다. 김영록 전 의원은 캠프에서 살림살이를 총괄하는 총무본부장으로 활약하며 경선 승리에 일조했다. 이후 선대위 조직본부 공동본부장을 맡아 호남의 표심을 끌어모으는 데 주력했다. 김 전 의원은 전남 재선 의원으로 대표적인 '박지원계'였지만 문 대통령 캠프에서 중용됐다.

　두 번째 대선 도전 가도를 본격화한 2016년 8월 문 대통령과 직접 만나 합류를 확정했다. 김 전 의원은 문 대통령에 대해 "경제 문제에 대한 많은 공부가 돼 있다는 느낌을 받았다"고 말했다.

　그와 문 대통령의 첫 인연은 2015년이다. 그해 2월 문 대통령이 박지원 의원과 당권 경쟁에서 승리한 뒤 탕평 인사로 김 전 의원을 기용했다. 당시 문 대표의 '입'인 수석대변인으로 활약했으며, 이때부터 '친문' 울타리에 들어갔다.

　국민의당 창당으로 당내 호남 의원들이 썰물처럼 이탈했지만 '러브콜'에도 끝까지 당에 남았다. 20대 총선에서 호남을 싹쓸이한 국민의당 바람에 밀려 고배를 마셨다. 행정고시 21회로 내무부에서 공직 생활을 시작한 이후 강진군수, 완도군수, 목포시 부시장 등을 거쳐 전라남도 행정부지사를 역임했다. 전남도 부지사 시절 2012 여수세계박람회 유치, 무안국제공항 개항, 서남해안 관광레저도시 개발 등 굵직한 지역 현안들을 해결했다.

2008년 18대 총선 당시 민주통합당 후보로 출마했다가 공천 탈락한 뒤 무소속으로 나서 금배지를 달았다. 당시 해남군수 출신의 민화식 후보에 크게 뒤졌다가 막판에 금품 제공 논란에 휩싸인 민 후보를 제치고 '이변'의 주인공이 됐다. 민주당에 복당할 때 '동기'가 바로 당시 목포에서 당선된 박지원 의원이다.

출 생　1955년 전남 완도
학 력　광주제일고등학교, 건국대학교 행정학과, 미국 시러큐스대학(Syracuse University)
　　　행정학 석사
경 력　강진군수, 완도군수, 목포시 부시장, 행정자치부 홍보관리관, 전라남도 행정부지사,
　　　18·19대 국회의원, 더불어민주당 수석대변인

김용기　아주대학교 교수

일자리 공약을 총괄한 경영학자

　김용기 교수는 일자리 정책을 총괄하는 '국민성장'의 일자리 추진단장을 맡아 활약했다. '일자리가 곧 성장이고 복지'라는 슬로건을 내걸고 일자리 창출을 1호 공약으로 내세웠던 문 대통령은 '공공부문 일자리 81만 개 창출'이란 파격적 공약을 발표했다. 과연 공공 일자리를 크게 늘리는 것이 바람직한가부터 재원을 마련할 수 있는지에 대한 논란이 컸지만 결과적으로 이슈화에는 성공했다. 그는 다른 후보에게 집중적으로 비판받은 공공부문 일자리 81만 개 창출 공약에 대한 논리적, 전략적 방어를 도맡아 일자리 전도사를 자처했다.

　일자리 창출을 위한 주도적인 역할을 중소기업으로 확대해 청년 2명 채용 시 추가 채용하는 1명분의 임금을 정부가 3년간 지원하자는 아이디어도 냈다. '패자부활 오뚝이 프로젝트'를 통해 삼세번 재기 지원 펀드를 마련해 창업 기회를 확대하고 연대보증 제도를 폐지하겠다는 공약도 입안했다. 또 일자리 성장을 위한 생태계 조성을 조속하게 이뤄내기 위해 청년 벤처 창업 환경을 대폭 개선하는 계획과 4차 산업혁명에 대비한 신성장 산업을 육성하는 계획을 세부적으로 수립했다.

　사회적 경제 기업을 적극적으로 육성하겠다는 정책도 문 대통령의 공약에 반영시켰다. 일자리 환경 개선을 위한 지역 특화 일자리 확대, 여성 일자리 차별 철폐, 고령자 일자리 환경 정비 등 저개발 지역과 사회적 약자를 배려하기 위한 공약도 마련했다.

싱크탱크 '정책공간 국민성장' 주최 포럼에서 문 대통령은 "국민의 생활 안정, 의료, 교육, 보육, 복지 등을 책임지는 공공부문 일자리가 전체 고용에서 차지하는 비율이 우리나라는 7.6%밖에 안 된다"며 "이는 OECD 국가 평균의 3분의 1 수준으로 공공부문 일자리 비율을 3% 포인트 올리면 공공부문 일자리 81만 개를 만들어낼 수 있다"고 주장한 바 있다.

김 교수는 이를 위한 이론적 토대를 제공했다. 그는 "81만 개 공공부문 일자리 창출에 따른 추가예산 부담은 5년간 21조 원 정도로 예상된다. 상당수의 공기업은 자체수익을 활용하는 것만으로도 이런 변화를 유도할 수 있다"고 강조했다.

김 교수는 성균관대학교 신문방송학과를 졸업한 후 영국 런던정치경제대학에서 경제학 석사와 국제정치경제학 박사학위를 취득했다. 영국 옥스퍼드대학에서 로이터 재단의 펠로십 과정을 이수했다. 2년간《동아일보》기자로 활동했으며 이후 삼성경제연구소에서 공공정책실 연구전문위원으로 근무한 바 있다.

출 생 1960년 강원 고성
학 력 경기고등학교, 성균관대학교 신문방송학과, 런던정치경제대학 국제정치경제학 박사
경 력 《동아일보》기자, 삼성경제연구소 공공정책실 연구전문위원, 아주대학교 경영학과
　　　 교수, 더불어민주당 국민성장 더좋은더많은일자리 추진단장

김용익 전 국회의원

보건복지 정책을 설계한 최측근 정책 실세

김용익 전 의원은 문재인 대통령의 복지 공약을 만든 일등공신이다. 선대위에서는 대선공약 전반을 검증하면서 당선 후 공약 실천에 필요한 예산 계획을 세우는 '국민의나라위원회'를 맡아 사실상 인수위 역할을 한 정책 실세다.

대선 당시 문 후보의 선대위는 70개가 넘는 조직으로 이뤄진 거대한 규모였다. 2실, 3단, 15본부, 7개 직할위원회, 1센터가 각종 선거 실무를 담당했다. 여기에 35개 정책별위원회와 8개의 특별기구 등이 활동했다. 이들 정책별위원회 중에서 가장 핵심이 바로 국민의나라위원회다. 국민의나라위원회는 문 대통령 최측근으로 분류되는 김용익, 최재성 전 의원 등 선대위 핵심 인사들이 주축으로 활동했다. 주로 외부 영입 인사들로 구성된 캠프 내 위원회 조직과는 달리 친문 전·현직 의원과 친노 인사 등으로 구성됐다. 문 대통령 공약 전반에 대한 최종 컨트롤 타워 역할을 한 것이다.

김 전 의원은 19대 국회에 비례대표로 여의도에 입성했다. 서울대학교 의료관리학연구소장이던 그를 민주당이 보건·복지 분야 전문가로 영입한 것이다. 앞서 2011년 민주당에서 19대 총선과 18대 대선에 대비해 구성한 보편적복지위원회 위원장으로 활약한 인연 때문이다. 전공이 의료 정책으로 시민단체 인사들과 교류가 잦았고 김대중, 노무현 전 대통령이 대선후보이던 시절 정책자문단 역할도 했다. 이후 참여정부에서 청와대 사회정책수석비서관을 역임했고 노무현 전 대통령 퇴임 후에는 노무현재단 상임운영위원, 복지국가와 민주주의를 위한 싱크탱크 네트워크 공동대표를 지냈다.

김 의원은 고향이 충남 논산이지만 한국전쟁 때 외갓집이 있던 전북 익산으로 가족들이 이주했고 유년 시절을 그곳에서 보냈다. '선비' 혹은 '학자' 이미지가 강한 김 의원이지만 성격이 급하고 다혈질이라는 평가도 받는다. 2013년 진주의료원 국정조사 당시 진주의료원 현장 검증에서 수차례 동문서답을 하는 고위 관료를 향해 물병을 던지려는 자세를 취해 논란이 되기도 했다.

출 생   1952년 충남 논산
학 력   서울고등학교, 서울대학교 의대, 서울대학교 의대 석·박사
경 력   서울대학교 의대 교수, 참여연대 사회복지위원회 위원, 청와대 사회정책수석비서관,
         노무현재단 상임운영위원, 19대 국회의원, 더불어민주당 민주연구원장

김조원 더불어민주당 당무감사원장

공직기강과 민주당 기율을 세운 정통 감사원맨

　2015년 11월 새정치민주연합(현 더불어민주당)이 당무감사원을 신설했다. 당시 당대표이던 문재인 대통령이 혁신위원회 혁신안에 따라 설치한 기구다. 노영민, 신기남, 유성엽, 황주홍 의원 등 소속 의원들이 도덕성 논란에 휩싸이며 여론의 질타를 받고 있던 때였다. 당무감사원은 즉시 감사에 착수해 징계를 내렸다. '완장'을 찬 인물이 바로 김조원 당무감사원장이다. 감사원에서 잔뼈가 굵은 정통 감사원맨이다.

　공직자들의 '군기반장'에서 지금은 더불어민주당 의원이나 당직자들에게 '저승사자'로 불리고 있다. 당시 문 대표는 임명장 수여식에서 김 원장에 대해 "인품과 함께 감사원에서 사무총장을 역임하셔서 전문 역량을 겸비한 분"이라며 "지도부에 따라 흔들리지 않는 당무 시스템을 구축해서 유능한 정당으로 거듭나자"고 말했다.

　김 원장은 행정고시 22회로 공직에 입문한 뒤 총무처·교통부 행정사무관을 거쳐 1985년 감사원에 들어갔다. 감사원에서 부감사관, 감사관, 제1국 과장, 국가전략사업평가단장 등 주요직을 거쳐 2006년에는 감사원 사무총장을 지냈다. 24년간의 공직 생활을 마무리하고 2008년 고향인 진주에 있는 경남과학기술대학교 총장을 맡았다.

　그는 청년들과 부대끼며 청년 실업 문제 해결에 누구보다 앞장섰다. 대학 내 청년 창업 인프라를 구축하는 데 큰 힘을 보탰다. 당시 학생들이 보낸 "모기 때문에 공부하기 힘들다"는 쪽지를 받고 4년제 대학과 같은 교내 시설을 구축하는 데 애썼을 정도로 학생들과 친밀했다. 예산 확보를 위해 여러 관계 부처를 돌며 결국 특별예산을 따내는 데 성공했다.

참여정부와도 인연이 깊다. 감사원 국가전략사업평가단장으로 있던 김 전 원장은 2005년 차관급인 대통령비서실 공직기강비서관에 발탁됐다. 2년간 감사원 경력을 살려 공직사회 비리 척결 작업을 진두지휘했다. 이번 대선에서는 문 대통령의 고향인 경남 출신답게 부산·경남(PK) 지역에서 바람몰이를 주도했다. 김대중, 노무현 정부 시절 내각에 참여했던 60여 명의 전직 장·차관으로 구성된 '10년의 힘위원회'에서 활약했다. 대선 기간 문 대통령과 김정숙 여사가 유세차 경남 지역을 방문할 때마다 늘 곁에 있던 대표적인 경남 지역 '친문 그룹'의 얼굴이다.

출 생   1957년 경남 진주
학 력   진주고등학교, 영남대학교 행정학과, 건국대학교 경영학 박사
경 력   행정고시 22회, 감사원 감사관, 참여정부 공직기강비서관, 감사원 사무총장, 경남
             과학기술대학교 총장, 새정치민주연합 당무감사원장, 더불어민주당 당무감사원장

김진표 　더불어민주당 의원

김대중·노무현 정부에서 승승장구한 중도 경제통

　김진표 의원은 마당발이자 젊은 시절에는 말술로 유명했다. 동료 공무원이나 언론인과의 술 대결을 마다하지 않았고 대부분 이겼다는 일화가 전해진다. 스펙도 화려하다. 서울대학교 법대를 나와 1974년 행정고시 13회로 국세청에서 관료 생활을 시작했다. 금융소득종합과세 도입, 연금제도 개선 등 굵직한 세제 개편을 주도했다. 재정경제원 재직 때는 '명대변인'으로 유명했고 바통을 김광림 현 자유한국당 의원에게 넘겨줬다.

　관운도 좋은 편이어서 재정경제부 세제실장에서 바로 차관으로 파격 승진했다. 김대중 정부에서 청와대 정책기획수석, 국무조정실장으로 일했고, 참여정부에서는 인수위원회 부위원장을 거쳐 부총리 겸 재정경제부 장관에 올랐다. 참여정부 초대 비서실장인 문희상 의원의 경복고등학교 후배로 손발이 잘 맞았다. 노무현 전 대통령이 해양수산부 장관일 때 차관을 뽑기 위해 다면평가를 한 결과 1위가 김 의원이었다는 후문이 있다. 참여정부 때 청와대에 들어간 진보 경제학자들과 마찰도 겪었으나 특유의 뚝심으로 경제 정책이 편중되지 않도록 애를 썼다. 당시 청와대 민정수석이었던 문재인 대통령과도 이때 인연을 맺었다.

　참여정부에서 교육부총리를 지낸 파격도 있었다. 경제 전문가에게 교육 분야를 맡긴 것은 그만큼 대통령 신임이 컸다는 방증이다. 정통 행정 관료였던 그는 17대 국회의원 선거에 57세의 나이로 고향 수원에서 출마하면서 정계에 늦깎이로 입문했다. 17대부터 내리 3선을 하며 민주당 최고위원을 역임했고, 2011년 원내대표 경선에서 1표 차이로 당선됐다. 원내사령탑 시절엔 당시 한나라당이 한·미 자유무역협정FTA을 날치기 처리했음에도 당 지도부와 협의 없이 국회 정상화에 합의했다가 사퇴론에 휘말리는 등 후폭풍이 거셌다. 18대 국회 말에는 카운터파트였던 황우여 한나라당 원내대표와 국회 선진화법을 합의 처리했다.

2010년 경기도지사에 도전했다가 유시민 국민참여당 후보와의 야권 단일화에서 고배를 마셨다. 이어 2014년 지방선거 때 경기도지사에 다시 출마했다가 남경필 후보에게 본선에서 고배를 마셨다. 당시 문재인 의원은 유세에 참여해 김진표 후보의 당선을 호소하기도 했다. 잠시 정치적 공백기를 거쳐 20대 국회의원 선거에서 신설 지역구인 경기 수원시 무에서 4선에 성공했다.

2017년 대선에서는 문재인 캠프의 '일자리위원장'을 맡았고 선대위 8인 위원장 중 한 명으로 활약했다. 줄곧 민주당에 몸담아 왔으나 관료 출신답게 중도 성향으로 평가되는 인물이다. 그가 못해본 자리는 국무총리와 청와대 비서실장, 광역단체장 정도가 남아 있다.

출 생 1947년 경기 수원
학 력 경복고등학교, 서울대학교 법대, 미국 위스콘신대학 석사
경 력 행정고시 13회, 재정경제부 세제실장, 재정경제부 차관, 청와대 정책기획수석, 국무조정실장, 부총리 겸 재정경제부 장관, 부총리 겸 교육인적자원부 장관, 민주당 원내대표, 17~20대 국회의원

김태년 더불어민주당 의원

노무현을 지킨 원조 개혁당 출신의 진보 정치인

김태년 의원은 선대위에서 의원특보단장을 맡아 원내 의원들을 조직화하고 선거운동 최일선에 서게 하는 역할로 활약했다. 김 의원은 2002년 민주당 대통령 후보 경선 당시 노무현 선거대책본부 성남공동본부장을 맡으면서 대표적인 친노 정치인으로 자리매김했다. 국민경선으로 당선된 당시 노무현 후보가 후보 교체 요구 등에 시달리자 개혁국민정당을 창당해 노 후보를 돕기도 했다. 이후 참여정부 출범과 함께 전국운영위원장으로 있었던 개혁국민정당을 해산하고 열린우리당에 합류했다.

2004년 3월 당내 국민경선에서 1위를 차지한 김 의원은 17대 총선으로 국회에 입성했다. 이후 산업통상자원위원회(산자위), 예산결산특별위원회(예결위), 정무위원회(정무위)를 두루 거치며 경제통으로 활약했다. 그 결과를 인정받아 2004년에는 NGO 국정감사단우수국회의원 등 4년 연속 '우수정책활동 의원'으로 선정되기도 했다. 하지만 18대 총선에서 전국 최소 득표 차인 129표 차이로 낙선하며 고배를 마셔야 했다. 이후 시·도의원들과의 정례정책회의 등을 통해 다양한 지역 현안과 조직기반을 확대하는 동시에 2011년부터는 당의 주요 인사 초청강연회를 개최하는 등 당원 교육에도 힘을 기울였다.

19대 총선으로 국회에 복귀해 중소기업특별위원회 위원장, 서민생활특별위원회 위원 등을 맡아 당의 혁신과 중소기업 및 서민 생활 챙기기에 앞장섰다. 20대 총선 당선으로 3선 고지에 올랐고 주택가 주거환경 조성을 위한 공공지원 확대, 공공임대주택 공급 확대, 위례신사선 연장노선 조기 추진 등을 공약하기도 했다.

1965년생인 김 의원은 순천에서 철공소 일을 하는 아버지와 생선 행상을 하는 어머니 사이에서 태어났다. 순천고등학교를 거쳐 1984년 경희대학교 행정학과에 입학한 김 의원은 학생운동에 투신하며 총학생회장에 당선되기도 했다.

이후 군 복무를 마치고 성남에서 시민사회활동을 시작했다. 성남에서 민주화활동을 했던 경험과 남다른 애정 때문이었다. 당시 성남은 1968년 청계천 정비사업을 위해 주민들을 강제 이주시켜 형성된 도시 빈민의 역사를 가진 곳이었다. 김 의원은 성남청년단체협의회 의장, 민주주의민족통일성남연합 공동의장을 역임하면서 청년 및 재야시민운동의 중추적인 역할을 했다. 또 지역 현안인 고도 제한 해결을 위한 범시민대책위원회(범대위)에서 공동집행위원장을 맡아 활동한 결과 공군을 상대로 45m 고도 제한 완화라는 결정을 이끌어내기도 했다.

출 생 1965년 전남 순천
학 력 순천고등학교, 경희대학교 행정학과, 동 대학원 행정학 석사
경 력 성남시 고도 제한 해결을 위한 범시민대책위원회 공동집행위원장, 노무현 대통령후보
　　　국민참여운동본부 성남공동본부장, 통합민주당 정책위원회 부의장, 민주당 비상대책
　　　위원회 위원, 17·19·20대 국회의원, 예산결산특별위원회 간사

김해영 　더불어민주당 의원

부산 출신 친문 그룹의 막내

"부산을 금융 중심지로 정착시켜 청년 일자리 창출에 앞장서겠다."

문재인 대통령이 당선되고 사흘째 되던 5월 13일 부산에서 열린 노무현 대통령 서거 8주기 행사에서 김해영 의원은 이렇게 약속했다. 부산 친문 그룹의 막내인 그는 문 대통령에게 청년 민심을 전달했던 창구다. 김 의원은 문재인 대통령 청년 특보로 활약하며 특히 문 대통령과 2030세대의 소통 행보를 직접 기획했다. 부산 지역 자원봉사자 모임인 '바람개비' 단장을 맡아 '부산발 문재인 바람'을 이끌어냈다. 박재호·김영춘·최인호·전재수 등 더불어민주당 소속 부산 지역 국회의원들과 함께 골목유세단을 꾸려 구석구석 표심을 다졌다.

문재인 대통령이 대표변호사로 있던 법무법인 부산에서 변호사 실습을 하면서 김 의원은 처음으로 문 대통령과 인연을 맺었다. 문 대통령이 당시 펴낸 저서 《문재인의 운명》의 자료 정리를 맡겼을 정도로 신뢰하는 것으로 알려졌다. 2012년 18대 대선에서는 법률지원부단장으로 활약했으며, 20대 총선에는 부산 연제구에 출마해 김희정 전 여성가족부장관과 맞붙었다. 험지로 분류되는 지역구에서 악전고투 끝에 당선됐다. 당시 문재인 대통령이 지원 유세에 나서며 힘을 실어줬다.

어려운 집안 사정으로 김 의원은 고모 집에서 유년 시절을 보냈다. 성적은 하위권이고 가출도 일삼는 문제아였다. 고등학교 3학년 때는 직업반에 들어가 미용 전문학교에 다니기도 했다. 고등학교 졸업장을 4년 만에 받았고, 뒤늦게 부산대학교 법학과에 입학했다. 사법시험을 준비할 때 부친이 암 선고를 받아 5년간 간병과 공부를 병행했다. 2003년 사법시험에 합격했지만 부친은 함께하지 못했다. "가난한 사람을 도울 수 있는 변호사가 되라"는 부친의 말을 늘 가슴에 새기고 있다고 한다. 그는 변호사로 활동하면서 부산YMCA시민권익센터 전문위원, 민주사회를위한변호사모임 등 다양한 사회활동을 했다.

젊은 초선 의원으로 겸손한 성품에 패기 있는 의정 활동으로 국회 안팎에서 좋은 평가를 받고 있다. 20대 국회에서 정무위원회 소속으로 입법 활동도 활발하다. 주중에는 국회 활동하느라 서울 목동 주변에서 홀로 자취생활을 하고 주말에는 부산 지역구(연제구)로 내려가 지역 민심을 살피는 빡빡한 일정을 매주 소화하고 있다. 최근 셋째 아이를 낳았다.

출 생 1977년 부산
학 력 개금고등학교, 부산대학교 법대
경 력 사법고시 51회, 부산YMCA시민권익센터 전문위원, 김해영법률사무소 대표, 18대 대선 문재인 후보 부산선대위 법률지원부단장, 새정치민주연합 부산시장 연제지역위원장, 더불어민주당 부산시당 대변인, 20대 국회의원

김 현   전 국회의원

첫 여성 춘추관장을 역임한 재야의 마당발

 남성 우위의 대선 캠프에서 여성들의 활약은 더욱 두드러진다. 문재인 대통령 캠프에서도 여러 여성들이 저마다 장기를 내세워 '일당백'의 전투력을 발휘했다. 김현 전 의원은 문 대통령 캠프의 대표적인 여성 '주포±砲' 중 한 명이었다. 18대 대선에 이어 19대 대선에서도 문 대통령의 '입'으로서 쉴 새 없이 공격과 수비를 오가는 논평을 쏟아냈다.
 여성 당직자 출신으로 김대중, 노무현 전 대통령에 이어 문 대통령까지 함께한 범야권의 공보통이다. 한양대학교 재학 시절 총학생회 학술부장으로 운동권에 몸 담았던 김 전 의원은 대학을 졸업하자마자 정당정치에 뛰어들었다. 1988년 이른 바 '재야파'로 불린 재야인사들이 대거 김대중 전 대통령의 평민당에 입당했을 때 학생대표로 김 전 의원도 함께했다. 당시 그녀의 나이 23세였다. 앞서 창구 역할 을 했던 평화민주통일연구회(평민련) 총무간사로도 활동했다.
 이후 1992년 대선에서 통합조직 민주개혁정치모임 총무로 조직을 담당했고, 1997년 대선에서는 새정치국민회의 개혁 국회의원 모임 열린정치포럼 정책실장 을 역임했다. 재야 개혁인사들을 중심으로 한 운동권 출신 국회의원들의 연락책 을 도맡아 '재야의 마당발'로 통했다. 화통한 성격으로 정당에서 주로 대언론 업무 를 맡아왔다. 2000년부터 대변인실에 몸담기 시작해 2005년 노 전 대통령 시절 청와대 춘추관장을 지냈다. 여성으로서는 첫 춘추관장이었다.

이후에도 대언론 업무에 대한 전문성을 살리며 언론과 긴장과 협력관계를 유지해왔다. 17대 대선에서 당내 경선 때 이해찬 후보 캠프 공보실장을 역임했고 최종 본선에서는 정동영 후보의 선대위 부대변인을 맡았다.

비례대표로 19대 국회의원이 됐지만 2014년 9월 대리기사 폭행 사건에 휘말려 재판까지 치렀다. 당시 세월호 유가족들과 저녁 식사 후 대리기사를 부르는 과정에서 실랑이를 벌여 국회의원 갑질 논란에 휩싸였던 일이었다. 2016년 2월 최종 무죄 판결을 받아 명예회복에 성공했지만 20대 총선에선 공천에서 배제되는 아픔을 겪었다. 공천 배제에도 불구하고 2016년 2월 테러방지법 반대 필리버스터에 참가해 울먹이며 테러방지법의 폐해를 역설해 화제가 됐다.

출 생   1965년 강원 강릉
학 력   강릉여자고등학교, 한양대학교 사학과
경 력   평화민주통일연구회 총무간사, 민주개혁정치모임 청년위원회 부위원장, 열린정치포럼
         정책실장, 새천년민주당 대변인실 부국장, 청와대 춘추관장, 민주통합당 대변인, 18대
         대선 민주통합당 선대위 대변인, 민주당 대변인, 19대 국회의원

김현미　더불어민주당 의원

헌정 사상 첫 여성 예결위원장을 맡은 여장부

헌정 사상 첫 여성 예산결산특별위원장을 지낸 김현미 의원은 선대위 미디어본부장을 맡아 대선 승리에 기여했다. 오랜 당료 생활로 언론인들과 친분이 깊고 미디어에 대한 이해가 높다. 때로는 매섭게 상대를 공격하는 저격수로도 잘 알려져 있다. 3선 중진이자 더불어민주당의 대표 여성 정치인 가운데 한 명이다. 문재인 대통령이 더불어민주당 대표였을 때 비서실장을 맡는 등 당내에서 대표 친문 인사로 분류된다. 비주류 인사들과의 친분도 두터워 양측의 가교 역할을 도맡았다.

1962년 정읍 출생으로 전주여자고등학교와 연세대학교 정치외교학과를 졸업했다. 1987년 김대중 전 대통령이 정계 복귀 직후 만들었던 평화민주당 공채 1기 당직자로 정계에 입문했다. 주로 홍보 업무를 전담했던 김 의원은 전병헌 전 의원, 안규백 의원 등과 당보 기자로 일하며 친분을 쌓기도 했다. 이후 새정치국민회의 정세분석실 부장과 부대변인을 지내며 여성 정치인으로서 입지를 다졌다.

이후 새천년민주당 부대변인을 거쳐 참여정부에 입성해 노무현 대통령당선자 부대변인과 참여정부 비서실 국내언론 정무2비서관 등을 지냈다. 이런 경력을 바탕으로 2004년 17대 총선에서 비례대표로 국회의원에 당선돼 예결위원회, 정무위원회, 운영위원회 등 다양한 상임위를 고루 거치며 경력을 쌓았다.

열린우리당 대변인을 지내면서 강성 이미지를 구축하기도 했다. 18대 총선 때 경기 고양시 일산서구에서 재선에 실패했지만 19대 총선에서 국회 재입성에 성공했다. 19대 국회에서 새정치연합 원내 정책수석부대표와 전략홍보본부장을 지내며 전략 전문가의 이미지를 구축했다. 2014년 세월호 참사 당시 국정조사특별위원회 간사와 19대 국회 전반기 기재위원회 간사로 활동하며 대중 정치인으로서 강한 인상을 남겼다. 이후 20대 국회에서 사상 첫 여성 예산결산특별위원장을 맡았다.

김 의원은 자신의 홈페이지에 "중산층과 서민이 가족의 안정과 함께 좀 더 나은 삶을 영위하도록 하는 것이 경제민주화이고 제가 국회의원이 된 이유"라며 "이들의 삶이 조금씩 나아질 수 있도록 노력하겠다"고 밝혔다. 《당신은 아직 지지 않았다》 등 3권의 저서를 출간한 바 있다.

출 생 1962년 전북 정읍
학 력 전주여자고등학교, 연세대학교 정치외교학과
경 력 노무현 대통령당선자 부대변인, 대통령비서실 국내언론 정무2비서관, 17·19·20대 국회의원, 민주당 수석사무총장, 새정치민주연합 대표비서실장, 더불어민주당 비상대책위원회 위원, 국회 예산결산특별위원장

김현철 서울대학교 교수

강소기업 중심의 문재인노믹스를 뒷받침할 중기 전문가

김현철 교수는 대선에서 문재인 대통령의 성장 담론인 '국민성장론'의 밑그림을 그리는 국민성장 추진단장으로 활약했다. 특히 중산층 붕괴 문제를 지속적으로 지적하며 대책 마련의 중요성을 강조해왔다. 그는 새로운 성장동력 발굴을 위한 수단으로 산업구조 혁신, 정부 주도 - 재벌 중심 경제구조 타파 등을 꼽았다.

정부 주도 경제를 시장경제로, 재벌 중심 경제를 강소기업 중심으로, 산업육성 예산을 사회복지 예산으로 전환시키는 것을 골자로 한다. 특히 김 교수는 정부의 역할을 축소시켜 조정자 또는 후원자 역할로 변모시키는 것을 핵심 정책으로 꼽는다.

김 교수는 2017년 2월 문재인 당시 대선후보가 대담집《대한민국이 묻는다》를 출간하고 북 콘서트를 열었을 때 패널로도 참석했다. 그는 서울대학교 경영대를 거쳐 제철장학회 장학생으로 선발돼 일본 게이오대학 비즈니스 스쿨에서 경영학 박사학위를 받았다. 한국으로 돌아오기 전까지 나고야상과대학과 쓰쿠바대학에서 교수를 지냈으며 하버드대학 비즈니스 스쿨 등에서도 연구 활동을 한 바 있다.

일본에서는 특히 일본 경제산업성의 프랜차이즈 연구위원을 역임하며 신일본 제철, 토요타자동차, 닛산자동차, 캐논, 카오, 아사히맥주, 이세탄, 도쿄 디즈니랜드, 바이엘 재팬 등에서 자문 및 교육을 전담했다. 한국에 돌아온 뒤에도 기업 컨설팅 업무를 진행하며 전문가로 자리매김했다. 삼성전자, 삼성전기, 현대자동차,

SK텔레콤, LG CNS, 제일모직 등에서 자문역을 했다.

일본어 저서로《영업의 본질》,《고객창조》,《비즈니스 시스템의 혁신》등이 있으며 한국어 저서로《일본기업 일본마케팅》,《사례로 배우는 일본 유통》,《도요타 DNA》등이 있다. 특히 저성장 시대 한국의 생존 전략을 분석한《어떻게 돌파할 것인가: 저성장 시대 기적의 생존 전략》은 출간 당시 경제학자와 기업 경영자 사이에서 큰 화제를 모았다. 이 책에서 김 교수는 금융 위기, 인구절벽, 소비절벽으로 장기 저성장이라는 늪에 빠진 한국 사회와 1990년대에 장기침체를 겪은 일본을 상세하게 비교 분석했다.

출 생 1962년
학 력 서울대학교 경영학과, 동 대학원 경영학 석사, 일본 게이오대학 경영학 박사
경 력 서울대학교 국제대학원 교수, 나고야상과대학 교수, 쓰쿠바대학 교수, 한국자동차
산업학회장

김호기   연세대학교 교수

통합의 리더십 뒷받침할 중도 진보 사회학자

김호기 교수는 활발한 언론 기고와 저술 활동으로 대중에게 높은 인지도를 지닌 학자다. 참여연대 정책위원장을 역임하는 등 사회 참여도 꾸준히 해온 진보 성향의 인물이지만 합리적이고 온건한 성품으로 알려져 있다. 2003년부터 2년간 대통령자문정책기획위원회 위원으로 일하며 노무현 정부의 사회정책 수립을 도운 적도 있다.

2012년 18대 대통령선거 때는 안철수 캠프의 정치혁신포럼에 참여했지만 안 후보가 사퇴한 뒤 문재인 당시 대선후보 지지를 선언하며 인연을 맺었다. 이번 대선에선 김광두, 김상조 교수 등과 함께 영입돼 '새로운대한민국위원회' 부위원장을 맡았다. 김 교수는 사회갈등 해소를 위한 협치와 대타협을 주장해왔다. 실제로 그는 2017년 3월 '더문캠'에 합류하면서 "중단 없는 개혁과 원칙 있는 통합의 길을 찾겠다. 개혁적 보수와 합리적 진보의 협력이 어느 때보다 중요하다"고 밝혔다.

문재인 대통령 진영에 몸담게 된 이유는 문 대통령이 2016년 하반기부터 일관되게 주장해온 '적폐 청산'과 '새로운 대한민국 건설'에 공감했기 때문이다. 김 교수는 "사회의 현실적인 문제를 연구하는 지식인에게 부여된 역할 중 하나는 대선 국면에서 국민에게 연구한 내용과 결과를 제대로 선보이는 것이다. 진보든 보수든 위기 극복 방안에 대해 바람직한 방향을 이끌어내야 한다"고 설명했다.

김 교수는 한국 정치의 가장 큰 문제는 '정치 지체 현상'이라고 진단한다. 정치권과 시민사회의 시간 격차로 인해 사회의 다양한 요구를 정치가 담아내지 못한다는 의미다. 시민사회 요구가 반영되지 못하면 정치 불신이 되고, 시민들은 다른 길로 개입 방법을 찾으면서 마찰이 빚어지게 된다는 것이다. 스스로 자발적인 참여를 열망하는 시민과 이 방식을 받아들이지 못하는 기존 정당정치의 간극을 한국 정치의 문제로 규정한 것이다. 바로 정치 혁신이 필요한 이유가 여기에 있다고 김 교수는 진단했다.

그는 정치 혁신의 과제를 크게 제도·사회·문화 세 분야로 나눴다. 제도적 과제는 초대통령주의의 극복이다. 김 교수는 그 방법으로 리더의 중요성을 강조했다. 리더 스스로 주체적인 자각으로 리더십 혁신이 가능하다는 논리다. 문 캠프에 합류한 까닭도 이런 리더십에 문 대통령이 걸맞다고 판단해서다. 김 교수는 또 정당정치의 정상화를 위해 진보적 정치세력과 시민사회의 결합을 주장하고 있다. 기존의 관료나 전문가가 독점한 국가 정책에 시민들의 창의적 아이디어를 수용하는 '소통의 정치'도 강조한다.

출 생 1960년 경기 양주
학 력 장충고등학교, 연세대학교 사회학과, 동 대학원 사회학 석사, 독일 빌레펠트대학
       (Universität Bielefeld) 사회학 박사
경 력 연세대학교 사회학과 교수, 참여연대 정책위원장, 대통령자문정책기획위원회 위원,
       경제인문사회연구회 이사, 한국정치사회학회 부회장

김홍걸 더불어민주당 국민통합위원장

'통합정부'의 상징인 김대중 전 대통령의 셋째 아들

"이제 대한민국은 분열과 반목, 증오의 정치를 끝내고 지역과 이념, 세대를 넘어 새로운 대한민국으로 가는 국민 통합의 기적을 만들어야 한다."

김대중 전 대통령의 셋째 아들인 김홍걸 더불어민주당 국민통합위원장이 문재인 대통령 당선이 확정된 2017년 5월 10일 SNS를 통해 이 같은 호소문을 발표했다. 김 위원장은 문 대통령이 내건 '통합의 정부'를 뒷받침하는 국민통합위원회를 이끌며 대선 승리에 기여했다. 김 위원장은 2012년 대선 당시 국민통합위원회 부위원장을 맡아 문재인 대통령 선대위에 합류해 지원에 나섰지만 당적을 갖지는 않았다. 이후 2016년 1월 전격적으로 더불어민주당에 입당했다. 김 위원장은 당시 입당 배경에 대해 "민주당은 아무리 당명이 바뀌더라도 김대중 정신과 노무현 정신이 합쳐진 60년 야당의 정통 본류이므로 더 이상 김대중, 노무현 두 분을 나눠선 안 되며 아버님과 호남을 분열과 갈등의 수단으로 삼아선 안 된다. 분열의 이름으로 아버님을 말한다면 그분이 하늘에서 눈물 흘릴 것"이라고 강조했다.

문 대통령은 당시 김홍걸 위원장을 '상징적으로 소중한 분'으로 칭하며 "우리 당의 정통성과 정신을 확인하는 중요한 계기로 60년 야당의 정통 본류로서 통합과 단결의 구심이 우리 당에 있다는 대내외적 표방이며 원심력이 끝나고 이제부터는 구심력이라는 선언"이라고 평가했다.

김 위원장이 고려대학교 불어불문학과 입학 당시 부친인 김 전 대통령은 내란음모혐의로 사형을 선고받고 수감 중이었다. 김 전 대통령은 수감 중이던 1980년 12월 그에게 "어린 시절과 사춘기의 너에게 준 충격이 얼마나 컸을까 생각할 때 아버지는 언제나 너에게 본의 아니게 못할 일을 한 것 같은 죄책감을 느껴왔다"는 편지를 쓸 정도로 김 위원장에 대해 애틋한 감정을 표시한 것으로 알려졌다. 그해 12월 김 전 대통령은 형집행정지 처분을 받고 미국 망명길에 올랐고, 4년 뒤인 1984년 김 위원장 역시 대학을 졸업하지 않고 미국으로 향했다.

이후 1994년 서던캘리포니아대학USC 국제정치학 석사 과정을 시작해 2000년 학위를 취득한 김 위원장은 김 전 대통령 임기 내내 미국에 체류했다. 1991년 임미경 씨와 결혼해 슬하에 2남을 두고 있다.

출 생   1963년
학 력   이화여대사범대부속고등학교, 고려대학교 불어불문학과, 서던캘리포니아대학 국제정치
         학 석사
경 력   미국 퍼모나대학(Pomona College) 태평양연구소 객원연구원, 연세대학교 김대중도서
         관 객원교수, 더불어민주당 국민통합위원장

김효석 　전 국회의원

안철수를 떠나 문재인 도운 옛 민주당 정책통

　김효석 전 의원은 16~18대 의원 당시 민주당의 대표적인 정책 브레인으로 꼽혔다. 중앙대학교 경영학과 교수였던 그는 경제통 영입 케이스로 정치에 입문해 16대 총선 때 고향인 전남 담양·곡성·장성에서 전국 최고 득표율로 당선됐다. 정책위의장과 원내대표를 잇따라 지내는 등 왕성한 정치 활동을 했으나 19대 총선에서 고향을 떠나 서울 강서을에 출마했다가 김성태 의원(현 바른정당)에게 800여 표 차로 석패했다. 2012년 대선 무렵엔 안철수 후보의 곁에 섰다. 대선 후 안철수 후보가 민주당과 통합했을 때 안철수계 몫으로 새정치민주연합 최고위원이 됐다. 한동안 안철수의 '경제 멘토'로 불리기도 했다.

　하지만 안 후보가 국민의당을 창당해 민주당을 떠날 때는 합류하지 않았다. 2017년 3월 문재인 캠프의 공동선대위원장으로 전격 영입됐다. 문재인 대통령이 당시 삼고초려를 통해 그를 직접 영입했다는 후문이다. 김 전 의원은 "안철수를 도와 야권 스펙트럼을 넓히고, 정권 교체의 길을 열어보려 했지만 민주당이 분열의 길로 가는 것에는 동의할 수 없었다"고 말했다. 야권의 적통은 민주당에 있고, 정권 교체 적임자는 문재인이라는 판단을 내렸다는 얘기다.

　그는 15년 전, 노무현 전 대통령이 2002년 대선에서 당선될 당시 선거대책위원회에서 제2정책위원장을 맡아 경제 공약을 만드는 데 기여한 적 있다. 하지만 참여정부 출범 후 친노 계열이 열린우리당을 만들 때 합류하지 않고 민주당에 잔류했다. 참여정부 후반에 교육부총리직을 제안받았으나 이를 고사하고 친노와 거리를 둔 전력이 있다. 이번에 문재인 대통령 당선에 기여하면서 호남 출신 경제 전문가인 그에게 정치적 재기의 길이 다시 열리게 됐다.

　김 전 의원은 서울대학교 경영학과 졸업 후 행정고시 11회에 합격해 국세청에서 공무원 생활을 시작했으나 서른이 넘어 미국 조지아대학으로 유학을 떠났다. 정보통신 혁명에 관심을 두고 경영정보시스템MIS 전공으로 박사학위까지 땄다. 귀국 후 중앙대학교 교수로 재직하면서 옛 삼성전관을 비롯해 현대자동차, 현대해상 등 대기업의 경영혁신 프로젝트를 지도한 경험도 있다. 1992년 대선 때부터 김대중 전 대통령을 도왔으며 1997년 대선 때는 '중경회' 멤버로 본격적인 경제 자문을 했다. 부인 김미경 씨와의 사이에 1녀를 뒀다.

출 생　1949년 전남 장성
학 력　광주제일고등학교, 서울대학교 경영학과, 미국 조지아대학 경영학 석·박사
경 력　행정고시 11회, 중앙대학교 경영학과 교수, 정보통신정책연구원장, 16~18대 국회의원,
　　　　민주당 및 대통합민주신당 원내대표, 민주정책연구원장, 새정치민주연합 최고위원

남인순 더불어민주당 의원

여성 인권 신장을 이끈 페미니스트

　남인순 의원은 여성운동가 출신으로 문재인 캠프에서 여성본부장을 맡아 여성
정책을 총괄했다. 남 의원이 캠프에 합류할 당시 인터넷에서 그의 합류를 놓고 열
띤 찬반 논쟁이 벌어질 정도로 페미니즘 성향이 강한 여성운동가로 알려져 있다.
당시 남 의원은 "유권자 중 여성의 숫자가 더 많으며 여성 유권자들은 노동과 돌
봄의 문제에 대해 적극적으로 요구하고 있다. 이런 요구를 반영해 새로운 변화를
만들겠다. 여성본부를 이끄는 장으로서 여성의 시각을 더 많이 반영하고 여성친
화적 공약을 통해 성이 평등한 사회를 만드는 데 기여하겠다"고 밝혔다.

　인천 출신인 남 의원은 국어교사 지망생이었다. 수도사범여자대학(현 세종대학교)
국문과에 입학했으나 3학년 재학 중 학내민주화 투쟁 끝에 강제 퇴학을 당했다.
이후 노동운동에 뛰어들어 '인천 일하는 여성 나눔의 집' 간사, 인천여성노동자회
창립 멤버이자 부회장 등을 지내며 여성 인권 신장을 위해 노력했다.

　1994년부터 17년간 한국여성단체연합에서 사무국장, 상임대표 등 요직을 거
치며 여성운동가로서 명성을 얻었다. 당시 가정폭력방지법 제정, 영유아보육법
개정, 모성보호관련법 개정, 여성할당제 도입, 여성부 설치, 호주제 폐지, 성매매
방지법 제정 등 굵직굵직한 족적을 남기며 여성 인권 향상에 기여했다. 이와 함께
서울시 여성의원, 국민고충처리위원회 위원, 대통령 저출산·고령화대책 특별위원
회 위원, 대법원 사법제도개혁 실무위원, 대법원 양형위원, 한국방송공사 이사 등

을 역임하는 등 활발한 사회 활동을 이어갔다.

이런 경력을 인정받아 2012년 민주통합당 최고위원을 지내고 19대 국회에서 비례대표로 당선됐다. 이후 보건복지위원회 위원, 여성가족위원회 간사로 활동해 왔다. 20대 총선에서 보수 진영의 텃밭 격인 서울 송파구 병에서 재선인 김을동 당시 새누리당 의원을 꺾고 재선에 성공했다. 여성 정치인끼리 명승부를 펼친 것 이다.

남 의원은 '부모 성 함께 쓰기 캠페인'이 활발했던 1990년대부터 '남윤인순'이 란 이름으로 활동해왔으나 국회의원으로 활동하면서 현재의 이름으로 개명했다.

출 생 1958년 인천
학 력 인일여자고등학교, 세종대학교 국어국문학과, 성공회대학교 시민사회복지대학원 석사
경 력 한국여성단체연합 상임대표, 한국방송공사 이사, 19·20대 국회의원, 민주통합당 최고
       위원, 국회 여성가족위원회 위원장, 국회 저출산·고령화대책 특별위원회 위원

노영민 전 국회의원

전국 조직 총괄로 대선 승리의 일등공신

노영민 전 의원은 캠프에서 조직본부장을 맡아 일사불란한 조직력을 발휘하며 대선 승리에 기여했다. 3선의 노 전 의원은 문재인 대통령이 당대표 시절 비서실장으로 지근거리에 있었고, 2012년 대선 캠프에도 몸담아 문 대통령과 깊은 교감을 나눠온 사이다. 2012년 치러진 18대 대통령선거에서는 후보 비서실장을 맡아 대표적인 친문 측근으로 자리매김했다. 그는 조직본부장을 맡은 이후 문 대통령 지지 기반의 외연을 넓히고 세를 확장하는 데 큰 역할을 했다. 선거 막판 하루에도 수십 건씩 쏟아진 각계각층의 지지 선언도 그의 공이 컸다는 후문이다.

노 전 의원은 대학 제적, 노동운동 투신, 전업사 창업(금강전기)이라는 독특한 이력을 가지고 있다. 운동권에 몸담았다가 자기 사업을 통해 경제적 토대를 마련한 후, 고향인 청주로 내려와 시민운동을 벌이다가 정치에 투신했다. 그는 연세대학교 2학년 때 긴급조치 9호 위반으로 구속돼 2년을 복역했다. 1980년에는 광주민주화운동과 관련해 수배와 제적 처분을 받은 후 서울과 경기도 오산 지역에서 노동운동의 길을 걸었다. 괴산 출신 3선의 김영환 국민의당 의원이 그의 노동운동 동지다.

1995년 민주개혁 국민연합 충북연대 공동대표를 맡았고 청주시민회 창립중앙위원으로도 활동했다. 재야인사들과 시민사회 인사들의 권유로 2000년 16대 총선에 도전했다. 새천년민주당 당적으로 청주 흥덕에 출마했던 그는 한나라당 윤

경식 의원에 의해 고배를 마셨다. '노무현 탄핵 역풍'이 불던던 2004년 열린우리당 후보로 출마해 46세 나이로 여의도에 입성했다. 비교적 야당 후보에 유리한 지역구에서 온건한 이미지를 앞세워 내리 3선에 성공했다. 19대 국회에서는 원내대표 경선에 나섰지만 고배를 마셨다. 국회 산업통상자원위원장을 지내기도 했다.

하지만 20대 총선을 앞두고 '의원회관 시집 판매 의혹'으로 4선 도전에 나서지 못했다. 의원회관 사무실에 카드결제기를 두고 대금을 결제했다는 의혹이 제기되면서 당 윤리심판원이 6개월 당원자격 정지 조치를 내렸기 때문이다. 재심 청구와 동료 의원들의 탄원서 등으로 활로를 모색했으나 무위에 그쳤다. 당시 사령탑을 맡은 김종인 비상대책위원장이 엄격한 윤리기준을 제시하면서 출마가 원천 봉쇄됐다. 그의 지역구에는 《접시꽃 당신》으로 유명한 도종환 의원이 출마해 당선됐다. 노 전 의원은 도 후보의 지원 유세에 적극 참여해 당선에 일조했다.

출 생   1957년 충북 청주
학 력   청주고등학교, 연세대학교 경영학과
경 력   청주환경운동연합 이사, 17~19대 국회의원, 국회 산업통상자원위원장, 더불어민주당
        문재인 당대표 비서실장, 더불어민주당 문재인 후보 선대위 조직본부장

도종환 　더불어민주당 의원

시인 출신으로 문화계 지지를 이끌어낸 주역

2013년 당시 박근혜 대통령을 풍자한 연극 〈개구리〉가 무대에 올랐다. 이 때문에 정부에 찍힌 연출가 박근형 씨는 다음 작품이 당초 정부 지원 대상에서 갑자기 배제되는 아픔을 겪었다. 소위 문화·예술계 '블랙리스트' 논란의 시작이다. 2015년 9월 국정감사에서 이 같은 정부의 행태를 지적하며 블랙리스트 사건을 가장 먼저 이슈화시킨 주역이 바로 도종환 의원이다.

시집 《접시꽃 당신》으로도 유명한 시인 출신의 도 의원은 문재인 캠프에서 문화예술특보단장으로 활약했다. 문화·예술계 인사들의 지지를 이끌어내는 데 힘을 보탰다. 도 의원은 2016년 20대 총선 청주 흥덕구에서 당선됐다. 첫 지역구 당선으로 19대 비례대표에 이어 재선에 성공한 것이다. 당시 당선 소감을 통해 그는 "무엇보다 국정교과서 저지에 앞장설 것을 약속하겠다"고 밝히기도 했다. 그는 국회 교육문화체육관광위원회 민주당 간사를 맡으면서 문화·예술계 블랙리스트의 존재를 공개적으로 언급해 이슈가 되기도 했다.

2016년 말 최순실 국정농단 의혹사건 진상 규명을 위한 국정조사특별위원회 청문회에서 국조특위 위원으로 활동했다. 앞서 2012년에 민주통합당 비례대표로 19대 국회에 입성했다. 당시 박근혜 정부의 역사교과서 국정화가 이슈화된 가운데 한국사교과서국정화저지특위 위원장으로 적극 활동하기도 했다.

도 의원은 《접시꽃 당신》이 베스트셀러가 된 덕분에 시인으로 먼저 유명해졌다. 해직, 투옥, 아내와의 사별과 재혼 등 굴곡진 삶을 시로 표현했다. 덕산중학교 교사를 지낸 뒤에는 2006년 민족문학작가회의 부이사장, 2008년에는 한국 작가회의 사무총장을 역임하기도 했다. 그 과정에서 1989년 전국교직원노조 활동으로 해직·투옥되기도 했고 그 뒤 교단에 복귀해 교육 개혁에 목소리를 내기도 했다.

2011년 말 민주통합당의 최고위원과 대표 선출을 위한 전당대회 때 소설가 이외수·공지영 등과 함께 당시 한명숙 대표의 멘토단에 참가한 인연으로 민주통합당 공천심사위원회 외부위원으로 참여했다. 정치와 처음으로 인연을 맺은 것이다. 문재인 대통령 주류 측 인사들과 가깝다는 평가를 받고 있으며, 김태년·유은혜·설훈 의원 등과 친분이 깊은 것으로 알려졌다.

출 생 1954년 충북 청주
학 력 원주고등학교, 충북대학교 국어교육과, 동 대학원 국어교육학 석사, 충남대학교 국문학 박사
경 력 민주통합당 공천심사위원, 19·20대 국회의원, 한국사교과서국정화저지특위 위원장, 더불어민주당 대변인, 국회 교육문화체육관광위원회 간사

문정인 연세대학교 교수

김대중·노무현·문재인의 외교안보 좌장

북핵 위기 고조, 사드 배치를 둘러싼 한중 갈등, 트럼프 정부의 강경 대북 정책 등 새 정부가 맞닥뜨린 외교안보 상황은 녹록치 않다. 이 때문에 김대중·노무현 정부에 이어 문재인 대통령의 외교 정책 자문역을 도맡아온 문정인 교수의 역할론이 주목받고 있다. 문 교수는 자주외교와 남북 대화를 강조하는 민주정부 외교 브레인의 거두다. 이른바 외교안보 인맥의 좌장이다. 문 대통령 곁에서 외교안보 책사 역할을 해온 김기정, 최종건 연세대학교 교수가 문 교수의 후배들이다. 김 교수는 문 대통령 싱크탱크 '정책공간 국민성장'에서 연구위원장으로 활약했고 최 교수는 '한반도안보신성장추진단' 단장으로 외교 공약 수립에 관여했다.

문 교수는 참여정부 시절 대통령 자문 동북아시대위원회 위원장을 맡아 남북 문제, 주변 강대국 간 외교 정책 등에 깊숙이 개입했고 2012년 대선 때도 문 대통령 캠프에서 활약했다. 특히 문 교수는 김대중·노무현 정부의 대북 정책 기조인 '햇볕 정책'과 '평화 번영 정책'의 이론적 틀을 제공한 국제정치학자다. 외교는 물론 통일, 안보 등 다양한 분야에 정통한 것으로 평가받고 있다. 2000년 6월 1차 남북정상회담과 2007년 10월 2차 남북정상회담 모두 특별수행원 자격으로 함께했다. 이번 대선에서는 공식 직책은 맡지 않았지만 문 대통령과 외교안보 현황을 두고 계속 의견을 나눠온 것으로 알려졌다.

문 교수는 새 정부의 북핵 대응 방향의 롤 모델로 2007년 2·13 합의를 제안한 바 있다. 당시 합의는 1단계 핵시설 폐쇄 및 봉인, 2단계 불능화, 3단계 폐기의 수순을 밟도록 돼 있다. 문 교수는 "우선 농축우라늄과 플루토늄 제조시설을 동결할 필요가 있다. 핵물질이 없으면 핵탄두를 생산할 수 없으니 핵시설을 불능화하고 폐기하는 것은 큰 진전"이라고 설명했다. 그는 "다음으로 핵무기 '선제불사용' 원칙을 천명하는 안전조치를 하도록 한다. 이 과정에서 한반도 평화 체제 구축과 북·미 국교 정상화 등을 하면 된다"고 덧붙였다.

문 교수는 제주 출신으로 한국뿐만 아니라 국제 외교가에서도 활약해온 국제정치학 전문가다. 1980년대 미국 켄터키대학에서 교수 생활을 하기도 했고 재미한국인 정치학회에서도 활약했다.

출 생　1951년 제주
학 력　오현고등학교, 연세대학교 철학과, 메릴랜드대학 정치학 박사
경 력　미국 켄터키대학 정치학과 부교수, 연세대학교 정치외교학과 교수, 미국 국제정치학회
　　　　부회장, 동북아시대위원회 위원장, 외교통상부 국제안보대사, 연세대학교 김대중
　　　　도서관장, 연세대학교 명예특임교수

박광온 더불어민주당 의원

대변인으로 전방위 활약을 한 MBC 출신 측근

19대 대선 TV 토론회 막판에 문재인 대통령이 '설화舌禍'에 휩싸였다. 동성애에 대한 기습 질문에 반反동성애 발언을 내뱉었고 상대 후보에게 "우리 정책본부장과 토론하라"는 하대성 발언을 한 것이다. 다음날 논란이 커질 조짐을 보이자 득달같이 언론에 이를 해명하고 수습한 사람이 박광온 의원이다.

당내 경선과 본선 내내 문 대통령의 말은 박 의원을 빌려 유권자들에게 전파됐다. 때로는 수비수로, 때로는 저격수로 문 대통령을 알리고 상대 후보를 검증하는데 주력했다. 선거전 막판에 치열했던 네거티브 공방에서도 창과 방패 역할을 도맡았다. 후보 알리랴, 네거티브에 대응하랴, 언론의 취재에 응하랴, 대선기간 내내 그의 휴대전화는 쉴 새 없이 울렸다.

18대 대선에서도 선대위 대변인으로 활약했다. 방송기자 출신으로 논리적이고 차분하게 문 대통령의 입장을 대변하면서 문 대통령의 신임을 얻었다. 조기대선으로 정식 인수위 없이 곧바로 취임해야 했던 이번 대선의 특성상 '준비된 대통령'만이 최적임자라는 게 그의 지론이었다. 특히 문 대통령의 풍부한 국정 경험과 의회정치 경력이 다른 후보를 압도하는 비교우위라는 점을 알리는 데 주력했다.

유독 더불어민주당에 다수 포진한 MBC 출신 정치인 중에서도 대표적인 '친문' 측근으로 꼽힌다. 노웅래, 박영선, 김성수, 신경민 의원 등이 같은 MBC 출신이다. 정치에 뛰어들기 전 그는 MBC 보도국장을 지낸 잘나가는 정치부 기자였다.

2007년 대선 때 개표방송을 진행하며 유명세를 탔고 MBC 간판 프로그램이었던 〈100분 토론〉 사회를 맡기도 했다. 2008년 이명박 정권 시절 보도국장에 취임했다가 6개월 만에 물러나 정권의 방송 개입 논란을 불러일으키기도 했다.

2014년 7·30 재보궐선거 수원정 지역구에서 이명박 정권의 황태자로 불렸던 임태희 전 청와대 비서실장을 제치는 파란을 연출하며 국회 입성에 성공했다. 당시 이른바 '랜선효녀'로 알려진 딸 박효도 씨가 SNS에서 재기발랄한 선거운동을 펼쳐 큰 화제가 되기도 했다. 20대 총선에서도 경기도 부지사 출신의 상대 후보를 큰 차이로 누르고 재선 의원 반열에 올랐다. 당시 이찬열, 백혜련, 김영진, 김진표 의원과 함께 수원 5개 지역구를 싹쓸이해 화제가 됐다.

출 생 1957년 전남 해남
학 력 광주상업고등학교, 고려대학교 사회학과, 동국대학교 광고홍보학 석사
경 력 19·20대 국회의원, 더불어민주당 수석대변인, 민주당 대변인, 18대 대선 민주통합당
선대위 대변인, MBC 보도국장, MBC 보도국 정치국제에디터, MBC 보도국 통일외교
부장, MBC 앵커, MBC 도쿄 특파원

박남춘 더불어민주당 의원

참여정부 인사수석 출신의 '친문' 인사 전문가

　박남춘 의원은 선대위에서 안전행정정책위원회 위원장으로 활약했다. 오랜 공직생활을 바탕으로 문재인표 행정 공약을 입안하는 데 기여했다. 박 의원은 1981년 행정고시에 합격했고 이듬해부터 해운항만청에서 근무했다. 해양수산 분야에서 경험을 쌓은 정통 관료 출신 의원이다. 해양수산부 기획예산담당관, 총무과장, 국립해양조사원장 등을 거쳤다. 2000년 해양수산부 감사담당관이던 박 의원은 국장 승진을 바라보던 시점에서 당시 해양수산부 장관이던 노무현 전 대통령과 첫 인연을 맺었다.

　노 전 대통령은 박 의원에게 총무과장을 맡아달라고 요청했다. 승진이 아닌 수평이동이라 박 의원은 반발했지만 조직 혁신을 위해 맡아달라는 노 전 대통령의 요청을 수락할 수밖에 없었다. 이후 다면평가와 학습활동, 지식정보시스템 구축 등 부처혁신 과제를 매끄럽게 처리해 노 전 대통령의 눈에 들었다. 박 의원은 당시 노 전 대통령과의 만남을 '운명적'이라고 표현한 바 있다. 당내 대표적 친노·친문 의원으로 분류된다.

　박 의원은 노무현 대통령 인수위에 경제2분과 전문위원으로 참여했고, 참여정부 출범과 함께 청와대 행정관으로 몸담은 뒤 국정상황실 정책팀장, 국정상황실장, 인사관리비서관, 인사수석 등으로 일하며 대통령 곁에서 국정을 보좌했다. 박 의원은 "참여정부는 화물연대 파업 사태 등 국가적 과제이면서 고질적 갈등 과제였던 문제들을 회피하지 않았다. 참 어려운 일을 많이 했다"고 당시를 회고한 바 있다. 그의 공식 블로그에는 "우리의 인연이 '스침'이 아니라 '스며듦'이 될 수 있도록 항상 곁에 있겠다"는 글귀가 적혀 있다.

박 의원이 정치에 입문한 것도 노 전 대통령의 권유 때문이었다. 공천을 받지 못하고 있다가 2011년에 출마 제의가 들어왔다. 힘겨운 당내 경선을 통과한 뒤 통합진보당과의 경선 과정도 치렀다. 30년 넘게 살던 인천 남동구를 지역구로 출마했다. 아내가 교편 생활을 접고 선거운동을 돕기도 했다. 19대 총선에서 국회에 입성했다. 저서로 참여정부의 인사 제도와 인사 정책을 정리한 《대통령의 인사》가 있다. 부인 최혜경 씨와 1982년에 결혼해 2녀를 두고 있다.

출 생 1958년 인천
학 력 제물포고등학교, 고려대학교 행정학과, 영국 웨일스대학 교통경제학 석사
경 력 해양수산부 총무과장, 국립해양조사원 원장, 대통령비서실 국정상황실 상황1팀장, 대통령 비서실 국정상황실 실장, 19·20대 국회의원, 더불어민주당 인천광역시당위원장

박범계 　더불어민주당 의원

대선 특보단을 총괄한 대표 친노 인사

　대선 과정에서 특보단 총괄부단장을 맡은 박범계 의원은 대표적인 친노 인사다. 2002년 노무현 대통령후보 법률특보로 임명되면서 정계에 입문했다. 대통령 당선 뒤에 대통령직인수위원회 정무분과 위원을 거쳐 참여정부 출범 후에는 청와대 민정2비서관, 법무비서관을 지냈다.

　박 의원이 국회에 입성하기까지는 꽤 오랜 시간이 걸렸다. 2004년 17대 총선을 앞두고 열린우리당 대전 서구을 국회의원후보 경선에 참여했으나 구논회 의원에게 패해 본선에 진출하지 못했다. 이후에도 2007년 보궐선거에서는 민주당 공천을 받지 못했고, 2008년에는 총선 패배 등을 겪었다. 그는 대전에서 변호사 겸 민주당 대전시당위원장으로 활동하던 중 19대 총선 대전 서구을에서 당선되어 국회에 입성했다.

　원내대변인으로 활약했고 법제사법위원회, 기획재정위원회, 예산결산특별위원회 등에서 활동했다. 특히 국가정보원 댓글 의혹 사건, 청와대 문건 유출 사건에서 각각 국정조사특별위원회 위원, 새정치민주연합 진상조사단장으로 활동하며 진실을 밝히는 데 앞장섰다. 2014년에는 6·4 지방선거에서 새정치민주연합 대전시당 지방선거기획단장으로서 권선택 대전시장과 4개 구청장 등을 당선시키는 데 역할을 하기도 했다.

　박 의원은 1963년 4월 충북 영동군에서 빈농의 셋째로 태어났다. 초등학교 시절 고향을 떠나 서울 봉천동 두 칸짜리 방에서 힘겨운 달동네 생활을 시작한 박 의원은 "당시 어린 나이였지만 빈부 격차 등 사회의식이 생겼다"고 회고하기도 했다.

1980년 서울 남강고등학교 자퇴 후 방황과 좌절의 청년 시절을 보냈다. 그러던 중 방위병으로 복무했는데 당시 할아버지의 권유로 군 복무와 학업을 병행하게 됐다. 1985년 동갑내기보다 3~4년 늦게 연세대학교 법학과에 입학했다. 대학 생활을 하던 중 박종철 열사의 사망, 그해 6월항쟁으로 이어지는 민주화운동을 경험했다. 사법고시에 도전한 지 4년여 만인 1991년 33회 사법고시에 합격했다. 박 의원은 1994년 서울남부지원을 시작으로 서울중앙지법, 대전지법 등에서 판사로 활동했다.

출 생 1963년 충북 영동
학 력 남강고등학교 중퇴, 연세대학교 법학과
경 력 사법고시 33회, 서울지방법원 판사, 청와대 법무비서관, 대통령직인수위원회 정무분과 인수위원, 민주통합당 원내부대표, 새정치민주연합 원내대변인, 19·20대 국회의원

박병석   더불어민주당 의원

충청 표심 잡기의 일등공신

문재인 대통령이 취임 후 주요국에 한국 대표단으로 처음 파견한 인사가 박병석 의원이다. 중국에서 열린 '일대일로一帶一路 정상포럼'에 문 대통령을 대신해 특사로 참석한 것이다. 북핵, 사드 문제 등으로 한중 간 위기감이 고조된 가운데 새 정부의 외교 방향을 알리는 첫 국제무대였다. 국회부의장을 지낸 중진인 데다 중국통으로 알려진 그의 전문성을 높이 산 문 대통령의 결정이었다.

대전 출신인 박 의원은 충청 표심을 잡으려는 문재인 대통령이 당내 경선과 대선 과정에서 반드시 영입해야 할 인물이었다. 그리고 박 의원은 기대를 저버리지 않았다. 경선에서 문 대통령의 경쟁자였던 안희정 충남지사의 세몰이를 방어한 일등공신이기도 하다. 본선에서는 국민의나라위원회 위원장을 맡으면서 정책 구상에도 참여했다. 그는 "이번 대통령은 인수위 없이 바로 대통령직을 수행해야 하기 때문에 국가 운영이 잘 되려면 준비된 후보를 뽑아야 한다. 문재인 후보가 가장 준비가 잘된 후보라고 판단했다"며 지원 배경을 밝힌 바 있다.

박 의원은 당초 비문(非非문재인)계로 분류된 인물이었다. 당내 친문 세력에 날을 세우기도 했고 2015년에는 당시 대표이던 문 대통령에게 당의 강력한 쇄신을 요구하기도 했다. 하지만 대선 국면에서 문 대통령이 반계파주의를 부르짖으며 외연 확대에 나서자 선대위에 전격적으로 합류했다.

박 의원은 1998년 새정치국민회의 수석부대변인으로 정계에 입문했다. 2000년

16대 국회의원 선거에서 대구 서구갑에 당선됐다. 이후 박 의원은 내리 4선을 하며 충남의 거물 정치인으로 성장했다. 19대 국회에서는 전반기 국회부의장을 맡으면서 박근혜 정부와 새정치민주연합의 가교 역할을 수행했다.

새정치국민회의에서 정치 신인으로 경제 정책 조정에 깊숙이 관여하면서 김대중 전 대통령으로부터 능력을 인정받았다. 2000년에는 새정치국민회의 후신인 새천년민주당 대변인을 맡기도 했다. 오랜 기간 국회 정무위원으로 활동하면서 경제부처 수장들을 상대로 날카로운 질문을 던져 주목받았다. 피감기관인 금융당국의 한 관계자는 박 의원에 대해 "국감의 취지인 행정부에 대한 감시가 날카롭고 정책 방향 제시가 합리적이었다"고 평가했다.

박 의원은 1998년까지 《중앙일보》에서 기자 생활을 한 언론인 출신이다. 천안문사태가 터진 1989년에는 홍콩 특파원으로 재직하며 '중국 자오쯔양 총리 체포·구금' 보도로 세계적 특종을 한 바 있다. 이 보도로 1989년 한국기자상을 받았다. 박 의원의 특기는 중국어다. 1982년 타이완 《국어일보國語日報》사 주최 외국인 중국어웅변대회에서 1등을 했고 홍콩 특파원 시절에는 홍콩과 대만, 중국 등지의 신문과 잡지에 기고를 할 정도였다.

저서로 《계란, 바위를 치다》 등이 있다. 부인 한명희 씨와의 사이에 2남을 두고 있다.

출 생　1952년 대전
학 력　대전고등학교, 성균관대학교 법학과, 한양대학교 언론정보대학원 석사
경 력　《중앙일보》 기자, 《중앙일보》 홍콩 특파원, 서울시 정무부시장, 16~19대 국회의원,
　　　　국회 정무위원장, 국회부의장

박선원 전 청와대 외교안보전략비서관

참여정부부터 대 이은 안보 책사

　　18대 대선 막판에 문재인 대통령은 노무현 전 대통령의 북방한계선NLL 포기 발언을 둘러싼 논란에 휩싸였다. 결국 사실무근으로 밝혀졌지만 안철수 후보와의 단일화에도 불구하고 박근혜 후보에게 패배한 결정적 네거티브였다. 때문에 19대 대선에서 문재인 대통령이 가장 심혈을 기울인 부분이 '북풍' 차단이었다. 대선 막판에도 2007년 유엔 북한인권결의안 기권을 둘러싼 송민순 전 외교부 장관의 메모가 공개되면서 문 대통령에게 화살이 쏟아졌지만 이를 막아냈다. 그 중심에 박선원 전 청와대 외교안보전략비서관이 있었다.

　　노무현 정권에서 '외교안보 실세'로 불렸던 박 전 비서관이 당시 청와대 서별관 회의 내용을 기록한 메모를 공개하면서 상황을 역전시켰다. 문 대통령이 2016년 여름부터 가동한 캠프 내 안보팀에서 서훈 전 국정원 3차장과 호흡을 맞추며 문 대통령의 외교안보 밑그림을 그렸고, 대선 선대위에선 안보상황단 부단장으로 활약하며 문 대통령의 '안보 책사' 역할을 담당했다.

　　박 전 비서관은 참여정부 시절 국가안전보장회의NSC 전략기획국장을 지내다 2006년 1월 청와대 비서실 개편으로 이종석 안보정책실장 체제가 들어서면서 통일외교안보전략비서관을 맡았다. 당시 그는 이 실장, 서주석 NSC 전략기획실장과 함께 청와대 안보 3인방으로 불렸다. 2005년 7월 북한이 6자회담에 복귀하는 데 결정적인 역할을 하기도 했다. 당시 정동영 통일부 장관과 호흡을 맞춰 방북해 김정일 국방위원장과 면담하고 딕 체니 미국 부통령을 찾아 양측을 조율하며 북한의 '6자회담 복귀'라는 외교적 성과를 이끌어냈다.

정 장관은 박 전 비서관을 '꾀돌이', '전략가'로 부르며 총애했다. 탁월한 협상 능력으로 노무현 전 대통령의 신임도 한 몸에 받았다. 남북관계의 핵심 난제였던 방코델타아시아BDA 문제를 해결했고 남북정상회담을 성사시킨 주역이기도 하다. 참여정부 5년의 안보, 대북 정책을 풀어낸 《하드파워를 키워라》라는 저서를 펴내기도 했다. 2017년 1월 사드 배치로 한중 관계가 급속히 냉각됐을 때 이를 의원 외교로 돌파하려 했던 더불어민주당 의원들의 방중을 물밑에서 조율하기도 했다. 연세대학교 82학번인 박 전 비서관은 주변에서 "시위 현장에서만 보인다"고 할 정도로 열혈 운동권이었다. 더불어민주당 내 386의원들과 친분이 두텁다.

출 생 1963년 전남 나주
학 력 영산포상업고등학교, 연세대학교 경영학과, 영국 워릭대학(University of Warwick) 국제정치학 박사
경 력 연세대학교 국제학연구소 연구교수, 연세대학교 통일연구원 연구교수, 국가안전보장회의 전략기획실 행정관, 참여정부 대통령비서실 외교안보전략비서관, 미국 브루킹스연구소 초빙연구원, 노무현재단 기획위원

박 승 전 한국은행 총재

좌우 균형 잡아줄 중도 실용주의 경제 멘토

　문재인 대통령은 박승 전 한국은행 총재에게 영입 제안을 두 번이나 했다. 한 번은 거절당했고 두 번째에 영입에 성공했다. 문 대통령은 2016년 4·13 총선을 앞두고 박승 전 총재를 선거대책위원장으로 영입하려 했으나 박 전 총재 측에서 거절했다. 정치 일선에 나설 뜻이 없었기 때문이다. 대권 재수에 나선 문 대통령은 다시 싱크탱크인 '정책공간 국민성장'의 자문위원장을 맡아달라고 요청했다.

　당시 박 전 총재는 문 대통령에게 물었다. "내가 만약 그 자리를 맡는다면 나는 중도 실용주의적 노선에서 정책을 구상하고 자문하게 될 것인데 그래도 좋습니까?"라고 묻자 문 대통령은 "박 총재님을 모시려는 이유가 바로 그런 역할을 해 달라는 것입니다"라고 답했다고 한다. 박 전 총재는 문 대통령에게 양극화 해결에 집중, 수출로 끌어가는 엔진을 민간 소비로 끌어가는 엔진으로 전환, 대기업 소득 보호 정책에서 가계 소득 보호 정책으로 전환, 성장·복지 병행 정책 등을 조언했고 그 철학은 문 대통령의 경제 공약에 고스란히 반영됐다. 그는 경제 이론에서부터 경제 정책, 실물경제에 두루 능통한 최고의 경제 전문가로 그동안 모든 정권의 영입 1순위였다.

　한국은행에 근무하다 1974년 미국 뉴욕주립대학에서 박사학위를 받고 돌아온 후 당시 남덕우 부총리 겸 경제기획원 장관의 요청으로 사우디아라비아 한국경제고문단 단장을 맡았다. 1976년 중앙대학교 경제학과 교수로 부임한 뒤 집필한 《경제발전론》은 지금도 대학가에서 필수 교재로 손꼽힐 만큼 명저로 통한다. 1988년 노태우 전 대통령의 요청으로 청와대 경제수석을 맡아 '200만 호 주택 건설' 공약 밑그림을 그렸다. 분당, 산본 등 1기 신도시가 그의 손에서 나왔다.

그는 "지도를 펴놓고 서울 세종로 사거리의 측량원표를 중심으로 반경 25㎞를 컴퍼스로 동그랗게 돌려봤다. 25㎞ 이내로 한 것은 '지하철 1시간 이내'라는 원칙 때문이었다. 그래서 나온 지역이 경기 분당, 산본, 평촌, 인천 중동 등 4곳이었다" 고 말했다. 그는 건설부 장관으로 임명돼 4대 신도시 건설을 직접 추진했다.

2001년 3월 정년퇴임을 하고 이듬해 김대중 정권에서 한국은행 총재로 임명됐다. 그는 자신의 경력 중에서 한국은행 총재에 대한 애착이 가장 강하다. 그는 "여전히 '한국은행을 가장 사랑한 총재, 한국은행의 독립성과 위상을 높인 총재, 경제와 민생을 위해 고뇌한 총재'라는 세 가지 이미지로 기억되기를 바란다"고 말했다. 그는 한국은행 총재 시절부터 월급의 20%를 가난한 사람이나 소외된 사람을 위해 써왔으며 모교인 백석초등학교에 도서관도 만들었다. 자신이 모은 재산의 전부를 사회에 돌려주고 떠나는 것이 박승 전 총재의 마지막 바람이다.

출 생　1936년 전북 김제
학 력　이리공업고등학교, 서울대학교 경제학과, 뉴욕주립대학 경제학 박사
경 력　사우디아라비아 한국경제고문단장, 중앙대학교 경제학과 교수, 대통령 경제수석비서관,
　　　　건설부 장관, 한국경제학회 회장, 한국은행 총재, 금융통화위원회 의장

박영선　더불어민주당 의원

첫 여성 원내대표를 지낸 민주당의 대표 저격수

　박영선 의원은 더불어민주당 대선후보 경선에서 안희정 충남지사를 도우며 문
재인 대통령을 공격하는 저격수로 활약했다. 안 지사가 경선에서 패하며 대표적
'비문' 인사로 분류된 박 의원을 두고 당 안팎에서 탈당설까지 돌았다. 하지만 자
신의 행보를 놓고 장고하던 그는 '통합'을 앞세운 문 대통령에게 과감히 배팅했다.
뒤늦게 합류했지만 비문 인사로서의 선명성을 무기로 적극적인 지원 활동을 펴면
서 스포트라이트를 받았다. 그가 위원장을 맡은 통합정부추진위원회는 문 대통령
의 직속기구로서 '통합정치'를 구현하는 데 힘을 보탰다는 평가다.

　박 의원은 MBC 경제부, 국제부, 문화부 기자로 잔뼈가 굵은 언론인 출신이다.
MBC를 나와 열린우리당 대변인으로 정치권에 입문한 뒤, 비례대표로 17대 국회
의원에 당선됐고 18대 총선에서는 서울 구로을에 출마해 20대까지 내리 당선됐
다. 정치권 입문은 MBC 선배인 정동영 국민의당 의원의 권유에서 비롯됐다. 초
선 의원이던 2007년 당시 이명박 한나라당 대선후보에게 맹공을 퍼부으며 'BBK
저격수'란 별명을 얻기도 했다. 과거 기자 시절 BBK와 관련된 e뱅크코리아 회장
으로 재임 중이던 이명박 후보를 인터뷰했던 인연 아닌 인연이 있었다.

　이후에도 박 의원은 인사청문회를 통해 이명박 정권의 주요 인사들을 집요하게
공격하며 당시 천성관 검찰총장 후보자, 김태호 국무총리 후보자, 신재민 문화체
육부 장관후보자 등을 잇달아 낙마시켰다. 당시 '박 남매'로 불리던 박지원·박영선

콤비는 이 대통령과 한나라당이 가장 두려워하는 야당 의원이었다.

박 의원은 '삼성 저격수'로도 유명하다. 2005년 초선 의원 시절에는 금산 분리를 담은 금융산업 구조개선법을 제출하며 삼성그룹과 각을 세웠다. 참여정부가 또 다른 금산법 개정안을 내자 "정부가 삼성의 대리인이냐"고 비판하기도 했다. 국정감사에서 삼성자동차의 분식회계 의혹도 제기했다. 2006년에는 이건희 회장이 국감 증인으로 출석하지 않자 당시 심상정 의원과 함께 검찰고발안을 국회 재정경제위원회에 제출했다.

3선 의원이 된 후에는 법제사법위원회 위원장(법사위원장)에 올라 큰 주목을 받았다. 비법조인 출신이 법사위원장에 오른 전례가 드문 데다 여성으로서는 최초였기 때문이다. 법사위원장을 하면서 박 의원의 '강성' 이미지는 더욱 뚜렷해졌다. 법안 통과를 두고 여당과 맞서는 경우가 많았기 때문이다. 2014년 새해 예산안 처리를 놓고 박 의원은 외국인투자촉진법이 재벌 특혜법이라며 쟁점법안 일괄 타협 합의에 반발했고 예산안 처리가 불발되기도 했다.

박 의원은 2014년 5월 새정치민주연합 원내대표로 당선돼 여성 최초 원내 교섭단체 대표라는 기록을 세웠다. '최순실 국정농단 청문회'에서도 발군의 기량을 뽐냈다. 김기춘 전 청와대 비서실장이 최순실을 모른다며 끝까지 잡아뗐으나 네티즌으로부터 제보받은 증거를 내밀며 조목조목 따져 김 전 비서실장이 결국 자신의 위증을 인정하기도 했다.

출 생 1960년 경남 창녕
학 력 수도여자고등학교, 경희대학교 지리학과, 서강대학교 언론대학원 석사
경 력 MBC 앵커·경제부장, 17~20대 국회의원, 민주통합당 최고위원, 국회 법제사법
        위원회 위원장, 더불어민주당 재벌개혁특별위원회, 더불어민주당 선대위 공동선거
        대책위원장

박 정 더불어민주당 의원

어학원 CEO에서 민주당 대표 중국통으로

영어 공부 좀 했다는 사람, 유학 준비 좀 해봤다는 사람치고 모르는 사람이 없는 '박정어학원'. 1994년 설립돼 20년 넘게 국내 대표 어학원으로 자리매김하고 있다. 박정어학원으로 익숙했던 박정 의원은 이제 더불어민주당 핵심 정치인으로 변신에 성공했다. 초선이지만 캠프의 핵심인 총괄본부 부본부장을 맡아 활약했다.

지지 의원들을 관리하는 역할도 수행했다. 원내부대표와 경선관리위원회 위원직도 내놓으며 캠프에 합류했다. 선대위에서도 총괄본부 부본부장으로 활약했다. 애초 '문재인의 사람'은 아니었지만 송영길 의원과 함께 경선 캠프에 영입된 케이스다. 박 의원은 문 대통령을 "더불어민주당에서 가장 준비된 후보라고 판단했다"며 인연을 소개했다.

남북 접경지 파주 지역 국회의원으로서 그동안 남북 문제와 통일 문제에서 전문성을 발휘해왔다. 2004년 열린우리당에서 정치를 시작했다. 당시 정동영 의장이 영입한 '젊은 피' 중 한 명이었다. 17대 국회의원 선거 때 고향인 파주에서 첫 도전에 나섰지만 고배를 마셨다. 2012년 총선에서 재도전에 나섰지만 또다시 낙선했다. 민주통합당 후보로 출마했지만 통합진보당과 야권연대로 8년간 지켜온 지역구 후보 자리를 내줬다.

하지만 이에 반발, 무소속으로 출마해 극적으로 범야권 단일후보가 되는 데 성공했다. 이번엔 무효표가 발목을 잡았다. 투표일을 이틀 남겨두고 단일화되는 바람에 투표용지에 통합진보당 후보의 이름이 고스란히 남아 있었던 것. 당시 1위와 표 차이는 4,980표. 무효표는 6,579표나 됐다. 2016년 3수 끝에 마침내 금배지를 거머쥐었다. 파주 '터줏대감'이자 여당 사무총장 출신 거물인 황진하 의원을 누르는 파란을 일으킨 것이다.

20대 국회 개원과 함께 박 의원은 또 한 번 스타가 됐다. 20대 국회 1호 법안의 주인공이 바로 그다. 박 의원과 보좌진들은 꼬박 밤을 새우는 정성을 쏟았다. '통일경제파주특별자치시 설치 특별법'은 20대 국회 개원날인 2016년 5월 30일 국회사무처에 첫 번째로 접수됐다.

영어학원계의 거물인 그는 중국 전문가이기도 하다. 중국 우한대학武漢大學에서 박사학위를 받고 오랜 기간 중국에서 사업하며 닦은 네트워크로 당내에서 대표적인 '중국통'으로 활약하고 있다. 여러 차례 당 국제위원장을 지내기도 했다.

200억 원대 재산을 보유한 성공한 CEO 출신이지만 그처럼 지독한 '흙수저'도 없다. 어려운 집안 형편 탓에 중학교는 야간학교를 다녔고 고등학교는 체육특기생으로 진학했다. 서울대학교 진학 이후 유학비 마련을 위해 영어강사를 하다가 아예 영어학원을 차린 것이 지금의 박정어학원이 됐다.

탁구를 빼놓고 박 의원을 얘기할 수 없다. 고등학교까지 탁구선수로 활약했던 박 의원은 서울대학교 재학 시절 탁구부 주장을 맡았다. 부인도 그곳에서 만났다. 20대 국회에서는 탁구 모임 회장을 맡고 있기도 하다. 부인 장주은 씨와의 사이에 2남을 두고 있다.

출 생　1962년 경기 파주
학 력　동인천고등학교, 서울대학교 농생물학과, 동 대학원 이학 석사, 중국 우한대학 박사
경 력　박정어학원 CEO, 민주당 국제위원장, 새정치민주연합 국제위원장, 더불어민주당 원외
　　　지역위원장 협의회장, 20대 국회의원, 더불어민주당 원내부대표

백원우 전 국회의원

노무현 키즈에서 문재인 키즈로

"사죄하시오. 어디서 분향을 해!"

2009년 5월 29일 노무현 전 대통령의 국장이 엄수된 경복궁 앞뜰. 당시 이명박 대통령이 헌화하려는 순간 한 사내가 고함을 치며 뛰어나갔다. 경호원들이 입을 틀어막고 끌어내면서 한바탕 소란이 벌어졌다. 국회의원 신분이었지만 이 사건으로 특수공무집행 방해 및 명예훼손 혐의로 검찰에 고발당하기도 했다. 이 대통령을 향해 울부짖었던 그 사내. 바로 '노무현 키즈' 백원우 전 의원이다.

2000년 9월 노 전 대통령은 대선 출마를 염두에 두고 여의도 금강빌딩에 사무실을 열었다. 백 전 의원은 염동연, 안희정, 이광재, 서갑원 등과 함께 '금강팀'의 원년 멤버였다. 노 전 대통령을 함께 보좌했던 이 멤버들의 끈끈한 인연을 보여주는 사례가 있다. 2003년 12월 정치자금법 위반으로 구속됐던 안희정 현 충남지사의 추징금 마련에 그들이 힘을 모은 것이다. 당시 생활비도 없던 안 지사를 위해 백 전 의원을 비롯해 서갑원, 이광재 전 의원 등이 십시일반 몇천만 원씩 모아 안 지사를 도운 것이다.

백 전 의원은 2002년 노무현 전 대통령 대선후보 시절에 정무비서를 맡아 대선 승리에 기여했다. 그 뒤 청와대에 들어가 민정수석실 행정관을 맡으며 지근거리에서 노 전 대통령을 보좌했다. 민정수석실 행정관으로 근무할 때 직속상관이 당시 문재인 민정수석비서관이었다. 민주당 대선후보 경선에서 백 전 의원은 노영민, 한병도 전 의원과 함께 조직을 책임졌다. 특히 문 대통령의 사조직과 지지모임 등을 진두지휘하며 경선 압승을 이끌었다.

백 전 의원은 고려대학교 재학 시절 전대협 연대사업국장을 하며 학생운동에 투신했다. 졸업하자마자 '빈민운동의 대부' 제정구 의원의 비서관으로 정치에 입문했다. 이후의 정치 행보는 노 전 대통령과 함께였다. 노 전 대통령이 국회의원 시절에는 비서관을, 해양수산부 장관 때는 정무보좌역을 담당했다. 노 전 대통령의 대선후보 시절에는 캠프에서 인터넷팀장과 정무비서로 활약했다.

2004년 노 전 대통령이 민주당을 탈당해 만든 열린우리당 간판으로 경기 시흥에서 국회의원에 당선됐다. 2008년 4월 총선에서 재선에 성공했지만 2012년, 2016년 총선에서는 연거푸 낙선했다.

출 생   1966년 서울
학 력   동국대학교 사대부속고등학교, 고려대학교 신문방송학과
경 력   제정구 국회의원 비서관, 노무현 국회의원 비서관, 노무현 해양수산부 장관 보좌역,
         청와대 민정수석실 행정관, 17·18대 국회의원

변양균 전 청와대 정책실장

참여정부 정책 수장에서 문재인 정책 조언자로

기획통이자 예산통으로 일찌감치 능력을 인정받은 정통 관료 출신이다. 참여정부에서 기획예산처 장관을 거쳐 청와대 정책실장까지 역임했다. '신정아 스캔들'이 터지면서 구속 수감되는 시련을 겪었다. 지금은 경제 정책 평론가이자 벤처기업을 발굴하는 스마일게이트인베스트먼트 회장을 맡고 있다. 뜻하지 않은 풍파가 있었지만 실물경제를 바라보는 지략을 더욱 날카롭게 닦아왔다는 뜻이다. 문재인 대통령의 정책 자문 그룹 '10년의힘위원회'에 몸담게 된 이유도 여기에 있다.

행정고시 14회에 합격한 이후 경제기획원에 들어가 당시 김재익 경제기획국장 밑에서 사무관으로 근무했다. 4, 5차 경제개발 5개년계획 수립 과정에 깊숙이 참여해 기획력을 인정받았다. 1991년부터 20여 년간은 주로 예산실에서 일하면서 예산과 관련된 주요 보직을 모두 밟았다. 관료로 일할 때는 판단이 빠르고 직원들에게 쓸데없는 일을 지시하지 않는 깔끔한 업무 스타일로 유명했다.

업무와 관련한 스타일을 알 수 있는 일화가 있다. 1980년대 초반 신군부 시절, 군부의 지지를 얻기 위해 전두환 당시 대통령이 직업군인의 퇴역 시 주택과 의료, 직장 등을 보장하는 내용의 법률을 만들어 국무회의까지 통과시켰다. 많은 사람들이 이 법이 보장한 혜택을 과도하다고 생각했지만 신군부에서 강력하게 밀어붙이는 상황이라 아무도 이의를 달지 못했다. 그러나 그가 나서 정연한 논리로 이 법률의 위헌 가능성을 들어 끝까지 반대했다. 당시 청와대 비서관도 이에 동의해 대통령에게 직접 보고해 관련 법안 제정을 유보시켰다.

예산실 교육체육예산과장 시절에는 당시 실세이던 박철언 체육부 장관이 전국의 모든 시군구에 청소년회관을 건립하고 관련 청소년 조직을 구성하도록 주문했다. 이에 대해 당시 최각규 부총리에게 이런 사업에 예산을 지원하려면 먼저 과장인 자신을 그만두게 하라고 강하게 반대해 무산시켰다.

한때 공직을 그만둘 위기도 있었다. 1979년 사무관 시절 YH 사건을 주도하고 반체제 활동을 하던 도시산업선교회를 제도권의 테두리로 포함시킬 방안을 찾아 보고 그들의 요구사항을 듣기 위해 인명진 목사를 직접 방문했다. 이 사건으로 중앙정보부의 조사까지 받았다. 그러나 순수함을 이해한 당시 경제부총리와 차관이 나서 변호한 덕에 가까스로 처벌을 면할 수 있었다.

미술과 문학에 대한 조예도 깊다. 대학 진학 때 본인은 미대에 지망했으나 집안의 반대로 포기했다. 대학 시절에는 《조선일보》 신춘문예에 입선한 경력도 있다. 2002년에는 주경야독 끝에 서강대학교 경제학 박사학위를 취득했다. 휴학과 퇴학, 복학을 거듭하면서 박사학위 과정을 시작한 지 11년 만이었다. 그가 얼마나 학업에 열정적인지 잘 보여주는 사례다.

출 생 1949년 경남 통영
학 력 부산고등학교, 고려대학교 경제학과, 미국 예일대학 경제학 석사, 서강대학교 경제학 박사
경 력 행정고시 14회, 민주당 정책위원회 수석전문위원, 기획예산처 차관, 기획예산처 장관, 청와대 정책실장, 스마일게이트인베스트먼트 회장

서갑원 　전 국회의원

안희정·이광재와 노무현 당선 이끈 3인방

　'금강팀'과 '부산팀'. 2002년 대선에서 노무현 전 대통령의 기적 같은 승리를 이끈 두 기둥이다. 부산팀 핵심이 문재인 대통령이라면 전국 선거를 지휘한 금강팀은 안희정 충남지사·이광재 전 강원지사·서갑원 전 국회의원 등 3인방 중심으로 운영됐다. 안 지사와 이 전 지사의 그늘에 가리기는 했지만 서 전 의원 역시 '원조 친노' 핵심 중 한 명이다. 서 전 의원은 금강팀과의 인연 때문인지 이번 대선 경선 과정에서 안 지사 지원 사격에 나섰다. 안 지사가 경선에서 패한 뒤에는 민주당 선대위 특보단장으로 합류해 문 대통령 당선에 힘을 보탰다.

　서 전 의원은 1992년 6월 노무현 당시 민주당 최고위원의 비서관으로 정치에 입문했다. 노 전 대통령을 보좌하면서 이광재 전 지사와 서울 종로에 '소꿉친구와 불알친구'라는 카페를 열기도 했다. 친분이 깊던 정치인들에게 외상술을 내준 탓에 결국 문을 닫았다고 한다.

　1999~2000년까지 보좌관을 지내는 등 노 전 대통령과의 인연을 이어갔다. 노 전 대통령이 1992년 총선에서 낙선하면서 많은 이들이 그의 곁을 떠날 때도 서 전 의원은 1993년 지방자치실무연구소에서 무급에 가까운 연구원을 맡으며 노 전 대통령을 보좌했다. 재정적인 어려움을 이기지 못해 황규선 당시 한나라당 의원 보좌관으로 일하며 잠시 '외도'하기도 했으나 곧바로 노 전 대통령 곁으로 돌아왔다.

어린 시절부터 머리가 좋고 붙임성이 좋아 주변에 사람이 많았다. 이런 친화력은 2002년 노 전 대통령이 민주당 대선 경선에서 기적의 '광주 드라마'를 쓸 때 빛을 발했다. 그가 어린 시절부터 공을 들여온 주변 사람들이 노 전 대통령 지지에 발 벗고 나섰기 때문이다. 참여정부 시절 비非외교관 출신으로는 처음으로 의전비서관을 맡아 노 전 대통령을 보좌했다.

서 전 의원은 2004년 총선에서 열린우리당 후보로 전남 순천에 출마해 당선됐다. 2008년 18대 총선에서 재선에 성공했지만 2011년 1월 박연차 전 태광실업 회장으로부터 불법 정치자금을 받은 혐의가 대법원에서 확정되며 의원직을 상실했다. 이명박 정부 말기에 사면돼 피선거권이 회복됐다. 이후 2014년 상반기 재보궐선거에서 3선 도전에 나서 당시 노관규 전 순천시장을 따돌리고 공천을 받았지만 이정현 의원에게 패했다. 2016년 총선에서는 공천을 받지 못했다.

출 생 1962년 전남 순천
학 력 순천 매산고등학교, 국민대학교 법학과, 동 대학원 석사
경 력 노무현 국회의원 비서관, 노무현 대통령 의전비서관, 17·18대 국회의원, 열린우리당
　　　　　원내수석부대표, 국민대학교 행정대학원 특임교수

설 훈 더불어민주당 의원

동교동계 막내로 4선 쌓은 친노 인사

  설훈 의원은 이번 대선 캠프에서 새로운교육정책위원장을 맡았다. 4선 의원으로 활동하는 동안 주로 교육문화 상임위에서 활약하며 교육 분야에서 전문성을 쌓았기 때문이다. 설 의원은 1985년 '동교동계 막내'로 정치에 첫발을 들여놓은 이래 민주당 수석부대변인 등을 거쳤다. 이후 1996년 서울 도봉을에서 15대 국회의원으로 당선됐고, 16대 국회에서는 교육위 간사를 맡았다.

  1997년 첫 수평적 정권 교체와 2002년 참여정부를 만드는 데 일조한 것으로 평가받았다. 2002년 16대 대선 당시 기자회견을 열어 이회창 당시 한나라당 후보가 로비스트인 최규선 씨로부터 20만 달러를 받았다고 폭로하기도 했으나 훗날 검찰 수사에서 거짓으로 밝혀지면서 10년간 피선거권이 제한되기도 했다. 2007년 사면 복권되면서 17대 대선 준비를 하던 손학규 캠프에 합류해 상황실장 역할을 맡기도 했다.

  설 의원은 15·16대 국회에서 교과위에서만 활동할 만큼 교육에 대한 관심이 높다. 2004년 노무현 전 대통령 탄핵에 반대해 삭발과 단식투쟁을 벌이고 17대 총선에 불출마했지만 19대 총선 때 경기 부천 원미을에서 당선돼 8년 만에 국회로 복귀했다. 당내 주류인 친노 진영과 가깝다는 평가를 받는다.

  설 의원은 고려대학교 사학과 재학 중 유신반대 시위, 긴급조치 9호 위반, 김대중 내란음모 사건 등으로 투옥되기도 했다. 김대중 내란음모 사건 등에 연루돼

5년여 동안 옥고를 치르고 재야 활동에 주력하다 1985년 당시 김대중 총재 비서로 정계에 입문했다. 투옥 혐의는 시간이 흘러 2003년에 모두 무혐의 처분을 받았다. 이 같은 이력으로 당내에서는 투쟁적인 성향의 인사로 평가받는다. 고 김근태 상임고문계인 민주평화국민연대(민평련) 소속으로 활동하기도 했다.

출 생 1953년 경남 창원

학 력 마산고등학교, 고려대학교 사학과

경 력 김대중 총재 비서 및 보좌관, 민족화해협력범국민협의회 공동의장, 아태평화재단 이사, 15·16·19·20대 국회의원

성경륭 한림대학교 교수

균형발전 이론가에서 포용국가 책사로

성경륭 한림대학교 사회학과 교수는 대선 캠프에서 포용국가위원회 위원장을 맡아 활동했다. 성 교수는 '포용국가'라는 개념을 앞세워 확장성에 한계를 지적받아온 문재인 대통령의 '아킬레스건'을 극복하는 데 일조했다. 일각에서는 포용국가를 참여정부처럼 문재인 정부의 트레이드마크가 될 가능성도 제기하고 있다. 성 교수는 "3기 민주정부는 총체적 난국을 극복하고 사람과 사회 우선의 혁신적 포용국가를 지향할 것"이라고 밝힌 바 있다. 문재인 정부의 핵심 패러다임을 '포용'으로 잡은 셈이다.

성 교수는 노무현 전 대통령이 2002년 대선에서 승리하는 데 결정적 기여를 한 '행정수도 이전' 공약의 이론적 틀을 제시한 장본인이다. 참여정부 초기부터 국가균형발전위원회 위원장으로서 공공기관 지방 이전, 수도권 규제 완화, 지역 특화 산업발전 전략 등 균형발전 정책을 주도해왔다. 또 참여정부 말기에는 청와대 정책실장으로 노 전 대통령을 지근거리에서 보좌했고 남북정상회담에도 동행했다.

당시 노 전 대통령이 성 교수를 발탁한 것은 임기 말 국정 주요 목표인 지방분권, 균형발전 등에 대한 정책을 일관되게 집행하겠다는 의지로 풀이됐다. 성 교수는 노 전 대통령 당선 직후 "노무현 정부 5년을 성공적으로 이끌어가기 위해 가치를 공유하는 개혁 엘리트 1만 명을 양성해야 한다"는 주장을 펼치기도 했다. 그는 문 대통령이 비서실장을 맡았을 때 노 전 대통령을 보좌하며 호흡을 맞췄다. 18대 대선에서도 문 대통령의 싱크탱크 '담쟁이포럼'에서 활동하며 공약을 마련했다.

성 교수는 김대중 정부에서도 대통령 자문정책기획위원회 위원으로 활동하면서 정부 정책에 깊숙이 관여했다. 저서로 《복지국가론》 등이 있으며 부인 김양숙 씨와의 사이에 1남 2녀를 두고 있다.

출 생　1954년 경남 진주

학 력　부산고등학교, 서울대학교 사회복지학과, 동 대학원 행정학 석사, 미국 스탠퍼드대학 사회학 박사

경 력　한림대학교 교수, 16대 대통령직인수위 기획조정분과위원, 노무현 정부 국가균형발전 위원장, 청와대 정책실장, 한림대학교 사회과학연구원장

손혜원 더불어민주당 의원

영부인 김정숙 여사와 40년 지기 동기동창

손혜원 의원은 2015년 6월 문재인 대통령이 당대표 시절에 영입된 대표적 친문 인사로 2016년 4·13 총선에서 서울 마포을에 출마해 당선됐다. 그는 당내에서 '셀프디스 캠페인'을 시작으로 여러 획기적인 쇄신 작업들을 진행했다. 문 대통령은 당시 손 의원을 영입하면서 "손 대표는 기업이나 상품 이미지 디자인, 네이밍에서 대한민국 최고 평가를 받고 있다. 우리 당의 쇄신과 브랜드 제고에 대해 전권을 가지고 해주실 것"이라고 밝힌 바 있다. 국회 상임위는 교육문화체육관광위원회 소속이었지만 2016년 말 진행된 '최순실 국정농단 게이트' 국정조사 특별위원회 청문회에서 국조특위위원으로 맹활약하기도 했다.

이후 대선 국면에서 당 홍보위원직을 사퇴하고 문 대통령 캠프의 홍보 부본부장직을 맡아 활약했다. 하지만 한 팟캐스트 방송에서 노무현 전 대통령의 자살을 두고 "계산한 것"이라고 말했다가 비난이 일자 문재인 캠프에서 사퇴한 바 있다. 영부인 김정숙 여사와 숙명여자중·고등학교 동기로 40년 지기다.

광고 전문가이기도 한 손 의원은 1981년 현대양행 기획실 디자이너로 사회에 첫발을 내디딘 후 브랜딩 디자이너로서 입지를 다져왔다. 손 의원은 기업이나 상품의 이미지를 구축하며 디자인과 브랜드 업계에서 히트 브랜드를 잇달아 성공시킨 인물로 평가된다. 업계에서는 히트 상품을 많이 발명해 별명이 '미다스의 손孫'이다.

당시 손 의원이 개발한 브랜드 네임으로는 '힐스테이트' 아파트, '처음처럼', '참이슬' 소주, '트롬' 세탁기, '엔제리너스' 커피 등 헤아릴 수 없이 많다. 로고를 디자인한 브랜드로는 '딤채' 위니아, '이니스프리', '깨끗한나라', '활명수' 등이 있다.

특히 김근태 전 의장 생전에 한반도재단 이사로 활동하며 오랫동안 김 전 의장을 도우면서 야당과 인연을 쌓기도 했다. 개인적으로 유은혜·도종환·진선미 의원과 가까운 것으로 알려져 있다. 존경하는 인물로는 고 신영복 교수를, 삶의 좌우명은 자신이 지은 소주 브랜드와 같은 '처음처럼'을 꼽았다.

출 생 1955년 서울
학 력 숙명여자고등학교, 홍익대학교 용용미술학과, 동 대학원 시각디자인학 석사
경 력 홍익대학교 산업미술대학원 교수, 서울디자인센터 이사, 크로스 포인트 대표이사, 한국
       나전칠기박물관 관장, 더불어민주당 홍보위원장, 20대 국회의원

송영길 더불어민주당 의원

대선 현장을 총지휘한 야전사령관

　송영길 의원은 경선 캠프와 대선 선대위에서 총괄선대본부장을 맡았다. 시시각각 사건이 벌어지는 선거 현장을 총괄하는 것은 물론 수뇌부의 결정이 전국 곳곳으로 확산될 수 있도록 총괄하는 야전사령관의 역할을 120% 수행했다. 송 의원은 민주화를위한변호사모임 소속으로 인권변호사로 활동하던 중 1999년 김대중 전 대통령에 의해 영입됐다. 인천 계양 보궐선거에 출마해 안상수 한나라당 인천시장 후보에게 패한 뒤 10개월 후 다시 16대 총선에 도전해 당선됐다. 이후 17·18대 국회에 연달아 입성에 성공했다.

　송 의원은 2010년 지방선거 당시 서울시장 선거 출마를 검토했지만 당의 권유로 제2의 고향인 인천시장에 출마했다. 당시 시장이던 안상수 한나라당 후보와 접전을 벌인 끝에 '젊은 리더십'을 무기로 당선의 기쁨을 누렸다. 그러나 2014년 지방선거에서 현 유정복 인천시장에게 패해 인천시장 재선에 실패하면서 정치 인생에 시련을 맞기도 했다. 이후 1년간 중국 유학길에 오르면서 훗날을 도모했다.

　20대 총선에서 당선돼 정계에 화려하게 복귀하며 4선 중진으로서 대권 잠룡으로 떠오르기도 했다. 송 의원은 투박한 외모와 뚝심 있는 성격 탓에 별명이 '황소'다. 초선 의원이던 2001년 정풍운동을 주도했고 2003년엔 개혁 세력의 일원으로 열린우리당 창당에 앞장섰다. 한·미 자유무역협정FTA 찬성과 대북 송금 특검 반대 등 당내 중론과는 다른 소신을 밝혀 한때 당 안팎에서 비판을 받기도 했다. 스스로가 옳다고 생각하는 바를 굽히지 않는 모습에 뚝심 있는 정치인이란 평가도 함께 받았다.

송 의원은 연세대학교 경영학과 입학 후 1984년 군사정권 아래서 연세대학교 초대 직선 총학생회장에 당선되면서 본격적으로 학생운동의 길을 걸었다. 이듬해 2월에는 집회 및 시위에 관한 법률(집시법) 위반으로 징역형을 선고받고 서대문구치소에서 옥살이를 하기도 했다.

이후 인천에서 대우차 르망공장 건설현장 배관용접공, 택시기사 등으로 7년여 동안 현장에서 노동운동을 했다. 1992년 서른 살의 나이에 사법고시에 도전해 2년 만인 1994년 합격했다. 이후 인천지검 검사시보로 있을 때 전두환 전 대통령이 기소됐다. 그때 그는 검사가 쓴 공소장을 보면서 "(학생운동으로) 구속됐던 나는 검사시보가 됐고 전두환은 법정에 섰다"며 "이게 바로 정치의 힘이라고 깨닫기도 했다"고 회고했다. 이후에는 민주사회를위한변호사모임(민변)과 참여연대 등을 오가면서 본격적인 인권변호사로 활동했다.

부인 남영신 씨와의 사이에 1남 1녀를 두고 있다. 존경하는 인물로는 독립운동가인 죽산 조봉암 선생을 꼽기도 했다.

출 생 1963년 전남 고흥
학 력 광주 대동고등학교, 연세대학교 경영학과
경 력 연세대학교 초대 직선 총학생회장, 사법고시 36회, 16~18대, 20대 국회의원, 열린우리당 사무총장, 민주당 수석최고위원, 인천시장

송인배   청와대 제1부속비서관

문 대통령 일정을 총괄하는 살림꾼

    문재인 대통령의 모든 일정을 총괄하는 제1부속실을 책임지게 된 송인배 비서관은 '부산 친노 그룹'의 핵심 멤버다. 1998년 종로 보궐선거에서 국회의원으로 당선된 노무현 전 대통령의 수행비서로 발탁되며 정계에 입문했다. 1995년부터 시작된 인연이었다. 부산대학교 총학생회장 출신이었던 그는 노 전 대통령이 부산시장에 출마했을 당시 선거운동에 참여한 바 있다. 2000년에 노무현 전 대통령이 해양수산부 장관을 역임할 때 사무관으로 보좌했고 참여정부에서는 대통령비서실 시민사회 행정관과 혁신추진팀 행정관, 시민사회수석실 사회조정2비서관을 지냈다.

    문재인 대통령과는 2002년 대선 당시 노무현 캠프의 '부산팀'에서 활동하면서 인연을 맺었다. 부산팀은 노 전 대통령이 부산에서 인권변호사와 지역구 국회의원을 지내는 동안 인연을 맺은 측근들로 안희정 충남지사, 이광재 전 의원 등이 속한 '금강팀'과 더불어 노무현 캠프 양대 축으로 꼽혔다. 당시 문 대통령이 좌장을 맡았고 송 비서관은 이호철 전 청와대 민정수석, 김경수·전재수·최인호 의원 등과 함께 활동했다. 참여정부 시절 내내 문 대통령과 고락을 함께했다. 캠프 안팎에서 문 대통령의 신임이 매우 두텁다고 정평이 나 있다. 이번 대선에서는 문 대통령의 일정을 총괄하는 팀장을 맡아 문 대통령의 모든 동선을 짰다. 사실상 부속실장의 역할을 한 것이다.

부산, 경남 지역에서 꾸준히 국회 입성을 도전해온 참여정부 출신 인사들과 마찬가지로 그 역시 출마와 낙선을 반복했다. 2004년 17대 총선 때 경남 양산 지역에서 열린우리당 소속으로 출사표를 던졌지만 1위 김양수 당선자와 불과 1,102표(1.29%) 차이로 낙선한 게 시작이었다. 2008년 18대 총선에서는 무소속으로 같은 선거구에 출마했지만 4위에 머물렀다. 2009년에 민주당으로 복당해 하반기 재보궐선거에 또 한 번 도전했으나 당시 한나라당 박희태 후보에게 4.08% 차이로 밀려 2위에 그쳤다.

2012년 19대 총선에서도 민주통합당 소속으로 나섰으나 새누리당 윤영석 후보에게 5,000여 표 차이로 밀렸다. 2016년 20대 총선에서는 더불어민주당 소속으로 분구된 양산갑 지역에 출마했지만 현역 윤영석 후보에게 또 석패를 당했다. 양산에 거처를 두고 있는 문 대통령이 연이어 안타까운 고배를 마시는 그에게 미안한 마음을 가지고 있다고 한다.

출 생 1968년 부산
학 력 사직고등학교, 부산대학교 독어독문학과
경 력 노무현 국회의원 비서관, 노무현 해양수산부 장관실 사무관, 대통령비서실 시민사회수석실 행정관, 대통령비서실 혁신추진팀 행정관, 대통령비서실 시민사회수석실 사회조정2비서관, 민주통합당 양산시 지역위원장

신경민 　더불어민주당 의원

TV 토론으로 대세론 굳힌 주역

　19대 대선 과정에서 수차례 진행된 TV 토론회의 승자는 매번 뒤바뀌었다. 지지율 1위를 달리던 문재인 대통령은 모든 후보들의 공격을 받아내며 수성守城해야 되는 상황이었다. 말 한마디가 표와 직결되는 TV 토론회에서 문 대통령은 '준비된 대통령'이란 콘셉트로 시종일관 여유를 잃지 않았다. 몇 차례 설화를 입기도 했지만 캠프는 총력 방어에 성공했다. TV 토론을 통해 '문재인 대세론'을 공고히 하는 데 기여한 일등공신이 바로 미디어본부장을 맡은 신경민 의원이다.

　신 의원은 2012년 1월 민주통합당 대변인으로 정치에 입문했다. 이후 같은 해 4·11 총선 때 서울 영등포을 지역구에서 '야권 단일 후보'로 나서 3선의 친박 실세인 새누리당 권영세 전 사무총장을 누르고 당선돼 파란을 일으키기도 했다. 국회 입성 후 같은 해 5월 전당대회에서도 최고위원 7명 가운데 '득표율 1위'로 당선되며 대중적 인기를 다시 한 번 확인했다. 정치에 입문한 지 얼마 되지 않은 초선 의원으로선 이례적인 결과였다.

　신 의원은 국회에 입성하자마자 친정인 'MBC 정상화'에 매진하며 '김재철 방지법'을 만들겠다고 밝혀 화제가 되기도 했다. 2012년 대선 당시에는 민주당 국정원대선개입진상조사특위 위원장으로 '국정원 댓글 사건'을 집중 추궁한 신 의원은 19대 후반기 국회 때 정보위 야당 간사로서 역할을 했다. 당내 범주류 진영으로 분류되는 신 의원은 새정치민주연합으로 통합된 이후에도 김한길·안철수 공동대표를 도와 최고위원으로서 당을 이끌었다. 그러다 2014년 7·30 재보궐선거 참패에 따른 책임을 지고 지도부에서 전격 사퇴했다. 20대 총선에서 신경민 후보는 권영세 후보와 다시 맞붙었다. 도약의 기회를 잡은 권 후보와의 피 말리는 접전 끝에 신 후보가 재선에 성공하면서 입지를 굳혔다. 상대적으로 계파 색은 옅다는 평가를 받고 있다.

신 의원은 1981년 MBC 보도국 기자로 입사해 MBC 내에서 워싱턴 특파원, 국제부장, 보도국장 등을 두루 거친 후 2008년 3월부터 〈뉴스데스크〉 앵커로 활동했다. 당시 천안함 침몰, 미네르바 논란, 제2롯데월드 건축 허가 등 주요 사건에 비판적인 시각을 담은 뉴스 클로징 멘트로 화제가 됐다. 〈뉴스데스크〉 앵커를 맡은 지 1년여 만에 경질되면서 외압설이 불거지기도 했다.

신 의원은 〈뉴스데스크〉 강제 하차 논란 등으로 내부 갈등에 시달리다 2011년 9월 MBC 보도본부 게시판에 "이것으로 나의 MBC를 클로징합니다"라는 유명한 고별 인사를 남기고 회사를 떠났다. 그는 당시 클로징 멘트를 정리해 《신경민, 클로징을 말하다》라는 책을 출간하기도 했다.

출 생 1953년 전북 전주
학 력 전주고등학교, 서울대학교 사회학과
경 력 MBC 워싱턴 특파원, 〈뉴스데스크〉 앵커, 이화여자대학교 언론정보학과 겸임교수, 민주
　　　　통합당 대변인, 19·20대 국회의원, 통합민주당 최고위원, 새정치민주연합 최고위원

신동호 한양대학교 겸임교수

문재인의 말을 글로 쓰는 시인

'문재인의 필사'로 불리는 신동호 교수는 시인이다. 1965년 강원도 화천에서 태어나 춘천에서 자랐고, 강원고등학교 3학년이던 1984년 《강원일보》 신춘문예에 시 〈오래된 이야기〉로 등단했다. 서른에 《겨울 경춘선》과 《저물 무렵》 2권의 시집을 냈고, 최근엔 《장촌냉면집 아저씨는 어디 갔을까?》를 펴냈다. 이 밖에 다양한 산문집·수필집을 출간하면서 꾸준히 작품 활동을 해오고 있다.

신 교수는 '통일운동가'이기도 하다. 그는 한양대학교 국문학과에 입학한 후 대학 시절 내내 학생운동을 하며 거리에서 지냈다. 전국대학생대표자협의회(전대협) 초대 문화국장 출신으로 1990년대 초까지 세 번의 옥살이를 했다. 1998년 뒤늦게 대학원에 진학했고, 남한 내 북한 출판물 현황 연구 용역을 하다 대북문화교류 사업에 눈뜨게 됐다.

신 교수는 남한 내에서 불법 유통되고 있는 북한 출판물들을 조사해 2000년 중국 베이징에 있는 북한 대사관을 찾아갔다. 이후 북한의 책이 남한에서도 출간될 수 있도록 저작권 협상을 대행하고, 북쪽 소설을 원작으로 삼은 영화를 남쪽에서 만드는 일에도 관여했다. 이런 활동으로 벽초 홍명희의 소설 《임꺽정》에 대한 20년간 저작권료가 북측에 지불되고 북한과 정식 저작권 계약을 맺은 소설이 국내에 속속 소개됐다. 홍명희의 손자가 쓴 북한 소설 《황진이》가 남한에서 송혜교·유지태 주연의 동명 영화로 만들어지는 데도 역할을 했다. 2004년 설립된 남북경제문화협력재단 위원장에 올라 남북문화교류 사업을 지속해왔다.

2010년 당시 송영길 인천시장의 남북교류특별보좌관으로 근무하다 2012년 대선 때 문재인 당시 민주통합당 대선후보 캠프에 합류해 문 대통령과의 인연이 시작됐다. 문 대통령의 최측근 인사인 양정철 전 청와대 홍보비서관이 그를 영입한 것으로 알려졌다. 하지만 대선에서 패배하자 다시 인천시로 돌아와 남북 교류 사업을 지속했다.

이후 2015년 문 대통령이 민주당 당대표에 취임한 이후 당대표실 부실장을 맡으면서 문 대통령의 메시지 총괄 역할을 본격적으로 해왔다. 신 교수는 "거의 매일 그만두고 싶을 정도로 업무 강도가 셌다. 당시 문 대표가 매일 밤늦게까지 메시지를 새로 고쳐서 초안 작성자로서 스트레스가 이만저만이 아니었다"고 회고했다.

신 교수는 이번 대선전이 시작되면서부터 문 대통령과 연설 코드가 제대로 들어맞기 시작했다. 연설 때마다 문 대통령이 즐겨 사용했던 '누구입니까' '그렇지 않습니까' '그렇게 해주시겠습니까' 등 문답·청유형은 문 후보 특유의 말투를 잘 살려낸 신 교수의 작품으로 평가된다. 칭찬을 자주 하지 않는 문 대통령이 2017년 3월 더불어민주당 광주 경선 후 신 교수에게 "메시지팀 덕분에 제가 아주 편합니다"라고 격려 전화를 해 캠프 내에서도 회자됐다고 한다.

그는 문 대통령의 최측근이지만 과시적인 태도를 싫어하고 소탈하다는 평가를 받고 있다. 사람들과 쉽게 어울리고, 냉면에 소주 한잔하는 것을 즐긴다. 대북문화사업을 하면서 평양의 유명 냉면집은 다 들러볼 정도로 평양냉면 마니아이기도 하다.

출 생　1965년 강원 화천
학 력　강원고등학교, 한양대학교 국문과
경 력　한양대학교 겸임교수, 남북경제문화협력재단 위원장, 인천시 남북교류특별보좌관,
　　　문재인 민주당 당대표실 부실장

안규백 더불어민주당 의원

평민당 당료 출신의 조직 전문가

문재인 대통령의 선거대책위원회에서 총무본부장을 맡아 안살림을 살뜰히 챙겼다. 문 대통령의 19대 대선후보자 등록도 그가 대리로 했다. 선대위가 선거비용 마련을 위해 출시한 '국민주 문재인' 펀드의 판매도 맡아 애초 기획한 모금액 100억 원의 세 배가 넘는 329억 원을 달성했다.

안 의원은 성균관대학교를 졸업하고 평화민주당(평민당) 당료 1기 공채에 합격하면서 정치에 입문했다. 김대중 전 대통령이 만든 평민당에 뿌리를 박고 밑바닥부터 천천히 계단을 밟아 올라온 우직한 정치인이다. 《평민신문》, 《신민당보》 기자를 지내다가 신민주연합당, 민주당, 새정치국민회의, 새천년민주당 등에서도 당료로 근무했다. 조직관리국장, 지방자치국장 등 주로 조직 분야가 전공이었다. 2003년 열린우리당과 새천년민주당의 분당 때는 열린우리당으로 가지 않고 새천년민주당에 남았다. 한때 고건 전 총리가 대선 출마를 검토할 때 참모로 활동하기도 했다. 당료로서 마지막 직책은 민주당 조직위원장이었다.

2008년 18대 총선에서 통합민주당 비례대표로 국회의원 배지를 처음 달았다. 비례대표 14번에 배정됐는데 그가 주로 활동했던 구 민주당 계열에 대한 배려 차원에서 공천이 됐다는 후문이다. 당선 후 동료 의원들이 기피하던 국회 국방위원회에 배정돼 맹활약하며 이름을 알렸다.

2012년 19대 총선에서 안 의원은 지역구 출마지로 경기 군포를 선택했다. 3선인 김부겸 의원이 대구 출마를 선언하면서 비게 된 지역을 선택한 것이다. 그러나 공천 경쟁이 격화되면서 이학영 의원이 이 지역에 전략 공천됐고, 자신은 서울 동대문갑에 전략 공천됐다. 우여곡절이 있었으나 뚝심으로 재선에 성공했다.

재선 시절에도 국방위원회 위원으로 활동했다. 2015년 국정감사에서 공군 KFX 개발 사업의 난맥상을 제기해 공론화한 주인공이 바로 안 의원이다. 순수 민간인 출신으로 국회 내에서 보기 드문 '국방통'이라는 평가를 받는다. 또 2015년 새정치민주연합 원내수석부대표를 맡아 호남 지역이 열망했던 국립아시아문화전당 건립을 위한 근거법인 '아시아문화중심도시특별법'의 국회 본회의 통과를 성사시켰다. 2016년 20대 총선에서 더불어민주당으로 같은 지역에 출마해 3선 반열에 올랐다.

같은 해 8월에 더불어민주당이 추미애 대표 체제로 전환되자 안 의원은 사무총장에 임명됐다. 이어 경선을 통해 문 대통령이 더불어민주당 대선 후보가 되자 캠프 총무본부장의 역할을 맡게 됐다. 20대 국회에서 한·베네수엘라 국회의원 친선협회 회장, 한·중 국회의원 외교협의회 부회장, 한·노르웨이 국회의원 친선협회 이사 등을 맡고 있다.

출 생 1961년 전북 고창
학 력 광주 서석고등학교, 성균관대학교 철학과, 성균관대학교 무역대학원 석사
경 력 동국대학교 행정대학원 객원교수, 18~20대 국회의원, 새정치민주연합 원내수석부대표, 새정치민주연합 전략홍보본부장, 더불어민주당 사무총장, 더불어민주당 선대위 총무본부장

안민석 　더불어민주당 의원

정유라 의혹을 파고든 청문회 스타

　안민석 의원은 2017년 대선에서 선거대책위원회 직능본부장을 맡아 맹활약했다. 최순실 게이트 초반부터 정유라 관련 의혹을 집중 제기하고 청문회 위원으로 활약하면서 일각에선 '야권으로 기울어진 운동장의 설계자'라는 별칭까지 얻었다. 안 의원은 박근혜 – 최순실 국정농단의 실마리를 2014년 4월 국회 대정부 질문에서 일찌감치 폭로했다. 당시 안 의원은 최순실의 딸인 정유라를 위한 승마협회의 특혜 의혹을 제기했다. 당내에서도 그의 폭탄 발언에 대해 반신반의하는 분위기였으며 대수롭지 않게 여기는 사람이 대부분이었다. 그러나 그 폭로의 끝은 헌정 사상 최초의 대통령 탄핵과 진보 진영이 이룬 10년 만의 정권 교체였다.

　안 의원은 평소 "친문도 비문도 아니고 무계파"라고 밝혀왔으나 대체적으로 친문으로 분류하는 시각이 많다. 그는 노무현 전 대통령의 탄핵 사태 이후 원내에 입성했다. 17대 국회의원 선거에서 열린우리당 후보로 경기도 오산에 출마해 한나라당 이기하 후보를 꺾고 당선됐다. 당시 열린우리당은 153명의 국회의원을 당선시키면서 원내 1당이 됐는데 이때 정봉주, 정청래 등 수많은 정치 신인들이 신데렐라처럼 나타났다. 안 의원도 그중 한 명이다. 이후 열린우리당에서 체육특별위원회 위원장, 제2사무부총장 등을 역임했다. 18대 국회에서는 교육 전문가로서 국회 교육과학기술위원회 간사, 민주당 교육특별위원회 위원장 등을 맡았다.

　안 의원은 화려한 입담과 도발적 행보로 도마 위에 자주 오르기도 했다. 최순실 게이트와 관련해 세월호 참사 당시 '박근혜 전 대통령의 7시간 행적' 의혹을 풀기 위해 직접 미국 텍사스 샌안토니오 미군 기지로 들어가 화제가 됐다. 독일도 수차례 오가며 직접 '취재'에 나서기도 했다. 박근혜–최순실 국정농단 국정조사에서는 청와대 간호장교 조 모 대위의 존재를 밝히고 관련 증인들을 집중 추궁하는 등 존재감을 드러냈다.

2017년 대선에서는 문 대통령과 양강 구도를 형성했던 안철수 국민의당 후보를 향해 "안 후보는 혼밥족", "안 후보는 문재인만 보고 정치한다"는 등 촌철살인의 멘트를 날리며 면박을 줬다. 교육계 출신으로 문화·체육계의 인맥이 방대한 그는 해외문화재 찾기에도 심혈을 기울이고 있다. 혜문 스님과 김준혁 한신대학교 교수 등과 함께 2013년 미국 로스앤젤레스 카운티 미술관LACMA에 있던 문정왕후 어보의 환수 약속을 받아낸 것은 대표적인 쾌거라 할 수 있다.

서울대학교 체육교육학과를 졸업한 뒤 미국 유학길에 올라 교육학 박사를 땄다. 귀국 후 중앙대학교 교수로 일하다가 정치에 입문해 경기 오산에서만 내리 4선을 했다.

출 생 1966년 경남 의령

학 력 수성고등학교, 서울대학교 체육교육학과, 미국 노던콜로라도주립대학(University of Northern Colorado) 교육학 박사

경 력 중앙대학교 사회체육학부 교수, 열린우리당 체육특별위원회 위원장, 17~20대 국회 의원, 더불어민주당 최순실 게이트 국민조사위원회 공동위원장

양정철 전 청와대 홍보기획비서관

노무현의 핵심에서 문재인의 복심으로

양정철 전 청와대 홍보기획비서관은 문재인 정부에서 요직에 기용될 것으로 예상되었지만 새 정부 출범과 함께 해외로 떠나 화제가 되었다. 그는 문재인 대통령의 '복심'으로 통한다. 문 대통령의 자서전《문재인의 운명》집필을 도왔고 18대 대선 당시에는 메시지팀장을 맡았다. 양 전 비서관은 20대 총선 직후인 2016년 여름, 문재인 대통령이 히말라야 트레킹을 위해 네팔로 떠났을 때도 동행했다.

19대 대선에서는 선거대책위원회 비서실 부실장을 맡아 지근거리에서 보좌하며 당선을 이끌어냈다. 문 대통령과 오랫동안 가장 가까이에 있어 '비선 실세'라는 구설수에 오르기도 했지만 흔들리지 않고 문 대통령을 따르는 외길을 걸었다. 양 전 비서관은 "나는 비선이었던 적이 단 한 번도 없는데 누군가가 그런 프레임을 계속 덧씌우고 있다"며 답답해하기도 했다.

양 전 비서관은 한국외국어대학교 재학 시절 반미자주화 반파쇼 민주화투쟁위원회(자민투) 위원장을 맡았다가 국가보안법 위반으로 구속되기도 했다. 1988년부터 《언론노보》(현 미디어오늘)에서 7년간 기자로 일했다. 김대중 정부 시절 청와대에 들어가려다 '자민투 경력'이 문제가 돼 무산되기도 했다. 이후 나산실업, 한보, 신원 등의 기업에서 홍보 업무를 담당했다. 위성방송 스카이라이프에서 임원으로 재직하던 2001년 내부 정보를 유출했다는 이유로 해고됐다가 부당해고 소송을 통해 밀린 임금을 배상받았다.

그는 2002년 노무현 전 대통령후보 언론보좌역을 시작으로 정치권과 인연을 맺었다. 이어 대통령직인수위원회 공보비서를 지냈고 참여정부 청와대 국내언론 선임행정관, 국내언론비서관을 거쳤다. 홍보수석실 선임비서관인 홍보기획비서관만 3년 반을 맡아 참여정부 언론 정책을 담당했는데 이 때문에 '영원한 친노'라는 별명을 갖고 있기도 하다. 당시 '취재지원시스템 선진화 사업'(기자실 통폐합)을 주도하며 강성 이미지를 남기기도 했다.

2002년 노무현 대선 캠프에서 일할 때 부산 선대위를 이끌던 문재인 대통령을 처음 알게 됐다. 참여정부에서 문재인 대통령과 같은 시기에 청와대에서 일했지만 당시는 비서실장과 비서관이라는 공식적인 관계를 벗어나지 않았다. 하지만 노 전 대통령이 퇴임 이후에 봉하마을로 내려갔고 양 전 비서관도 함께하면서 문 대통령과 만날 기회가 많았다. 특히 노 전 대통령이 서거한 뒤에 양 전 비서관은 노무현재단 설립준비위원회 사무국장으로서 재단 설립 작업을 진두지휘했다.

이후 노무현재단 초대 사무처장을 맡았고 문 대통령을 재단이사장으로 보좌했다. 2011년쯤 "정권 교체를 위한 대선후보로 나서달라"고 문재인 대통령을 끝까지 설득했던 참모 중 한 명이다. 그는 19대 총선 때 서울 중랑을 지역에 출마를 선언하고 예비후보로 나섰지만 공천을 받는 데 실패했다. 이후 우석대학교 문예창작학과 초빙교수, 제주대학교 산업협력단 교수로 일했다.

출 생 1964년 서울
학 력 우신고등학교, 한국외국어대학교 법학과
경 력 《언론노보》 기자, 스카이라이프 비서실장, 노무현 대통령후보 언론보좌역, 청와대 홍보기획비서관, 노무현재단 사무처장, 우석대학교 문예창작학과 초빙교수, 제주 대학교 산학협력단 교수

염한웅 포스텍 교수

4차 산업혁명 과학기술 공약을 만든 물리학자

염한웅 포항공과대학교(포스텍) 교수는 새로운대한민국위원회 과학기술 자문역으로 2017년 3월 문재인 경선 캠프에 합류했다. 새로운대한민국위원회는 김광두 서강대학교 교수가 위원장직을 맡고, 김상조 한성대학교 교수와 김호기 연세대학교 교수가 부위원장으로 이름을 올린 정책 조직이다.

염 교수는 새로운대한민국위원회에서 과학기술 분야에 대한 핵심 아이디어를 제공했다. 영입 당시 문 대통령이 직접 "기초과학 분야를 단기성과 평가 중심에서 장기적 투자 관점으로 바꾸고 관료 중심에서 연구자 중심 투자로 전환하겠다는 의지를 담은 영입"이라며 "과학기술의 기초체력을 확고히 하는 정책 방향 수립에 적극 활용하겠다"고 밝혔다.

염 교수 역시 "현장에서 뛰는 연구자들의 목소리를 충분히 전달하기 위해 합류했다"며 "실험실 안의 과학기술인의 목소리가 정치와 행정으로 제대로 전달되기 위해 장기적으로 연구자 주도의 과학기술 지원이 이뤄져야 한다"고 강조했다. 이어 그는 "한국의 과학기술이 새로운 길로 갈 수 있도록 도움이 되고 싶다. 과학은 더 이상 특정한 경제구조의 하위개념이 아니라는 뜻을 전달하고 그런 편견을 버릴 수 있도록 노력하겠다"고 밝혔다. 특히 염 교수는 "과학기술 관련 행정기관이 '차기 정부와 후손을 위해 일한다'고 적힌 현판을 꼭 달고 싶다"고 덧붙이기도 했다.

염 교수는 서울대학교 물리학과를 졸업한 뒤 포항공과대학교와 일본 도호쿠대학에서 각각 석사와 박사학위를 마쳤다. 그는 응집물질물리와 나노물리학을 연구한 물리과학자다. 최근 인공지능AI 분야에서 활용되는 신개념 소자 '4진법 소자'를 발견한 물리학자로 이름을 알렸다. 전자를 원하는 방향으로 이동시켜 전류를 흐르게 하는 원자선을 발견해 초소형 전자기기의 개발 가능성을 열기도 했다. 2014년 제2기 국가과학기술자문회의 과학기술기반분과 자문위원을 지냈으며 현재 기초과학연구원 원자제어저차원 전자계연구단장을 겸하고 있다.

2000년 일본방사광과학회 젊은과학자상 수상을 시작으로 2006년 이달의 과학기술자상(과학기술부), 2007년 학술상(한국물리학회), 2012년 한국의 선도과학자상(한국과학기술한림원), 2013년 나노코리아 연구혁신상(미래창조과학부), 2015년 제15회 한국과학상(대통령), 2016년 인촌상 등을 받으며 전문성을 인정받았다. 2010년엔 미국물리학회 최우수논문 심사위원으로 선정된 바 있다. 1999년 이후 물리학 저널《피지컬 리뷰 레터스Physical Review Letters》에 28편의 논문을 올리는 등 150여 편의 국제 저널 논문을 발표했다.

출 생   1966년 서울
학 력   서라벌고등학교, 서울대학교 물리학과, 포항공과대학교 물리학 석사, 일본 도호쿠대학
        물리학 박사
경 력   연세대학교 자연과학부 물리학과 교수, 기초과학연구원 원자제어저차원 전자계연구
        단장, 포항공과대학교 물리학과 교수

예종석 　전 아름다운재단 이사장

대선 홍보전 진두지휘한 마케팅 달인

　예종석 전 아름다운재단 이사장은 2017년 2월 문재인 캠프에 홍보·마케팅 사령탑으로 전격 합류했다. 문재인 대통령이 대선 불출마를 선언한 박원순 서울시장의 세력을 끌어안으면서 영입한 상징적인 인물 중 한 명으로 꼽힌다.

　예 전 이사장은 2000년 박 시장이 설립한 비영리 공익재단 '아름다운재단'에서 정책자문단장을 맡으며 설립 초기부터 박 시장과 깊은 인연을 맺었다. 박 시장이 2011년 서울시장에 출마해 재단과 관련된 공식 직함을 모두 내려놓자 그가 이사장직을 이어받았다. 예 전 이사장의 합류에는 문 대통령이 직접 정치권에 영입한 홍보 전문가인 손혜원 민주당 의원의 역할도 컸다. 손 의원은 당초 문재인 캠프의 홍보본부장으로 가장 유력시됐다. 그러나 직접 예 전 이사장을 설득해 캠프 합류를 성사시킨 것으로 알려졌다.

　손 의원은 예 전 이사장과 마케팅 업계에서 오랜 교분을 나눠왔으며 예 전 이사장이 아름다운재단 이사장 재임 시절에는 재단이사를 맡기도 했다. 문 대통령도 예 전 이사장의 합류에 대해 "자연스러운 일"이라며 "나는 박 시장과 많은 전문가들을 공유해왔다. 내 선거를 도왔던 사람들이 박 시장의 선거를 도왔고, 박 시장의 시정에 참여해 도움을 주고 있기도 하다"고 말했다.

　1953년 부산에서 태어난 예 전 이사장은 어릴 때부터 굴곡진 한국 정치사를 직접 경험해왔다. 그의 부친은 목촌牧邨 예춘호 씨로 박정희 전 대통령의 장기집권에 대립각을 세운 대표적인 정치인이었다. 부친은 6, 7대 국회의원 선거에서 민주공화당 후보로 부산 영도구에 출마해 당선됐으며 3선 개헌을 적극 반대했다. 1980년 '서울의 봄' 당시에는 신군부에 의해 김대중 내란음모 조작 사건의 주모자로 지목돼 옥고를 치렀다. 이후 1984년부터 재야인사를 대표해 민주화추진협의회 부의장을 맡아 민주화운동에 힘썼다.

예 전 이사장은 부친이 군사정권에 의해 핍박받을 때 대학 진학을 포기하고 해병대에 자원입대했다. 군복무 후에는 미국으로 건너가 1980년 미국 캘리포니아주립대학에서 경제학 학사, 인디애나대학 대학원에서 경영학 석·박사학위를 받았다. 귀국 후에는 한양대학교 경영학과 교수로 재직해왔다.

출 생 1953년 부산
학 력 캘리포니아주립대학 풀러턴캠퍼스 경제학과, 인디애나대학 경영학 석·박사
경 력 한국경영연구원 연구위원, 한국마케팅연구원 연구위원, 한양대학교 경영대학장, 아름다운재단 이사장, 더불어민주당 선대위 홍보본부장

오갑수 글로벌금융학회장

금융 개혁 공약을 만든 글로벌 금융 전문가

오갑수 글로벌금융학회장은 2017년 4월 선거대책위원회 금융경제위원회 위원장으로 합류했다. 금융경제위원회는 문재인 대통령의 경제 정책 방향인 사람 중심 경제에서 "금융 분야가 상대적으로 사각지대"라는 평가가 나오면서 구체적인 금융 정책을 마련하기 위해 새롭게 꾸린 조직이다. 오 회장은 선대위에 합류하면서 "금융 분야가 규제로 인해 실물경제에 비해 너무 뒤떨어져 있다. 이런 환경을 고쳐 금융도 크게 발전할 수 있는 기회를 열어주고 하나의 성장 축으로 고용 창출에 이바지할 수 있어야 한다"고 밝혔다. 특히 금융을 통한 '동반성장' 이념을 강조했다.

오 회장은 금융감독원 재직 시절 대우그룹 붕괴와 신용카드 대출 부실 사태를 맞아 구조 개혁에 드라이브를 걸어 국내 금융의 체질 개선에 기여했다는 평가를 받는다. 특히 대우그룹 해외채무에 대한 손해배상 요구에도 오히려 한국 최초로 원금까지 탕감받는 등 협상 성과를 거둔 바 있다. 영국 금융감독위원회와 고위급 회담을 정례화하는 데 일조했고 2002년 세계통합감독기관장 연차총회와 2003년 증권감독기관장 연차총회를 한국이 유치하는 데 기여하며 의장직을 맡기도 했다. 트럼프 정부의 윌버 로스Wilbur Ross 상무장관을 비롯해 도널드 콘Donald Kohn 전 미연방준비제도이사회 부의장 등 미국 경제계 거물들과 친분을 맺으며 교류한 것으로 알려졌다.

오 회장이 금융감독원에 영입된 것은 IMF 외환 위기 때다. 증권담당 부원장으로서 국제기구와 가교 역할을 맡아 금융과 기업구조 조정 등에 긴밀히 관여했다. 세계은행의 지원 하에 조지프 스티글리츠, 로런스 클라인 교수 등 노벨경제학상 수상자와 미국, 영국, 캐나다, 독일의 경제 정책 고위직 및 감독원장 등으로 국제 자문 기구를 구성해 한국의 새로운 경제 발전 방향을 제시하는 논의를 이끌기도 했다. 당시 미키 캔터Mickey Kantor 미국 무역대표를 비롯해 GM과 포드의 최고경영진, 글로벌 금융기관장 등과 수차례 협상을 벌여 성공적인 결과를 이끌어낸 협상 전문가이기도 하다. 이후 SC제일은행 부회장 등을 거쳐 한국 금융의 글로벌화를 위해 구성된 글로벌금융학회 회장을 맡아 학회를 이끌고 있다.

충남 논산에서 태어난 오 회장은 서울대학교 경영학과를 졸업하고 미국 펜실베이니아대학 와튼스쿨Wharton School에서 경영학 박사학위를 받은 글로벌 금융 전문가다. 이후 미국 오클라호마주립대학 경영대학 교수, 드렉셀대학Drexel University 경영대학 교수를 역임했다.

출 생 1948년 충남 논산
학 력 대전고등학교, 서울대학교 경영학과, 동 대학원 경영학 석사, 미국 펜실베이니아 대학 와튼스쿨 경영학 박사
경 력 미국 오클라호마주립대학 경영대학 교수, 드렉셀대학 경영대학 교수, 금융감독원 증권 담당 부원장, SC제일은행 부회장, 글로벌금융학회장

오거돈 　전 해양수산부 장관

PK 민심 끌어모은 부산의 거물

　대선을 두 달 앞둔 2017년 3월 15일, 당시 오거돈 동명대학교 총장이 문재인 지지를 선언하며 더불어민주당 선대위에 합류했다. 참여정부 인사로 분류되는 오거돈 전 해양수산부 장관은 문 대통령과 같은 경남고등학교 동문회 '덕경회' 멤버다. 하지만 2014년 지방선거에서는 무소속으로 출마했고 2016년 20대 총선에서는 더불어민주당에 합류하지 않고 출마를 포기해 더불어민주당 일각으로부터 비판을 받기도 했다. 그러나 문 대통령은 원조 '부산맨'인 그를 다시 호출했다.

　문 대통령은 이번 대선에서 PK(부산·경남) 민심 잡기에 전력을 쏟았다. 5년 전 대선 때 고향에서 잃은 111만여 표가 승패를 가르는 아픈 결정타였기 때문이다. 오전 장관의 영입도 그런 차원에서 이뤄졌다. 오 전 장관은 캠프에 합류하면서 "지방 분권과 국토 균형 발전, 해양 발전 등 그동안 꿔왔던 꿈을 문재인과 함께 이룰 수 있다고 판단했다. 그가 대통령이 되면 부산의 엄청난 잠재력을 함께 살려나가야겠다는 생각에 돕기로 했다"고 밝혔다.

　부산 출신 오 전 장관은 문 대통령의 경남고등학교 선배로 서울대학교 철학과를 거쳐 동아대학교에서 행정학 박사학위를 받았다. 행정고시 14회로 공직 생활 대부분을 부산시에서 보냈다. 부산시 행정사무관으로 시작해 정무, 행정부시장까지 역임했다. 2004년 뇌물 수수 혐의로 검찰 수사를 받던 안상영 전 부산시장의 자살 이후 잠시 시장권한대행을 맡았다. 열린우리당 소속으로 두 번 부산시장직에 도전했지만 낙선했다. 이후 참여정부에서 해양수산부 장관을 역임했다. 2014년에는 무소속으로 부산시장에 도전했다가 당시 친박 실세였던 서병수 후보와 대결해 불과 1%의 득표율 차로 석패했다.

부산대학교 석좌교수를 지냈고 한국해양대학교에서는 총장과 석좌교수를 역임하는 등 학계에서도 활발한 활동을 해왔다.

부산에서 그가 가진 경쟁력 때문에 선거 때마다 여야의 러브콜을 받는 부산 지역의 거물이다. 이번 대선에서는 민주당 부산선대위 상임선대위원장을 맡아 승리에 일조했다. 유명 여배우 김성령 씨와 사돈지간이다. 지방선거 때는 김 씨가 오전 장관의 선거 유세를 도와준 적도 있다.

출 생　1948년 부산
학 력　경남고등학교, 서울대학교 철학과, 동 대학원 행정학 석사, 동아대학교 행정학 박사
경 력　행정고시 14회, 대통령비서실 정책보좌관실 행정관, 부산시장 권한대행, 해양수산부
　　　　장관, 한국해양대학교 총장, BS금융지주 사외이사, 부산대학교 석좌교수, 동명대학교
　　　　총장

오영식 전 국회의원

대선 조직을 재건한 86운동권 핵심

대선후보 캠프에서 노영민 전 의원과 함께 조직을 총괄했다. 경선 캠프에 이어 본선에서도 전국을 훑으며 '집토끼'는 지키고 '산토끼'를 잡는 선봉에 섰다. 특히 전북 정읍 출신으로서 경선 압승의 진원지인 호남에서 고군분투하며 승리를 이끌었다. 오영식 전 의원은 정치권 86그룹의 대표주자다. 대학 시절 전대협 2기 의장을 역임한 운동권의 '얼굴'이다. 그의 전대협 의장 취임식에 무려 2만여 명의 인파가 몰린 일화는 유명하다. 부산 미국문화원 방화 사건 등에 연루됐다는 이유로 3년간 옥살이를 하기도 했다.

정치권 입문은 김대중 전 대통령의 발탁이었다. 2000년 16회 국회의원 선거를 앞두고 오 전 의원을 비롯해 이인영, 우상호 의원, 임종석 전 의원(현 비서실장) 등이 영입됐다. 하지만 임 전 의원을 제외한 전원이 낙선했다. 비례대표로 나선 오 전 의원은 당선 순번에 들지 못했지만 2003년 3월 당시 김영진 의원이 입각하면서 의원직을 승계해 금배지를 처음 달았다. 그해 10월 민주당을 탈당해 열린우리당에 입당하면서 7개월간의 첫 의원 생활을 마감했다. 17대 국회의원 선거 때 서울 강북갑에서 한나라당 김원길 후보를 꺾고 당선됐다.

18대 선거에서 수도권의 '뉴타운 바람'에 밀려 낙선한 뒤 19대 선거에서 재기해 3선에 성공했다. 오 전 의원의 표현을 빌리면 '2.5선'이다. 20대 총선을 앞두고 당내 공천에서 배제되는 아픔을 겪었다. 당시 오 전 의원은 즉시 공천 배제 결정을 받아들이며 '백의종군'을 선언했다. 낙천 뒤 미국 스탠퍼드대학에서 연수 도중 귀국해 문재인 대통령 경선 캠프 조직1본부장으로 다시 정치권에 복귀했다. 386그룹과 486그룹을 거쳐 이젠 586그룹으로 정치권 운동권의 계보를 이어가고 있다. 강한 야성野性으로 고비마다 돌격대장 역할을 도맡았다.

2014년 7월 재보궐 당시 서울 동작을 지역구 공천을 둘러싼 갈등 과정에서 세 차례나 연판장을 돌리며 안철수 – 김한길 공동대표의 결정에 강력 반발했다. 2015년 초 새정치민주연합 최고위원에 오르며 지도부에 입성했지만 문재인 – 안철수 공동대표 구상에 반발해 9개월 만에 최고위원직을 내던지기도 했다. 정세균 국회의장과 정치적 행보를 같이하며 대표적인 '정세균계'로 분류됐지만 전병헌, 강기정 전 의원 등과 함께 문재인 캠프에 합류했다.

출 생 1967년 전북 정읍
학 력 양정고등학교, 고려대학교 법학과, 동 대학원 경영학 석사
경 력 고려대학교 총학생회장, 전대협 2기 의장, 16·17·19대 국회의원, 민주당 서울시당위원장, 새정치민주연합 최고위원

우상호 　더불어민주당 의원

실력과 성품을 겸비한 운동권 선두주자

　우상호 의원은 더불어민주당 차세대 리더 중 한 명으로 꼽히지만 계파 색은 옅
다. 대선 경선 때만 해도 학생운동 때 수감 생활을 같이했던 안희정 충남지사를
심정적으로 지원하는 것 같았지만, 본선에 돌입해 공동선대위원장을 맡은 후엔
최선봉에 서서 문 대통령을 향한 안보관 공세를 적극 방어하는 한편, 대여 공격수
역할도 도맡아 승리를 이끌었다. 초·재선 의원들과 '봄봄유세단'을 꾸려 문재인 대
통령이 유세하기 쉽지 않은 시골 마을 곳곳을 누비며 유세 사각지대를 메웠다.

　우 의원이 2016년 5월 더불어민주당 원내대표로 선출되자 두 장의 사진이
SNS를 달궜다. 하나는 1987년 6월 우 원내대표가 이한열 열사의 영정 사진을 들
고 있는 장면이었고, 또 다른 사진은 20대 총선 당시 우 의원이 이한열 열사의 어
머니 배은심 씨와 포옹하는 모습이었다. 그가 제도권 정치에 투신하게 된 배경에
후배 이한열의 죽음에 대한 부채의식이 크게 자리 잡고 있다는 사실을 드러낸 사
진이었다.

　그는 1987년 6월항쟁 당시 연세대학교 총학생회장과 전국대학생대표자협의
회(전대협) 부의장을 맡아 서울 지역 대학생들의 집회와 시위를 조직했다. 당시 연
세대학교에서 열린 시위 중 전투경찰이 쏜 최루탄에 이한열 열사가 맞아 사망하
는 사건이 발생했다. 그는 '이한열 열사 민주국민장' 집행위원장을 맡아 부검 과
정까지 지켜봤다. 이후 우 의원은 2000년 여의도 정치권에 입문하기 전까지 '도

서출판 두리' 대표를 지내면서 재야에서 민주화운동을 병행했다. 그는 원래 운동권과는 거리가 먼 학생이었다. 강원도 철원 출생으로 1981년 연세대학교 국어국문학과에 입학한 뒤 주로 문학회에서 활동하던 문학 청년이었다. 윤동주문학상과 오월문학상을 수상하며 작가로서의 가능성도 인정받았다. 요절한 기형도 시인의 직계 후배이기도 하다.

우 의원은 2000년 정치권에 뛰어든 이후 18년 동안 연세대학교 81학번 동기인 이성헌 전 새누리당 의원과 총선에서 다섯 번이나 맞대결을 펼쳐 세 번 승리했다. 그는 의원 생활 내내 명대변인으로 이름을 날렸다. 2006년부터 대변인을 맡기 시작해 2010년까지 김근태, 손학규, 정세균 당대표 아래에서 대변인을 지냈다. 논리가 정연하고 순발력이 뛰어난 그를 당대표들이 놓아주지 않았기 때문이다.

2011년 10·26 재보궐선거에 출마한 박원순 시장 캠프에서도 대변인을 맡았고, 2012년 문재인 당시 민주통합당 후보의 대선 캠프 공보단장을 맡아 캠프의 '입' 역할을 수행했다. 원내대표에 오른 이후 바쁜 의정 활동 가운데서도 2016년 10월에 에세이집《세상의 그 무엇이라도 될 수 있다면》을 낼 정도로 대학 시절 문학 청년의 꿈도 이어가고 있다.

우 의원은 명멸을 거듭한 여타 86 정치인들과는 달리 3선 고지에 오르는 동안 대변인과 최고위원, 원내대표를 지내며 탄탄한 정치 내공을 쌓아왔다.

출 생　1962년 강원 철원
학 력　용문고등학교, 연세대학교 국어국문학과
경 력　17·19·20대 국회의원, 당대변인, 최고위원, 더불어민주당 원내대표, 이한열추모사업회
　　　　　사무국장

우원식 　더불어민주당 의원

'을'의 대변인을 자처한 3선 의원

갑甲의 횡포에 피해를 입은 을乙의 대변인을 자처한다. 우원식 의원은 서민의 편에서 정치를 해온 인물이다. 2013년부터 더불어민주당 을지로위원회 위원장을 맡으며 서민층이 겪고 있는 어려운 문제 해결을 위해 노력했다. 2017년 대선 국면에서도 코레일 청소노동자 등 사회 약자층을 찾아다니며 비정규 노동자들의 문재인 대통령 지지 선언을 이끌어내는 데 큰 역할을 했다. 고故 김근태 의원계로 분류되는 민주평화국민연대(민평련)에 몸을 담았던 우 의원은 18대 대선에서 민주통합당 선대위 총무본부장을 맡으며 문 대통령과 인연을 맺었다.

1957년 서울에서 태어난 학생운동권 출신으로 연세대학교 기독교인 총학생회 회장이던 1978년 박정희 정권 퇴진운동을 주도하다 강제 징집됐고, 1981년엔 전두환 정권 퇴임운동을 펼치다 징역 3년형을 선고받았다. 1995년 4대 서울시의원으로 정계에 본격 입문했고, 2004년 17대 총선을 통해 국회에 입성했다. 이후 18대 총선에서 한나라당 권영진 후보에 패배했으나 이후 19·20대 국회에 내리 입성하며 3선에 성공했다. 새천년민주당 창당준비위원, 열린우리당 원내기획부대표, 새정치민주연합 상임최고위원, 박원순 서울시장후보 선대위 공동본부장 등을 역임했다.

19대 국회에서 환경노동위원회 위원으로 활약하면서 '을을 지키는 민생실천위원회 위원장'을 맡았고 당시 김기식, 장하나, 은수미, 진선미, 서영교 의원 등과 함께 '을지로위원회'를 구성했다. 가습기살균제 사건 발생 이후 국회 가습기살균제 국정조사특별위원회 위원장을 맡아 가습기살균제 피해자 입장 대변에도 힘썼다.

한국전쟁으로 이산가족이 된 우 의원은 2010년 금강산에서 이산가족 상봉을 통해 북한에 있는 가족을 만나기도 했다. 우 의원은 한 방송에서 정치를 시작한 이유로 "일한 만큼 대가를 받고 권리를 갖는 진짜 민주주의를 이루고 싶었다. 수많은 을의 편에서 곳곳에 산재한 불의와 기득권에 맞서 싸웠다"고 밝힌 바 있다. 외조부인 김한 선생은 일제에 항거해 독립운동을 한 공로로 건국훈장 독립장을 받았다.

20대 국회 구성 직후 원내대표 경선에 출마했으나 같은 운동권 출신인 우상호 의원과의 단일화 실패로 경선 끝에 7표 차로 낙선하기도 했다. 이후 2017년 5월 우 의원에 이어 더불어민주당 원내대표에 올랐다.

출 생   1957년 서울
학 력   경동고등학교, 연세대학교 토목공학과, 동 대학원 환경공학 석사
경 력   17·19·20대 국회의원, 더불어민주당 최고위원, 더불어민주당 을지로위원회 위원장,
        국회 가습기살균제 국정조사특별위원회 위원장, 더불어민주당 원내대표

위철환 변호사

네거티브 공세 막아낸 일등 수비수

2013~2015년 대한변호사협회(대한변협) 회장을 지낸 위철환 변호사는 19대 대통령 선거기간 선거대책위원회 공명선거본부장을 맡아 경쟁 후보들의 네거티브 공세를 막아내는 역할을 했다. 위 변호사는 "법과 정의, 인권에 기초한 법치주의 실현에 대한 문재인 대통령의 의지를 확인하고 돕기로 했다"고 말했다. 위 변호사는 법조계에서는 입지전적 인물로 통한다. 법조계의 일반적인 엘리트 코스를 밟지 않고 말 그대로 '개천에서 용이 난' 격에 해당한다. 법조계에서는 비주류이고 서울이 아니라 지방에서 변호사 활동을 해왔다는 점에서 문재인 대통령과 통하는 면이 많다.

전남 장흥에서 태어난 그는 고향에서 중학교를 마치고 무작정 상경했다. 맨손으로 서울에 올라와 주경야독을 하며 생활비를 벌어야 했다. 당시 숙식을 제공해준 신문보급소 덕에 일과 학업을 병행할 수 있었던 그는 매일 새벽 4~5시에는 찬바람을 맞아가며 신문을 돌리고, 저녁엔 공부를 하며 야간고등학교를 졸업했다. 이후 서울교육대학교를 나와 초등학교에서 교편을 잡았다. 당시 그의 인생을 바꿔놓은 결정적 사건이 벌어졌다.

"어느 날 우리 반 여학생이 며칠 동안 학교에 나오지 않는 것을 발견하고, 원인을 알아봤지요. 그랬더니 그 학생의 아버지가 사업을 벌이다 큰 송사에 휘말리셨는데, 경제적 어려움 때문에 변호인의 도움을 받을 수 없었고 결국 재판에서 패소

해서 사업은 완전히 망하고 집안은 풍비박산이 난 거예요. 그 여학생의 딱한 사정을 들으면서 앞으로 법 공부를 해서 어려운 사람들을 도우며 살아야겠다고 생각했죠."

그는 성균관대학교 법대에 야간으로 등록해 법학을 공부했고 1986년 사법고시에 합격했다. 사법연수원을 마치고 변호사가 됐지만 그는 초심을 잃지 않았다. 당시 변호사 수는 법률 수요에 비해 모자랐다. "변호사만 되면 돈과 명예, 권력을 한꺼번에 거머쥘 수 있던 때였어요. 그러다 보니 의뢰인들이 변호사에게 상담을 받는 것은 바랄 수 없는 분위기였죠. 의뢰인들이 변호사 얼굴을 법정에서 처음 보는 게 일상이었죠."

당시 사법 문화에 회의를 느낀 위 변호사는 의뢰인과의 대면 접촉을 원칙으로 삼았다. 소통을 강조하는 그의 철학은 이때부터 몸에 뱄다. 변호사가 된 과정도 예사롭지 않지만 대한변협 회장 당선도 큰 화제가 됐다. 대한변협 역사상 첫 직선으로 치러진 선거에서 당선된 그는 첫 지방 변협 출신이었다. 게다가 법조계에서 비주류 중에서도 비주류에 속하는 '야간고·야간대' 출신이라는 점에서 매우 이례적이었다.

출 생   1958년 전남 장흥
학 력   중동고등학교, 성균관대학교 법학과
경 력   사법고시 28회, 수원지방변호사회장, 대한변협 회장, 더불어민주당 선대위 공명선거
         본부장

유송화 청와대 제2부속비서관

김정숙 여사를 24시간 보필한 최측근

영부인 김정숙 여사의 24시간을 책임지는 제2부속비서관에 발탁됐다. '장미대선' 정국에서 문재인 대통령만큼이나 전국을 누빈 이가 문 대통령의 부인 김정숙 여사다. 그런 김 여사 곁에 늘 유송화 비서관이 있었다. 유 비서관은 김 여사에 대해 "시장 좌판에 앉아도 어울리고 갤러리에 있어도 어울리는 분"이라며 "국민들 삶의 현장에서 나오는 목소리를 제대로 알고 있는 분이다. 만난 모든 분의 목소리를 허투루 여기지 않는 헌신적인 분"이라고 평가했다. 주변에선 유 비서관이 김 여사를 살뜰히 보필하면서도 자신의 역할에 대해서는 말을 아끼는 겸손한 모습 때문에 문 대통령과 김 여사의 신임을 받았다는 후문이다. 유 비서관은 2012년 대선에서도 수행2팀장을 맡아 김 여사를 포함한 문 대통령 가족을 도운 바 있다.

그와 문 대통령의 인연은 참여정부에서 시작됐다. 이화여자대학교 재학 시절 총학생회장을 하며 학생운동과 시민사회운동에 눈을 뜬 유 비서관은 참여정부에서 당시 대통령비서실 박주현 국민참여수석을 보좌하는 역할을 맡아 청와대에 입성했다. 그 뒤 2004년 문 대통령이 참여정부 시민사회수석을 맡았을 때 문 대통령을 보좌하며 인연을 맺었다. 유 비서관은 문 대통령을 처음 만난 순간에 대해 "사람에 대한 예의가 가득한 젠틀맨이었다. 그때는 정말 정치에 뛰어들 거라고 생각도 안 했다"고 말했다.

문 대통령은 참여정부 민정수석을 그만두고 히말라야 트레킹을 떠났다가 다시 시민사회수석으로 복귀했다. 이때 유 비서관이 먼저 문 대통령을 찾아 자신을 보좌관으로 써달라고 요청했다고 한다. 그는 "일면식도 없고 호남 출신인 여성을 왕수석이라는 분이 선뜻 채용하는 것을 보고 여성이나 지역에 대한 편견이 없다는 것을 알 수 있었다"고 전했다.

이후 유 비서관은 영국 런던대학 도시계획 전공 객원연구원, 서울시여성가족재단 경영기획실장 등을 지냈고 2015년 문 대통령이 새정치민주연합 대표에 선출된 뒤 상근부대변인을 맡아 다시 문 대통령과 함께했다. 워낙 오랜 기간 문 대통령 가족과 함께해왔기 때문에 문 대통령 가족을 보좌하고 김 여사의 안살림을 지원하는 역할에 최적임자라는 평가다.

출 생 1968년 전남 고흥
학 력 광주 송원여자고등학교, 이화여자대학교 경제학과, 서울시립대학 도시행정학 석사,
　　　　 동국대학교 북한학 박사 수료
경 력 이화여자대학교 총학생회장, 서울시 노원구의원, 참여정부 대통령비서실 행정관,
　　　　 서울시여성가족재단 경영기획실장, 더불어민주당 상근부대변인

유정아   전 KBS 아나운서

'문재인1번가' 대박의 주인공

　노무현 전 대통령 서거 5주기 추도식이 있었던 2014년 5월 23일 봉하마을. 사회를 맡은 이가 당시 유정아 노무현시민학교 교장이었다. 2009년 8월 설립된 노무현시민학교는 노무현 전 대통령 추모사업의 일환이다. 일반 시민을 대상으로 시민주권, 경제, 역사, 문화, 사회, 언론과 관련된 강좌를 운영했다. 노무현시민학교는 그동안 이재정 전 통일부 장관, 김용익 전 청와대 사회정책수석, 조기숙 전 홍보수석, 이백만 전 홍보수석, 양정철 전 홍보기획비서관 등 참여정부 출신의 인사들이 교장을 맡아왔다.

　KBS 아나운서 출신의 유 전 아나운서는 2012년 4·11 총선에서 야당이 패하는 것을 보면서 정치에 뜻을 뒀다고 한다. 그는 "민주당이 야당 역할을 좀 더 잘해내야 한다는 생각을 했다. 대선 전망도 암울하다고 느껴져 나라도 나서서 무엇이든 해야겠다고 생각했다"고 말했다. 2012년 대선에서 문재인 대통령의 대변인 역할을 맡은 것도 그 때문이라고 한다.

　이번 대선에서는 더불어포럼 상임운영위원장을 맡아 활약했다. 특히 인터넷 쇼핑몰 형식을 차용한 정책 홍보 사이트 '문재인1번가'(www.moon1st.com) 진행을 맡으면서 많은 호응을 얻었다. 문재인1번가는 문 대통령이 발표한 안보·경제·복지 공약 등을 모아둔 곳으로 유권자에게 반응이 좋은 공약은 '베스트 상품'으로 배치하고 생활밀착형 공약은 '내 삶을 바꾸는 정권 교체' 시리즈로 선보였다. 공식선거 기간 중 매일 저녁 문 대통령의 유세 현장을 정리해서 알리고 공약을 설명하는 SNS 방송 '문재인 나이트 라이브'를 방송했다.

유 전 아나운서는 서울에서 태어나 세화여자중·고등학교와 서울대학교 사회학과를 졸업했다. 1989년 KBS 16기 아나운서로 방송 활동을 시작해 〈KBS 9시 뉴스〉, 〈열린음악회〉 등 주요 TV 프로그램을 맡은 경험이 있다. FM 라디오에서 〈한낮의 음악실〉, 〈저녁의 클래식〉 등을 진행해 클래식 전문 방송진행자로도 잘 알려져 있다. 유 전 아나운서는 입사 9년 만인 1997년 KBS를 그만두고 프리랜서 아나운서 활동에 나섰다. 이후 여러 방송의 토론 및 문화·예술 프로그램 진행자로, 클래식 전문 사회자로, 신문·잡지 등의 필자로 활동했다.

출 생 1967년 서울
학 력 세화여자고등학교, 서울대학교 사회학과, 연세대학교 언론학 석사
경 력 KBS 아나운서, 노무현시민학교 교장

윤건영 청와대 국정상황실장

1인 3역 맡아온 문 대통령의 그림자

청와대 국정상황실장을 맡은 윤건영 전 민주당 부대변인은 대선 과정에서 경선 캠프 상황실 부실장, 대선 선대위 종합상황본부 2실장으로 활약했다. 사실상 대선 후보의 일거수일투족을 함께하며 일정과 메시지 등을 총괄하는 자리다. 외부 인사 영입과 같은 핵심 업무에도 관여했다. 국회의원 경력이 없어 전면에 나서지 못했지만 실제로 물밑에서 후보를 움직이는 키맨이었던 윤건영 실장은 문 대통령의 측근 세력인 '친노 그룹' 중에서도 핵심으로 꼽힌다.

윤 실장은 2002년 노무현 전 대통령과 첫 인연을 맺은 이후 문재인 대통령과도 호흡을 맞춰온 측근 중의 측근이다. 문 대통령이 현실정치와 거리를 두며 노무현 재단 이사장으로 활동하던 시절, 재단기획위원으로 곁을 지켰다. 2011년 문 대통령이 친노 세력과 시민단체가 함께한 '혁신과통합' 대표를 맡아 본격적으로 정치 활동을 재개하면서 그의 역할도 커졌다. 문 대통령의 19대 국회의원 시절 보좌관으로 함께했고 문 대통령이 18대 대선에서 낙선한 뒤 야인으로 지낼 때도 곁에 늘 있었다.

2017년 대선을 앞두고 2016년부터 문 대통령의 재선을 위해 운영된 베이스캠프의 실무를 총괄하기도 했다. 문 대통령의 '입'으로 불리는 김경수 의원이 문 대통령 캠프에 합류하면서 "윤건영이 일정과 공보, 수행 등 1인 3역을 하고 있어 공보 업무를 분담할 필요가 있었다"고 말했을 정도다. 김 의원과 이른바 '3철'로 불리는 양정철, 전해철, 이호철 등과 함께 문 대통령이 모든 것을 털어놓는 핵심 그룹의 일원이다. 윤 실장은 노무현 정권에서 대통령비서실 정무기획비서관을 역임했다. 때문에 문 대통령의 대선후보 시절에도 많은 정무적인 사안에 깊이 개입한 것으로 알려졌다.

18대 대선에서 문 대통령과 안철수 후보 사이의 막판 단일화 협상 때 문 대통령 측에서 유일하게 배석한 것도 그다. 안 후보 측이 친노 경력이 있는 그의 배석을 문제 삼자 문 대통령은 "안 후보 측에서 새누리당 출신 이태규는 되고 친노 윤건영은 왜 안 되느냐?"고 따진 적도 있다. 결국 회담 석상에서 배제됐지만 문 대통령이 그를 얼마만큼 신뢰했는지 알 수 있는 일화다.

윤 실장은 1990년대 서울 성북구의회 의원으로 정치 활동을 시작했다. 노무현 정권 내내 청와대 비서관으로 근무하다 2010년 6·2 지방선거에서 당시 청와대 인사들이 대거 출마했을 때 성북구청장에 도전했다가 경선에서 탈락했다.

출 생 1969년 부산
학 력 배정고등학교, 국민대학교 무역학과, 동 대학원 경제학 석사
경 력 국민대학교 총학생회장, 한라그룹 근무, 성북구의회 의원, 개혁국민정당 기획팀장, 대통령비서실 정무기획비서관, 경남기술대학교 초빙교수, 노무현재단 기획위원, 민주당 부대변인

윤관석 　더불어민주당 의원

네거티브를 방어한 문재인의 방패

　윤관석 의원은 선거대책위원회 공보단장을 맡아 활약했다. 대선 과정에서 문준용 특혜채용, 송민순 회고록 파문 등에 효과적으로 대처함으로써 문재인 정부 집권에 일조했다는 평가를 받았다. 윤 의원은 1979년 한양대학교 신문방송학과에 입학하자마자 10·26 사태와 5·18 민주화운동이 일어나면서 학생운동에 뛰어들었다. 3학년 때 남영동 치안본부에 잡혀가 한 달 넘게 고문을 받았다. 학생운동을 하며 독재에 맞섰던 그는 인천에 뿌리를 내리고 시민운동에 몸담았다.

　인천 주안공단과 부평공단, 남동공단 등에서 10년간 노동자로 살다가 용접일로 진폐증을 앓게 되면서 시민운동가가 됐다. 문민정부가 이른바 '노동법개악'을 날치기 처리하자 이에 반발해 노동계는 총파업으로 맞섰고, 노동운동의 거점인 인천에서도 지역 시민사회 단체들이 회의를 열고 대책위원회를 구성했다. 여기서 그는 '민주개혁을 위한 인천시민연대' 초대 사무처장을 맡았다.

　윤 의원이 정치와 인연을 맺게 된 것은 2002년 대선 당시 노무현 후보의 선거운동을 돕기 위한 '국민참여운동 인천본부'에 참여하면서부터다. 이후 2004년 열린우리당 창당에 합류하면서 정치권에 발을 들여놓게 된 그는 인천광역시 초대 대변인을 거쳐 19대 총선에서 여의도 입성에 성공했다.

　예산결산특별위원회 계수조정소위원회에서는 전시성 예산을 감액하고 대신 영유아 보육료, 가정 양육수당, 경로당 냉난방비 등 어려운 국민들에게 실질적인 도움을 줄 수 있는 민생예산을 증액했다. 지역경제 활성화와 생활환경 개선을 위한 예산 확보에도 최선을 다한 덕에 2014년 인천시 예산이 처음으로 국비지원 2조 원을 돌파했고 남동 발전 예산도 177억 원이나 끌어올 수 있었다.

2016년 윤 의원은 인천지역 13개 선거구 중 55.49%라는 최고 득표율로 재선에 성공했다. 남동을 선거구는 인천 남동구가 처음 갑·을로 나뉜 15대 총선 이후 19대까지 재보선을 포함한 6번의 총선에서 여야가 3승 3패 무승부를 기록한 곳이다. 20대 국회에서는 당의 수석대변인을 맡았다. 인천 출신 정치인으로는 처음으로 제1야당 대변인을 맡은 것이다. 민주통합당 원내대변인, 문재인 경선 캠프 대변인을 거친 전문성을 인정받은 데 따른 것으로 풀이된다. 윤 의원은 송영길 더불어민주당 의원이 인천시장을 역임할 때 인천시 초대 대변인을 맡은 바 있다.

출 생 1960년 서울
학 력 보성고등학교, 한양대학교 신문방송학과
경 력 민주개혁을 위한 인천시민연대 사무처장, 인천광역시 초대 대변인, 19·20대 국회의원

윤대희 전 국무조정실장

참여정부 끝까지 함께한 노무현의 경제 참모

　윤대희 전 국무조정실장은 참여정부에서 2년여간 청와대 경제정책비서관과 경제수석을 잇달아 역임하는 등 노무현 전 대통령의 정책 기조를 누구보다 잘 이해하는 인사 중 한 명으로 꼽힌다. 윤 전 실장은 참여정부 초 여당인 민주당과 열린우리당에서 수석전문위원으로 활동하며 정치권과 인연을 맺었다.

　2005년 7월부터는 청와대 경제정책비서관을 시작으로 경제수석을 맡아 한·미 자유무역협정FTA, 비전2030, 양극화 대책 마련 등 굵직한 경제 분야 국정 과제를 직접 다뤘다. 참여정부 임기 말에는 국무조정실장으로 발탁돼 당시 한덕수 국무총리를 보좌했으며 차기 정부인 이명박 정부가 순조롭게 출범할 수 있도록 정권 인수인계 작업까지 도맡아 '노무현 시대'를 끝까지 함께했다.

　윤 전 실장은 퇴임사에서 "공직자들은 미래를 내다보고 준비하는 자세가 필요하다. 정책을 마련할 때 사회적 변화에 주목하고, 이를 토대로 한 선제적 정책 수립이 중요하다는 점을 명심해달라"며 후배들에게 당부를 아끼지 않았다.

　공직을 나와서도 윤 전 실장은 진보 진영 인사들과 가깝게 지냈다. 2017년 2월 대선을 앞두고 문재인 당시 후보의 지원 조직으로 꾸려진 '10년의힘위원회'에 참여했다. 위원회는 김대중·노무현 정부에서 장·차관급 직책을 지낸 인사들로 구성된 정책자문단이다.

　공동위원장은 김대중 정부와 노무현 정부에 걸쳐 통일부 장관을 맡았던 정세현 전 원광대학교 총장과 이영탁 참여정부 국무조정실장이 맡았다. 상임고문에는 박승 전 한국은행 총재, 강철규 전 공정거래위원장, 윤덕홍 전 교육부총리 등이 참여했다. 윤 전 실장은 변양균 전 청와대 정책실장, 추병직 전 건설교통부 장관, 서훈 전 국정원 3차장 등과 함께 자문단에 포함됐다.

윤 전 실장은 행정고시 17회로 경제기획원에서 공직을 시작한 정통 경제 관료다. 33년 관료 생활 동안 거시경제 정책과 예산, 공정거래 정책, 물가 정책, 통상 등 다양한 분야를 경험해 경제 관련 현안들에 대한 이해력이 뛰어난 것으로 평가된다. 그는 재정경제부 공보관, 국민생활국장, 정책홍보관리실장을 거쳤다. 특히 정책홍보관리실장 시절에는 접수된 모든 민원을 2시간 이내에 1차 답변하는 '2-1-5-0 민원시스템'을 도입하는 등 정부 혁신을 주도적으로 이끌었다.

공직을 떠나서는 아프리카, 동남아시아 등에 한국의 경제 개발 경험을 전하기도 했다. 경제 전반에 관한 해박한 지식과 풍부한 실전 경험을 가졌으면서도 겸손함을 지녀 '유럽 신사'라는 평가를 받는다.

출 생 1949년 인천
학 력 제물포고등학교, 서울대학교 경영학과, 미국 캔자스대학 경제학 석사, 경희대학교
경제학 박사
경 력 행정고시 17회, 경제기획원 국제경제과장, 새천년민주당 수석전문위원, 재정경제부
기획관리실장, 대통령비서실 경제정책수석비서관, 국무조정실장

윤종원 주OECD 대사

IMF에서 7년 근무한 국제통

　윤종원 경제협력개발기구OECD 대사는 거시경제 전문가다. 재무부 관세국에서 출발해 재정경제부 종합정책과장, 기획재정부 경제정책국장, 청와대 경제금융비서관 등 소위 엘리트 코스를 밟았다. 웬만한 경제학자와 비교해도 밀리지 않을 만큼 경제 이론에도 해박하다. 기획재정부 경제정책국장 시절 기자들이 방에 찾아와 현안 질문을 하면 칠판에 일일이 그래프를 그려가며 1시간씩 '경제학 강의'를 했던 일화는 유명하다. 우리나라 공무원 가운데 국제통화기금IMF에서 최장기 근무하는 등 경제 분석에 관한 한 타의 추종을 불허한다는 평가다.

　역대 정권에서도 중용됐다. 참여정부 경제보좌관실 선임행정관과 재정경제부 종합정책과장 등을 지냈고, 이명박 정부 말기에는 청와대 경제금융비서관으로 발탁됐다. 박근혜 정부 출범을 4개월 앞두고 워싱턴 IMF 상임이사로 다시 나갔다. 1997년 이코노미스트, 2006년 선임자문관으로 일했던 IMF에 세 번째 파견된 것이다. IMF 근무 기간을 모두 합하면 7년을 넘을 정도로 경제 식견과 함께 국제 감각까지 두루 갖췄다는 평가다.

　2014년 말 귀국해 차관 승진 물망에 올랐으나 최경환 전 경제부총리의 강력한 권유에 의해 후배들에게 자리를 양보하고 2016년 10월 OECD 대사로 방향을 틀었다. 우리나라의 열 번째 경제협력개발기구 대사로 임명돼 프랑스 파리로 부임한 것이다. OECD에서도 뛰어난 경력을 인정받았다. OECD 직원들의 연금을 관리하는 연금기금관리위원회 의장으로 선출됐고, OECD에서 동남아경제전망 협의그룹 공동의장과 인도네시아 자문그룹 의장도 맡았다.

1983년에 합격한 행정고시 27회 동기들과 함께 '함현정含賢井'이라는 모임을 해왔다. '현명함을 담은 우물'이란 뜻이다. 은성수 한국투자공사KIC 사장, 김규옥 기술보증기금 이사장, 김낙회 전 관세청장, 정만기 산업통상자원부(산자부) 1차관, 우태희 산자부 2차관, 이관섭 한국수력원자력 사장, 천홍욱 관세청장 등이 동기다. 금융위원회 부위원장을 지낸 이창용 IMF 아시아태평양국장은 인창고등학교 동기동창으로 절친한 사이다. 테니스부터 골프까지 못하는 운동이 없는 것으로도 유명하다.

출 생   1960년 경남 밀양
학 력   인창고등학교, 서울대학교 경제학과, 서울대학교 행정대학원 석사, UCLA 경제학 박사
경 력   행정고시 27회, 대통령 경제보좌관실 선임행정관, 재정경제부 종합정책과장, 국제통화
          기금 선임자문관, 기획재정부 경제정책국장, 대통령실 경제금융비서관, 국제통화기금
          상임이사, 주 경제협력개발기구(OECD) 대한민국 대표부 대사

윤태영　전 청와대 대변인

문 대통령 취임사를 쓴 노무현의 필사

　대통령 취임사는 새 정부의 철학과 국정 운영 방향이 담긴 대통령 메시지의 백미로 꼽힌다. 2017년 5월 10일 문재인 대통령이 국회에서 낭독한 취임사 작성자가 바로 윤태영 전 청와대 대변인이다. '노무현의 필사'였던 윤 전 대변인이 참여정부를 계승한 문 대통령의 '일성'까지 책임진 것이다. 더불어민주당 대선 경선 과정에서도 문재인 대통령과 안희정 충남지사의 맞대결만큼 뜨거운 관심을 끈 것이 윤태영 전 대변인의 결단이었다. 노무현 전 대통령의 설득과 소통 스토리를 담은 《대통령의 말하기》라는 저서를 펴낼 정도로 노 전 대통령의 '복심'으로 불린다.

　그는 당 경선에서는 방송콘텐츠 부본부장으로 안 지사를 도왔다가 문 대통령의 승리로 경선이 끝나자 메시지특보로 문 대통령을 도왔다. 윤 전 대변인의 경력을 보면 문 대통령이나 안 지사가 그를 그토록 원했던 이유를 짐작할 수 있다. 그는 노무현 정부에서 청와대 홍보수석실 연설담당비서관을 지냈고 대변인만 두 차례 지내는 등 노 전 대통령의 각별한 신임을 얻었다. 2003년 2월 취임 후 노 전 대통령이 첫 국무회의를 주재할 때 좌우를 한 번 둘러보더니 "연설담당비서관이 없네. 불러서 배석하게 하세요. 수석보좌관회의도 배석하게 하고"라고 말했다 한다. 이후 그는 모든 청와대 중요 회의에 배석했다.

　노 전 대통령 마음을 누구보다 잘 알고 이를 말로 옮기는 역할을 맡았지만 정작 윤 전 대변인 자신은 말이 적고 소탈한 성격으로 알려졌다. 주요 회의에 배석할 때 쉽게 눈에 띄지 않아 '그림자 같다'는 이야기를 듣기도 했으나 해야 할 말만큼은 독하게 하는 강단 있는 성격까지 갖췄다는 평이다. 참여정부 인수위 시절 대언론 브리핑 업무를 맡았을 때 보수 성향 신문들의 오보를 적나라하게 비판하면서 긴장 관계를 형성하기도 했다.

연설문을 작성할 때도 화려하거나 중언부언하는 문장을 지양하고 한 문장에 단어 10개 이하의 짧고 명료한 연설문을 작성하는 데 공을 들였다고 한다. 노 전 대통령 역시 그의 이런 스타일을 마음에 들어 했다. 이 같은 스타일은 2012년 대선 당시 문 대통령의 후보 수락 연설에 가장 잘 반영됐다는 평가다. 당시 문 대통령은 "기회는 평등할 것입니다. 과정은 공정할 것입니다. 그리고 결과는 정의로울 것입니다"라는 문구와 함께 대선을 치렀다.

당시 대선에서는 패했지만 윤 전 대변인이 만든 이 문구는 문 대통령이 추구하는 가치를 가장 잘 보여준다. 이 문구는 19대 대통령 취임사에도 그대로 담겼다. 고 이기택 통일민주당 총재와 문희상 민주당 의원의 보좌관으로 활동한 바 있다.

출 생　1961년 경남 진해
학 력　대신고등학교, 연세대학교 경제학과
경 력　참여정부 청와대비서실 연설담당비서관, 참여정부 대변인, 참여정부 연설기획비서관

윤호중 더불어민주당 의원

대선공약을 총괄 지휘한 정책통

"저희 정책본부장과 토론하시죠." 19대 대선 때 TV 토론에서 유승민 바른정당 후보의 집요한 질문을 받은 문재인 대통령이 이 말을 던졌다가 사과하는 해프닝이 있었다. 문 대통령이 말한 정책본부장은 바로 윤호중 더불어민주당 정책위원장이다. 그는 선거대책위원회 공동정책본부장을 맡아 문 대통령의 대선공약을 집대성했다. 대표적인 '온건 친문'으로 분류되는 그는 문재인 대통령의 '대선 재수'를 온전히 함께한 몇 안 되는 국회의원 중 하나다.

윤 의원은 국회 기획재정위원회(기재위)에서 잔뼈가 굵은 '정책통'으로 손꼽힌다. 19대 국회에 이어 20대 국회에서도 기재위에서 활동했다. 20대 국회의원 선거를 앞두고 민주당 정책공약단 더불어성장본부장을 맡아 경제산업 분야 정책 수립에 깊숙이 참여했다. 이번 대선에서는 외부 전문가들이 문 대통령의 철학에 맞게 구상한 정책들을 당 색깔에 맞춰 조율하면서 '문재인표 정책'을 만드는 데 주력했다.

윤 의원은 문 대통령의 첫 번째 대선 도전인 2012년 때 대선 살림살이를 총괄하는 민주당 사무총장과 선거대책위원회 전략기획실장을 동시에 맡아 최측근으로 주목받았다. 당시 안철수 후보와의 단일화를 위해 문 대통령 측 협상 대표로 활약하며 지근거리에서 도왔다. 그는 대선 패배 후 치러진 2013년 5·4 전당대회에서 최고위원에 도전했다가 실패했지만 당시 국회의원이었던 문 대통령의 '대변인 격'으로 언론에 자주 오르내렸다.

2015년 3월에는 새정치민주연합에 신설된 디지털소통본부 초대 본부장을 맡아 스마트폰으로도 당원 가입이 가능한 온라인 입당 시스템의 기틀을 닦았다. 당시 새정치민주연합은 안철수, 박지원 등 비주류 의원들의 탈당에도 불구하고 온라인 입당 시스템 덕분에 7만 명에 가까운 신규 당원을 확보했다.

경기도 가평 출신으로 춘천고등학교와 서울대학교 철학과를 졸업했다. 서울대학교 시절에는 학원자율화추진위원장을 맡아 학생운동에 투신하는 등 대표적인 86그룹 인사로 꼽힌다. 1988년 평화민주당 기획조정실 기획위원으로 정치권에 입문해 한광옥 전 의원의 비서관을 맡으면서 정치 감각을 인정받기 시작했다. 차분한 성격에 꼼꼼한 일처리로 찾는 사람이 많았다. 1995년 김대중 전 대통령이 정계에 복귀하면서 새정치국민회의를 창당할 때는 창당기획단 기획위원으로 참여했고 김대중 정부 청와대 민정수석비서관실과 정책기획수석비서관실에서 행정관을 지냈다.

2000년 16대 총선 경기도 구리시에 처음 출마했으나 고배를 마셨고 17대 총선에서 재수 끝에 의원 배지를 달았다. 18대 총선에서 다시 낙선했으나 정세균 대표 시절인 2008~2010년 민주당 전략기획위원장과 수석사무부총장을 맡아 정치 일선에 머물렀다. 2010년 6·2 지방선거에서는 야권 단일화 협상의 실무책임자로서 야5당 연대를 성사시켰다. 2016년 8월 추미애 더불어민주당대표에 의해 정책위의장으로 임명돼 야당의 최말단 당직자에서 출발해 임명직 중 최고위직인 정책위의장까지 오르는 기염을 토했다.

출 생   1963년 경기 가평
학 력   춘천고등학교, 서울대학교 철학과
경 력   김대중 정부 대통령비서실 정책기획국장, 민주통합당 사무총장, 17·19·20대 국회의원,
        더불어민주당 정책위의장

이광재 전 강원지사

좌左희정 – 우右광재로 불리던 노무현의 최측근

　참여정부 시절 '좌희정(안희정) – 우광재(이광재)'란 말이 생길 정도로 이광재 전 지사는 노무현 전 대통령의 측근 중 측근이다. 야권 유력 정치인 중 드물게 강원도 출신이기도 하다. 고향이 강원도 평창군이다. 2018년 2월에 치러질 평창동계올림픽은 문 대통령 취임 후 맞는 첫 글로벌 이벤트다. 강원 출신 이 전 지사가 평창동계올림픽을 계기로 문 대통령 지원을 본격화할 것이라는 전망도 나온다.

　더불어민주당 대선 경선 과정에서는 물밑에서 안희정 충남지사를 지원했다. 전면에 나서지 못한 것은 아직 정치 활동에 제약이 있기 때문이다. 2010년 지방선거에 출마해 강원지사에 당선됐지만 당선 1개월여 만에 '박연차 게이트'에 휘말려 2심 재판에서 집행유예 판결을 받아 도지사 직무가 정지됐다. 2011년 초 대법원에서 유죄 판결이 확정되면서 이 전 지사는 도지사직을 상실했고 2021년 2월까지 피선거권을 박탈당했다.

　참여정부에서 청와대 국정상황실장으로 활동했다. 2004년 17대 총선에서 열린우리당으로 태백·영월·평창·정선 선거구에 출마해 당선됐고 '이명박 열풍'이 거셌던 2008년 18대 총선에서도 승리를 거머쥐며 재선에 성공했다. 그의 정치 인생에서 가장 화려했던 시기로는 2010년 강원지사 당선이 꼽힌다. 국회 입성 후에도 고향인 강원도를 살뜰히 챙겼고 평창동계올림픽 유치 과정에서 온힘을 다해 뛴 덕분에 '이제 강원도에서도 대선주자급의 거물이 나와야 한다'는 인물론이 확산

되었다.

노 전 대통령과 맞담배를 피우며 토론을 벌일 정도로 동지적 관계로 알려져 있다. 2002년 대선 과정에서 광고기획을 총괄했다. 앞서 1996년 서울시장 선거에서 조순 전 서울시장이 승리했을 때 선대위 기획실장을 맡는 등 선거 전략에서 탁월한 재능을 발휘해왔다. 현재 이헌재 전 재정경제부 장관이 이사장을 맡은 싱크탱크 '여시재'의 상근부원장을 맡아 활동하고 있다. 박근혜 전 대통령 탄핵으로 조기대선이 확정되자 "총리·장관을 신속하게 임명하기 위해서도 연정이 필요하다"고 말할 정도로 '소신파'이기도 하다.

출 생   1965년 강원 평창
학 력   원주고등학교, 연세대학교 법학과
경 력   노무현 국회의원 보좌관, 참여정부 대통령비서실 국정상황실장, 17·18대 국회의원,
         강원지사, 여시재 상근부원장

이다혜 　바둑기사

알파고 대국 해설했던 여류 기사

2016년 3월 대한민국은 이세돌 9단과 알파고가 벌인 '세기의 대결'로 전 세계적인 주목을 받았다. 당시 승부에서 이세돌 9단이 1승을 얻어내긴 했지만 결과는 알파고의 압승으로 끝났다. 당시 해설을 맡아 유명세를 탄 이가 이다혜 코드스톤 대표다. 이 대표는 대선을 앞두고 더불어민주당 선대위 공동선대위원장으로 합류해 화제가 됐다. 여성과 청년을 대표하는 상징성으로 영입됐다는 후문이다.

이 대표는 합류 직후 향후 자신의 역할에 대해 "일단 이번 선거를 잘 치러내는 게 가장 중요하다고 생각한다. 그 이상은 생각해보지 않았고, 아직은 바둑계가 내가 있어야 할 자리라고 생각한다"고 말했다. 이 대표는 프로 4단 바둑기사다. 8기 여류명인전 준우승을 차지하기도 한 이 대표는 4·7회 정관장배 세계여자바둑최강전 국가대표를 지내기도 했다. 코드스톤을 설립한 것도 당시 해설을 맡으며 바둑과 코딩 교육을 연계하면 교육 효과가 클 것으로 판단했기 때문이다.

코드스톤은 바둑과 코딩 교육 프로그램을 다루는 교육 스타트업이다. 현직 프로기사가 바둑을 지도하고 카이스트 등 유명 대학 출신의 전문 강사들이 코딩 교육을 진행한다. 이 대표는 대학교에서 교양 바둑을 가르치고 한국여자바둑리그에서 호반건설 감독을 맡을 정도로 여러 분야에서 활동하고 있다.

이 대표가 문 대통령을 처음 만난 것은 2017년 2월 말이다. 약 40여 분간 만나 이야기를 나누면서 이 대표는 문 대통령에 대해 신뢰감을 갖게 됐다고 한다. 한 언론과의 인터뷰를 통해 이 대표는 "문 대통령이 알려지지 않은 기사들의 이름까지 모두 기억하고 있는 게 인상적이었다. 한 사람 한 사람을 모두 소중하게 여긴다는 느낌을 받았다"고 말했다.

한국외국어대학교 일본학부를 졸업한 이 대표는 《재미있는 바둑교실》, 《이다혜의 열려라 바둑》 등의 저서를 펴냈다.

출 생   1985년 서울
학 력   선린인터넷고등학교, 한국외국어대학교 일본학부
경 력   8기 여류명인전 준우승, 한국여자바둑리그 호반건설 감독, 2016 구글딥마인드 챌린지
        매치 심판, 코드스톤 대표, 더불어민주당 국민주권선대위 공동선대위원장

이미경 전 국회의원

총선 백의종군한 여성계 대모

이미경 전 의원은 여성운동가 출신으로 15~19대 국회에서 내리 5선을 지낸 정치인이다. 비례대표를 두 번 하고 지역구인 서울 은평갑에서 3선을 했다. 6선 고지에 올랐으면 여성 국회의장까지도 노려볼 상황이었으나 2016년 20대 총선 당시 뜻밖에도 당내 경선에서 컷오프되고 말았다. 당시 더불어민주당은 이해찬, 이미경 의원 등의 지역구를 전략 공천 지역으로 정하면서 사실상 공천에서 배제했다. 지역구는 세월호 변호사로 유명세를 탄 박주민 의원에게 넘어갔다.

그러나 그는 끝까지 당당했다. 그는 19대 국회 마지막 상임위원회까지 꼬박 출석하면서 강호인 당시 국토부 장관을 향해 "그동안 국토부 공무원들 정말 수고 많으셨다"며 질의를 마쳤다. 지역구를 넘긴 박 의원의 당선까지 지원하는 등 여장부 모습을 잃지 않았다. 친노 핵심 중진이라는 이유로 '정치적 역차별'을 받았다는 평가도 있었으나 2017년 대선에서 다시 돌아와 선대위 공동위원장 겸 성평등본부장을 맡았다.

이화여자대학교를 졸업한 뒤 여성단체연합 공동대표까지 지낸 시민운동가 출신이다. 40대 중반이던 1996년 15대 총선에서 여성전문가 몫으로 추천돼 민주당 전국구 의원으로 등원했다. 그러나 1997년 대선을 앞두고 민주당이 신한국당과 합당하면서 이부영 전 의원, 김부겸 현 더불어민주당 의원, 고 제정구 의원 등과 함께 한나라당 행을 택했다. 하지만 그가 전교조 합법화 법안에 당론을 어기고 찬성하는 등 독자 행보를 나타내자 한나라당은 당원권을 정지시켰고, 1999년에 출당 조치를 내렸다. 2000년 총선에선 다시 민주당 전국구 6번을 받아 재선 의원이 됐고, 17대 총선에선 지역구 의원으로 거듭났다.

1970년대 초반 이화여자대학교 영어영문학과에서는 대표적 '운동권'이었다. 당시 사회학과였던 최영희 전 의원, 신혜수 유엔인권정책센터 상임대표 등과 '새얼'이라는 교내 동아리를 만들어 노동운동을 했다. 이 전 의원, 최 전 의원, 장하진 민주정책연구원 이사 등 3인은 이화여자대학교 학생운동의 '트로이카'로 불렸다. 전태일 분신사건이 있던 1970년에는 인천 흥남방직 공장에 위장 취업해 노동현장을 직접 체험했다. 졸업 후 한국기독교사회문제연구원에서 일할 때 긴급조치 위반으로 집행유예 5년형을 받았다.

이후 여성평우회를 창립해 부천경찰서 성고문 사건 등 진실 규명에 앞장섰고, 한국여성단체연합 활동을 통해 남녀고용평등법 개정, 가족법 개정, 영유아보육법 제정, 성폭력특별법 제정 등에 기여했다. 1987년 대통령 직선제 쟁취를 위한 국민운동본부에서 노무현 전 대통령과 인연을 맺었고, 1995년 국민통합추진회의(통추)에서 같이 일했다.

친언니 이옥경 씨는 고 조영래 변호사의 부인이다. 학생운동을 하며 만난 남편 이창식 씨와의 사이에 2녀가 있다.

출 생 1950년 부산
학 력 이화여자고등학교, 이화여자대학교 영어영문학과, 동 대학원 정치외교학 석사
경 력 한국기독교사회문제연구원 연구원, 한국여성민우회 부회장, 한국여성단체연합 공동대표,
15~19대 국회의원, 국회 문화관광위원장, 민주당 사무총장

이병완　전 청와대 비서실장

문 대통령과 뗄 수 없는 참여정부 책사

　노무현 전 대통령의 2002년 대선 승리 주역 중 한 명이 이병완 전 청와대 비서실장이다. 청와대 기획조정비서관으로 시작해 2007년 초 정무특별보좌관까지 참여정부 내내 노 전 대통령 곁을 지켰다. 이 전 실장은 노 전 대통령이 '내가 알고 있는 최고의 원칙주의자'라며 아꼈던 문재인 대통령에 앞서 청와대 비서실장을 지냈다. 이 전 비서실장을 향한 노 전 대통령의 신임을 짐작할 수 있는 대목이다.

　친노 핵심 인사 중 한 명인 이 전 비서실장은 2017년 더불어민주당 대선후보 경선에서 안희정 충남지사를 지원했다. 언론을 통해 이 전 비서실장은 안 지사에 대해 "김대중·노무현의 시대정신을 물려받은 정치적 적자"라고 강조했다. 안 지사가 경선에서 패한 뒤, 이 전 비서실장은 문재인 대통령을 지지한다는 뜻을 명확하게 밝히지는 않았다. 대신 외부와의 접촉을 최대한 자제하는 모습을 보였다. 그러나 참여정부 시절의 상징성과 국민의정부 시절 김대중 전 대통령이 발탁해 청와대에 입성했다는 점 등을 고려하면 오랜 연륜을 바탕으로 조언자 역할에 나설 가능성도 배제할 수 없다.

　참여정부 시절의 이 전 비서실장은 '과묵한 재사才士' 이미지로 국정 운영에 힘을 보탰다. 《서울경제신문》 경제부장·《한국일보》 논설위원을 지낸 언론인 출신답게 정책 감각과 순발력을 갖춰 굵직한 공약을 발표하는 데 앞장서기도 했다. 당시 대선주자였던 정몽준 후보와의 단일화 과정에서도 물밑에서 기여했다는 후문이다. 하지만 주변에서 그와 관련된 이야기를 물을 때마다 "몰라요, 나는 그런 거. 다 같이 한 거죠, 뭐"라는 답변이 돌아왔다고 한다.

이 전 비서실장은 열린우리당이 붕괴된 뒤 유시민 전 보건복지부 장관, 이재정 경기도 교육감 등과 국민참여당 창당 작업에 나섰다. 국민참여당 창당 후 2010년 1월 광주광역시장 예비후보로 나섰다가 다른 이에게 양보하고 광주 서구 기초의원에 당선됐다. 이후 국민참여당이 통합진보당에 통합될 때 이에 반대하며 탈당했고, 2014년 1월 무소속으로 광주시장에 출마했다가 당시 새정치민주연합(현 더불어민주당) 후보로 나섰던 윤장현 광주시장에 밀려 낙선했다.

노 전 대통령의 정치적 후원자인 고 강금원 창신섬유 회장과는 사돈지간이다. 2008년 9월 이 전 비서실장의 장녀와 고 강 회장의 장남이 결혼식을 올릴 때 노 전 대통령이 주례를 서기도 했다.

출 생 1954년 전남 장성
학 력 광주고등학교, 고려대학교 신문방송학과, 한양대학교 언론정보대학원 석사
경 력 《한국일보》 논설위원, 참여정부 기획조정비서관, 참여정부 홍보문화특보, 참여정부
　　　　　비서실장, 광주광역시 시의원, 노무현재단 이사장

이석현 더불어민주당 의원

친노 독주 견제한 민주당 균형추

　20대 국회의원 중 이석현 의원(6선)보다 선수가 높은 의원은 서청원 자유한국당 의원(8선)과 이해찬 더불어민주당 의원(7선)뿐이다. 19대 국회 때 국회부의장을 포함해 원내 여러 자리를 두루 거치면서 계파에 매몰되지 않은 합리적 성향의 정치인으로 평가받는다. 2017년 대선에서는 선거대책위원회 공동선대위원장을 맡아 활약했다.

　이 의원은 전북 익산 출신으로 익산에서 초·중·고교를 모두 나왔다. 2남 1녀 중 장남이었던 이 의원은 아버지의 농사일을 도우면서도 학창 시절 내내 전교 1등을 놓치지 않았다. 중학교 때는 아이큐 147로 별명이 '이천재'였다고 한다. 서울대학교 공대에 합격했다가 법학으로 전공을 바꿔 재수 끝에 서울대학교 법대에 들어갔다.

　학내 사회과학연구회, 가톨릭학생회 등에서 학생운동을 시작했다. 〈햇불〉이라는 제호의 지하신문을 발행하면서 당시 정권 2인자였던 이후락 중앙정보부장을 비판하는 글을 쓰기도 했다. 군 제대 후 학생운동을 접고 보험회사에 입사해 평범한 직장인의 길을 걷기도 했다. 학생운동 동료들로부터 "너만 혼자 편안하게 살 때냐"는 말을 듣고 다시 운동권으로 복귀해 민주화운동과 직장 생활을 병행했다.

　이후 1980년 문희상 의원, 배기선 전 의원 등과 함께 김대중 전 대통령의 청년 조직인 민주연합청년동지회(연청)를 조직하고 활동하다 체포돼 보안사령부에서

고문을 당하기도 했다. 1984년 아예 회사를 그만두고 민주화추진협의회(민추협) 창립에 깊숙이 개입하면서 본격적으로 민주화운동에 뛰어들었다. 김대중 전 대통령의 비서로 정계에 입문해 범동교동계로 분류된다.

1994년 40대 초반 나이에 14대 총선에서 당선된 뒤 경기 안양에서만 내리 6선을 기록했다. 19대 국회 후반에는 국회부의장에 선출됐으며 20대 총선 직전 테러방지법을 둘러싼 필리버스터 정국에서는 의원들이 발언 도중 화장실에 다녀올 수 있도록 배려하는 따뜻한 모습으로 화제가 되기도 했다.

당내에서는 정책통으로 꼽힌다. 언론사 정치부 기자들을 대상으로 모범적인 의정 활동을 벌인 의원들을 뽑는 '백봉신사상'에 선정되기도 했다. 하지만 중도 성향의 옅은 계파 색으로, 정치적 리더십을 발휘하고 세를 구축할 수 있는 당대표나 원내대표와 같은 직은 아직 맡지 못했다. 시집을 3권이나 출간할 정도로 문학적으로도 조예가 깊다. 아직 미혼이다.

출 생   1951년 전북 익산
학 력   익산 남성고등학교, 서울대학교 법학과
경 력   14·15대, 17~20대 국회의원, 19대 국회 후반기 국회부의장

이수혁 　전 외교부 차관보

6자회담 수석대표 맡았던 외교안보 전문가

　이수혁 전 외교부 차관보는 북핵 6자회담 초대 수석대표로 잘 알려져 있다. 대표적인 외교·안보 전문가로 문재인 대통령의 외교 자문 그룹의 핵심이다.

　이 전 차관보는 문 대통령이 더불어민주당 대표를 맡던 2016년 1월 인재 영입 3호 인사로 민주당에 입당했다. 민주당의 약점으로 지목됐던 외교·안보 분야 강화를 위한 맞춤형 영입이었다. 문 대통령은 당시 그의 영입을 발표하며 "외교 분야의 최고 전문가를 영입했다. 굴욕적인 위안부 문제에 관한 한·일 합의를 파기하거나 무효화 투쟁을 하는 데 있어서 중요한 역할을 해줄 것으로 기대한다"고 치켜세웠다.

　그 역시 입당 기자회견에서 "피해 당사자의 의견을 반영하지도 않은 채 양국 외교 장관에 쫓기듯 서둘러 합의를 보아 '최종적, 불가역적'이라고 선언한 것은 정치적 합의에 다름이 아니다. 법적 구속력을 주장할 수 없다"고 밝혔다. 이후 문 대통령이 설치한 한반도경제통일위원회 위원장을 맡아 활약했다. 20대 총선에서는 비례대표 순번 15번을 받았으나 국회 입성에는 실패했다.

　서울대학교 외교학과 출신인 이 전 차관보는 1975년 외무고시에 합격해 줄곧 외교관의 길을 걸었다. 한반도 비핵화·대북 관계·통일 정책·대미 외교 등의 분야에서 활약했으며 독일 통일 과정을 깊이 연구한 전문가이기도 하다. 1997년 주미대사관 참사관으로 근무하며 남·북한 간 비공식 외교 경로인 '뉴욕 채널'을 최초로 개설하고 같은 해 제네바 4자회담(한국·북한·미국·중국)을 성사시켰다. 1999년에는 김대중 전 대통령의 외교통상비서관으로 발탁됐고 2003년 6월 6자회담 초대 수석대표, 2005년 주독일대사, 2007년 국가정보원 1차장 등을 역임했다.

참여정부 시절에 주요 보직을 맡아 '친노 인사'로 분류된다. 이 전 차관보는 이에 대해 "2015년 문 대표가 도와달라고 해서 별로 고민할 것도 없이 흔쾌히 동의했다. 김대중 정부에서는 청와대 외교통상비서관을 지냈고 평소 김대중, 노무현 전 대통령을 존경한다"고 말하기도 했다.

출 생   1949년 전북 정읍
학 력   서울고등학교, 서울대학교 외교학과, 연세대학교 국제관계학 석사
경 력   외무고시 9회, 외교통상부 차관보, 북핵 6자회담 수석대표, 주독일대사, 국가정보원
        1차장, 단국대학교 석좌교수, 더불어민주당 한반도경제통일위원회 위원장

이영탁 전 국무조정실장

공직과 민간 분야를 두루 섭렵한 경제통

　이영탁 전 국무조정실장은 선대위 '10년의힘위원회' 공동위원장을 맡으면서 문재인 대통령의 정책 수립을 가까운 거리에서 지원했다. 이 전 실장은 옛 경제기획원과 재무부를 두루 거친 뒤, 재정경제원 예산실장과 교육부 차관, 국무조정실장에 발탁된 화려한 경력의 소유자다.

　차관급인 국무총리 행정조정실장을 끝으로 공직에서 은퇴한 뒤 과학기술처 산하 한국기술개발주식회사로 출범했다가 민영화된 KTB네트워크 회장을 맡으면서 벤처 기업 현장을 경험했다. 공직 사회와 민간 분야를 두루 거치며 경험을 쌓은 것이다. 집무실은 해양수산부가 한때 입주했던 곳으로 당시 노무현 해양수산부 장관이 썼던 방이라는 묘한 인연도 있다.

　행정고시 7회 출신으로 일찌감치 장관감이라는 평가를 받았다. 그만큼 실력과 인망을 두루 인정받았다는 뜻이다. 민간으로 넘어갔다가 장관급인 국무조정실장으로 복귀했는데, 고건 전 총리가 그를 눈여겨봤기 때문이라는 얘기는 유명하다. 고 전 총리가 김영삼 정부에서 총리를 지낼 때 국무조정실의 전신인 행정조정실장으로 보좌했다. 고 전 총리와의 두 번째 만남에서도 국무조정실장으로 부처 간 막후 조정 역할을 충실히 해 호평을 받았다.

　공직과 민간을 오갔지만 '야인' 시절도 실속 있게 보냈다. 현대그룹과 삼성그룹 계열사에서 사외이사 일을 맡았고, 벤처 육성에 힘을 기울였던 김대중 정부 시절에는 대표 벤처 기업의 경영도 맡았다. 특히 성균관대학교에서 〈신기술 중소기업의 기업 가치 평가 연구〉라는 논문으로 경제학 박사학위를 땄다. '벤처 기업의 진정한 가치를 평가하려면 인력 가치, 모델 가치, 기술 가치 등 세 가지 가치를 통합해야 한다'는 박사학위 논문이 크게 주목받기도 했다. 스타트업이 다시 중요해지는 시점에서 그의 혜안이 필요하다는 얘기도 나온다.

청와대 경제비서관으로 근무할 때는 《시민을 위한 경제이야기》라는 책을 펴내베스트셀러 반열에 오르기도 했다. 평소 말이 적고 무뚝뚝하지만 속마음은 따뜻하다는 게 주위 평가다. 관료 시절에도 "지날수록 맛이 우러난다"며 따르는 직원들이 많았다.

글 솜씨가 뛰어나고 테니스도 수준급이다. 젊은 시절엔 두주불사형이라는 말도들었다. 경북 영주 출신으로 김병준 전 대통령 정책실장과는 대구상업고등학교동문이다. 부인 권경옥 씨와의 사이에 1남 1녀를 뒀다.

출 생 1947년 경북 영주
학 력 대구상업고등학교, 서울대학교 상과대학, 미국 윌리엄스대학 경제학 석사, 성균관대학교
경제학 박사
경 력 행정고시 7회, 청와대 경제비서실 행정관, 재무부 증권국장, 재정경제원 예산실장,
교육부 차관, 행정조정실장, 한국기업구조조정전문회사협회장, 국무조정실장, 세계
미래포럼 이사장

이용섭 　전 국회의원

문재인노믹스의 실물경제를 총괄한 참여정부 대표 관료

이용섭 전 의원은 노무현 대통령식 발탁 인사의 전형과 같은 인물이다. 노무현 정부 첫 국세청장을 맡은 데 이어 청와대 혁신수석, 행정자치부 장관, 건설교통부 장관으로 임기 내내 노무현 전 대통령과 함께했다. 이 전 의원은 노 전 대통령이 자신을 발탁한 이유를 알지 못했는데 2012년에 그 비밀이 풀렸다. 문재인 대통령이 저서 《문재인의 운명》에 "이용섭 관세청장을 국세청장으로 천거한 것이 자신"이라고 밝힌 것이다. 이 전 의원은 "생색을 낼 만도 한데 10년 넘게 한 마디도 하지 않더라"며 "문 대통령이 얼마나 인간적인 매력이 넘치는 분인지 알게 됐다"고 말했다.

이 전 의원은 행정고시에 합격해 재정경제부 국세심판원장·세제실장, 관세청장을 지내다 노무현 정부의 첫 국세청장을 역임했다. 국세청장에 임명되기 전까지 노 전 대통령과는 일면식도 없었는데 그 연결 고리가 바로 문재인 당시 비서실장이었다. 이 전 의원은 국세청 재임 시절 50만 원 이상 접대비 실명제 도입, 특별세무조사 폐지 등 세정 혁신을 추진했다. 당시 접대비 실명제 도입을 앞두고 "실시하려면 빨리 해야 한다"며 이헌재 전 장관과 설전도 불사할 만큼 업무 추진에 강한 소신을 가진 인물로 평가받는다.

국세청장 취임 이후 혹시라도 물의를 일으킬까 우려해 즐기던 골프도 끊었고 한 번도 지역 편중 인사를 하지 않을 만큼 자기 관리에도 철저했다. 노 전 대통령은 이 전 의원을 새로 신설한 청와대 혁신수석에 다시 임명했다. 국세청장 시절에 보여준 '칼 같은' 성품이 정부 혁신의 적임자라고 판단한 것이다. 이후에도 노 전 대통령은 가장 중요한 개혁과 혁신 업무가 필요한 곳에는 늘 '이용섭' 카드를 썼다.

정부조직 혁신을 위해 행정자치부 장관으로 기용했고 부동산 개혁을 위해 건설교통부 장관 자리를 맡겼다. 정치를 할 생각이 없었으나 이명박 정권 출범 이후 오히려 아내가 "당신이라도 나가 싸우라"고 등을 떠밀어 2008년 4월 총선에 출마해 국회의원에 당선됐고, 2012년 재선에 성공했다. 하지만 2014년 지방선거에서 광주시장에 출사표를 던졌으나 실패했다.

문재인 선거대책위원회에서 실물경제를 책임지는 비상경제대책단장을 맡아 '일자리와 소득 주도의 사람 중심 행복경제'라는 문재인 대통령 경제 정책의 큰 그림을 그렸다. 선거운동 과정에서 국민의당에서 '노무현 정부의 호남홀대론'으로 호남 표심을 흔들 때 "내가 바로 호남 홀대가 없었다는 증거"라며 논란을 잠재우기도 했다.

출 생 1951년 전남 함평
학 력 함평 학다리고등학교, 전남대학교 무역학과, 미국 미시간대학 경제학 석사, 성균관
대학교 경제학 박사
경 력 행정고시 14회, 재정경제부 세제총괄심의관, 관세청장, 국세청장, 대통령비서실 혁신
관리수석비서관, 행정자치부 장관, 건설교통부 장관, 18·19대 국회의원

이해찬 더불어민주당 의원

화려한 컴백 예고한 친노 좌장

　새 정부의 외교 정책을 주요국에 알리는 막중한 임무를 수행한 이들이 대통령 특사다. 문재인 정부 출범 직후 중국 특사로 활약한 이해찬 의원은 참여정부와 문재인 정부를 관통하는 친노·친문의 좌장으로 불린다.

　충남 청양에서 5남 2녀 중 다섯째로 태어난 이 의원은 청양국민학교를 졸업하고 형들과 함께 서울에 살면서 덕수중학교와 용산고등학교를 다녔다. 그는 서울대학교 섬유공학과에 입학했으나 적성이 맞지 않아 그만두고 이듬해 서울대학교 사회학과에 입학한 뒤 졸업했다.

　그는 민주화를 위해 젊음을 바친 민주투사였다. 고 김근태 전 의원과 함께 1974년 전국민주청년학생총연맹(민청학련) 사건으로 투옥돼 11개월 만에 석방됐고 1980년에는 김대중 내란음모 사건으로 다시 투옥돼 2년 반 동안 고초를 겪었다. 줄곧 민주화운동에 투신하느라 돌베개출판사는 물론 곰탕집을 열어 생계를 이어가기도 했다. 1987년 6월 민주화항쟁 때는 민주쟁취국민운동본부 상황실장을 맡아 현장사령관으로 거리를 누볐다.

　이해찬 의원은 1988년 평화민주당 소속으로 서울 관악을 지역구에서 당선돼 13대 국회의원으로 입성했다. 그의 나이 36세였다. 광주민주화운동특별위원회 간사로 광주의 진상을 밝히는 데 힘을 보탰고 국회 노동위원회 등에서 노동 분야 입법 활동에 주력했다. 1995년 서울시장 선거에서 당시 조순 후보를 도와 승리를 이끌어냈고 정무부시장으로 일하기도 했다.

김대중 정부에서는 교육부 장관을 지냈는데 전국교직원노조 합법화, 교원정년 단축 등 일련의 교육 개혁을 진두지휘했다. 다만 일선 고교 야간 자율학습과 모의고사를 폐지했다가 학생들의 학력 저하 문제가 발생하면서 당시 학생들을 '이해찬 세대'라고 부르기도 했다.

2002년 대선에서 그는 선거 전략의 밑그림을 그려 노무현 전 대통령 당선에 기여했다. '친노 좌장'으로 자리매김하며 2004년에는 국무총리에 올랐다. 역대 어느 총리보다 막강한 권한을 가진 책임총리로서 행정중심복합도시 건설, 공공기관 지방 이전, 방폐장 문제 등 굵직한 현안들을 무난히 처리했다.

2007년 대선 경선에 나섰다가 탈락하면서 잠시 정계를 떠났지만 2011년 '혁신과통합' 일원으로 당에 돌아온 뒤 단숨에 당대표로 당선됐다. 친노 진영과 시민사회의 든든한 지원이 있었기 때문이다. 그는 자신이 기획하고 설계한 세종시에 2012년 출마해 초대 국회의원(19대)으로 당선되면서 6선 의원이 됐다. 2014년에는 노무현재단 4대 이사장으로 취임하기도 했다.

20대 총선 공천 과정에서 '친노와 운동권 세력 청산'이라는 이유로 탈락하자 탈당한 뒤 무소속 출마라는 승부수를 던져 7선 의원으로 재기에 성공했다. 2016년 9월 더불어민주당에 복귀한 뒤 대선 캠프에서 공동선대위원장을 맡아 문재인 대통령 만들기에 힘을 쏟았다. 부인 김정옥 씨와 사이에 딸 한 명을 두고 있다.

출 생 1952년 충남 청양
학 력 용산고등학교, 서울대학교 사회학과
경 력 돌베개출판사 대표, 민주통일민중운동연합 총무국장, 서울시 정무부시장, 교육부 장관,
　　　 국무총리, 민주통합당 당대표, 13~17대, 19·20대 국회의원

이호철 　전 청와대 민정수석

문 대통령 당선날에 출국한 영원한 친문

　이호철 전 청와대 민정수석은 문재인 대통령과 노무현 전 대통령과의 오랜 인연으로 이번 정권에서 요직을 차지할 것이라는 전망이 많았다. 전해철 더불어민주당 의원, 양정철 전 홍보기획비서관과 함께 문 대통령의 최측근 실세로 불렸던 '3철' 중 한 명이다. 대선기간 중 경쟁자들은 문 대통령이 당선되면 '3철'이 요직을 장악할 것이라며 참여정부 2기에 다름이 아니라는 공세를 펴기도 했다.

　하지만 이 전 수석은 문 대통령 취임식이 열린 2017년 5월 10일 돌연 해외로 떠났다. 이 전 수석은 이날 인천공항에서 지인들에게 "정권 교체는 이뤄졌고, 제가 할 일은 다 한 듯하다. 자유를 위해 먼 길을 떠난다"는 메시지를 남겨 주변을 놀라게 했다. 또 그는 "3철로 불리는 우리는 범죄자가 아니다. 문 대통령이 힘들고 주변에 사람이 없을 때 곁에서 묵묵히 도왔을 뿐이다. 그럼에도 불구하고 정치적 반대자들은 우리를 공격했다. 이런 비난과 오해가 옳다거나 마음에 들지는 않지만 괜찮다. 담담하게 받아들인다"고 적기도 했다. 통합을 위한 탕평 인사를 내세운 문 대통령을 위해 최측근인 이 전 수석이 살신성인 자세로 용퇴를 결정한 셈이다.

　문 대통령의 경남고등학교 후배인 이 전 수석은 1981년 부림사건으로 구속됐을 때 노무현 전 대통령이 변호를 맡으면서 연이 닿았다. 당시 전두환 정권은 학생회장으로 있던 그를 부림사건의 주동자로 지목해 고문을 가했다. 그는 부림

사건 피해자로 모친과 함께 국가를 상대로 낸 손해배상 청구 소송에서 각각 3억 7,300만 원과 1억 5,000만 원 배상 판결을 받아낸 바 있다. 그는 이 사건을 소재로 만들어진 영화 〈변호인〉을 보고 노 전 대통령이 생각난다며 눈물을 흘리기도 했다. 이 영화에서 피해자 역을 맡았던 배우 임시완의 실제 모델이 이 전 수석인 셈이다.

노 전 대통령과 함께 인권변호사로 활동하던 문 대통령과 인연을 맺은 것도 이 때부터다. 참여정부에서는 문 대통령과 함께 청와대에서 일했다. 민정비서관, 제도개선비서관, 국정상황실장, 민정수석 등 요직을 거쳤다.

이 전 수석은 2012년 대선 때도 당 안팎에서 비선 실세라는 지적이 나오자 백의종군을 선언하고 정치권을 떠났다. 문 대통령이 당대표가 된 뒤에는 총선 불출마 선언까지 하며 공식석상에 나타나지 않았다. 이번 대선에서는 본인의 고향인 영남권을 돌며 문 대통령을 조용히 도운 것으로 알려졌다.

현직 의원인 전해철 의원이나 선거 캠프에서 비서실 부실장을 맡은 양정철 전 홍보기획비서관과는 달리 이호철 전 수석은 2017년 대선에서 철저히 몸을 낮췄다. 취임 직후 출국하면서 정치권과 스스로 거리를 두고 있지만, 문 대통령이 정치적으로 위기에 봉착하면 언제든 복귀해 지척에서 힘을 보탤 것이라는 전망이 우세하다.

출 생 1958년 부산
학 력 경남고등학교, 부산대학교 법학과
경 력 대통령비서실 민정수석실 민정비서관, 대통령비서실 혁신관리수석실 제도개선비서관,
　　　 대통령비서실 국정상황실장, 대통령비서실 민정수석비서관

이 훈 더불어민주당 의원

김대중·노무현 잇는 '두물머리'

이훈 의원은 김대중DJ - 노무현 대통령을 잇는 '두물머리'로 불린다. DJ 정권
에서 청와대 비서관과 국정상황실장을 지냈고, 2012년 대선에서는 문재인 캠프
공보팀장을 맡았다. 2017년 대선에서 캠프 전략본부 부본부장을 맡았던 건 그
의 이력 때문이다. DJ의 고향인 전남 신안 출생인 그는 박지원 의원의 비서로 정
계에 입문했고 DJ 총재 공보비서를 지냈다. DJ 정권 출범 이후에는 대통령비서
실 제1부속실 국장, 기획조정국장, 청와대 국정상황실장 등을 지냈다.

이후 박원순 서울시장후보 선대위 정책특보, 18대 대선 문재인 캠프 공보팀장
등을 지냈다. 지난 20대 총선에선 서울 금천에 출마해 당선됐다. 그를 지지하는
'금천 노사모' 등의 지원이 절대적이었다. 당내 경선에서 이목희 정책위의장과 치
열하게 경합할 때도 이런 지지층이 그에게 큰 도움을 줬다.

그가 여의도에 직접 뛰어든 것은 19대 국회에 진출했던 또래 정치인들이 새로
운 정치가 무엇인지 대안을 내놓지 못했다는 판단 때문이다. 그는 "저보다 능력
있고 진정성 있는 친구들이 자신을 드러내는 데 실패하는 이유가 궁금했다. '되든
안 되든 시도라도 한번 해보자'고 마음먹었다"며 당시를 회고했다.

그가 정치를 하는 원동력은 DJ 유언이다. 그는 "2009년 6·15 남북공동선언
9주년 행사에서 DJ를 만났다. 제 귀에 대고 '정권 교체를 위해 꼭 힘써달라'는
말을 했다. 또 '가진 것 없는 사람을 위해 힘은 썼지만 잘 안 됐다. (그들에게) 관심을

많이 가져야 한다'고 당부하더라. 그리고 두 달 뒤에 돌아가셨는데 그 말이 유언이 됐다"고 말했다.

그는 박지원 의원 보좌관을 거쳐 1996년부터 DJ 총재 비서실에 근무했다. 대중연설의 달인으로 알려진 DJ의 연설 자료를 만드는 일을 맡았다. 그가 연설문을 작성하면 DJ는 빨간 펜으로 수정할 부분을 적어줬는데 다시 돌아온 연설문은 그야말로 '피바다'였다고 한다. 낙담한 그는 당시 정동채 비서실장에게 이 일을 하소연하기도 했다. 정 실장은 "만약 총재께서 마음에 들지 않았다면 이렇게 수정하지 않고 다시 썼을 것이다. 너무 낙담하지 말라"고 했다. 훗날 DJ는 자서전에서 "이 훈은 내 말을 가장 잘 이해한 비서 중 하나"라고 언급했다.

이 의원은 경기 남양주을이 지역구인 김한정 더불어민주당 의원과는 사촌지간이다. 김 의원 고모의 아들이 이 의원이다. 동교동계 막내로 분류되는 두 의원은 공교롭게도 20대 국회를 통해 정계에 첫발을 내디뎠다. 김 의원은 한 매체와의 인터뷰에서 "설훈 의원이 나를 동교동계로 끌어들였고 내가 사촌동생인 이 의원을 동교동계에 소개하면서 정계에 입문시켰다"고 밝혔다.

출 생　1965년 전남 신안
학 력　대원고등학교, 서강대학교 사학과
경 력　청와대 국정상황실장, 문재인 대선 캠프 공보팀장, 20대 국회의원

전윤철 _전 감사원장_

대통령에게도 쓴소리를 하는 경제 원로

　2017년 2월 초 대선판이 요동을 쳤다. 반기문 전 유엔 사무총장이 불출마를 선언했고, 안철수 전 국민의당 대표가 상승세를 탔으며, 당내에선 안희정 충남지사의 추격이 매서웠다. 지지율 1위를 달리고 있었지만 안팎의 공세에 문재인 대통령으로선 반전의 계기가 필요했다. 문 대통령이 꺼내든 카드는 전윤철 전 감사원장의 영입이었다. '호남홀대론'을 불식시키기 위한 최적의 인물로 경제 전문가이자 호남이 낳은 대표 공직자였던 전 전 감사원장을 선택한 것이다.

　전 전 원장은 전남 목포 출신으로 학창 시절 신문 배달과 군밤장수를 하는 등 어려운 환경에도 서울대학교 법대에 진학했다. 행정고시 합격 후에는 주로 경제기획원 등 경제 부처에서 일했다. 그러나 승진 때마다 호남 차별을 받아 미끄러지기 일쑤였다. 김영삼 정부에서 차관급인 수산청장으로 일하다가 한직인 해운산업연구원 연구자문위원으로 밀려나기도 했다. 우여곡절 끝에 공정거래위원장으로 복귀했다. 그는 김대중 정부에서 기획예산처 장관, 청와대 비서실장, 경제부총리 등을 거쳤다.

　참여정부에서는 감사원장을 연임하면서 당시 청와대에서 일하던 문재인 대통령과 인연을 맺었다. 전 전 원장은 "당시 청와대에 있던 문재인 대통령과 좋은 일이나 나쁜 일이 있을 때마다 많이 상의했다. 감사원 인사를 소신껏 할 수 있도록 도와줬다"고 밝힌 바 있다. 노무현 전 대통령과의 친분에 대해 그는 "2000년 당시 해양수산부 장관이던 노 전 대통령과 국무회의에서 8개월간 옆자리에 앉은 짝 꿍이었는데 서로 툭 치면서 '소주나 한잔할까' 하는 사이였다"고 회고했다. 이명 박 정부에선 공직에서 물러나 김대중노벨평화상기념관 이사장으로 일했다. 또 그 는 20대 총선을 앞두고 국민의당 공천심사위원장을 맡은 적도 있다. 그는 "당시 공천심사위원장을 했지만 국민의당 당적을 가진 적은 없다"고 전했다.

전 전 원장의 오랜 별명은 '전핏대'이다. 꼬장꼬장하고 거침없으며, 개혁 성향 으로 소신을 굽히지 않고 직언도 마다하지 않는 모습 때문이다. 기획예산처 장관 으로 일할 때는 여당인 민주당을 향해 "낙하산 인사하지 말라"고 비판하기도 했 다. 그는 김대중 전 대통령 측근인 공기업 사장에 대해 해임건의안까지 제출했다. 당시 김 전 대통령이 "전윤철은 독한 사람"이라고 평가할 정도였다. 하지만 김 전 대통령은 그를 "더 지근거리에서 일하라"며 청와대 비서실장으로 임명하기도 했 다. 그는 지금도 스키를 즐길 정도로 왕성한 체력을 자랑한다.

출 생 1939년 전남 목포
학 력 서울고등학교, 서울대학교 법학과
경 력 행정고시 4회, 경제기획원 기획관리실장, 수산청장, 공정거래위원장, 기획예산처 장관,
청와대 비서실장, 경제부총리, 감사원장, 김대중노벨평화상기념관 이사장

전재수 더불어민주당 의원

안철수 저격수 역할을 도맡은 원조 친문

　전재수 의원은 문재인 캠프에서 교육특보를 맡아 안철수 국민의당 후보의 딸 재산 공개 거부, 부인 김미경 씨의 서울대학교 임용 특혜 등 관련 의혹을 집중 제기했다. 일종의 '저격수' 역할을 맡은 셈인데 대부분의 의원들이 기피하는 일이다. 그만큼 문재인 대통령에 대한 충성심이 강하다는 이야기다. 특히 안철수 후보가 문 대통령과 양강 구도를 형성하며 치고 올라왔던 2017년 4월 초부터 저격수를 자처하며 최전방에 섰다.

　안 후보가 관련 의혹을 정면 반박하자, 전 의원은 기자회견을 자청해 "안철수 후보님, 네거티브나 하려고 세 번 떨어져가면서 국회의원 하는 게 아닙니다"라며 "상식적 수준에서 합리적으로 묻는 것"이라며 한 발도 물러서지 않았다. 전 의원은 또 안 후보의 대표적 교육 공약인 학제 개편에 대해서도 14조 원 이상이 소요된다는 이유로 '교육계의 4대강 사업'이라며 공세의 끈을 놓지 않았다.

　원조 친노인 전 의원은 더불어민주당 경선 과정에서 불거진 '친노 적자' 논란에서도 문 대통령의 문지기 역할을 충실히 해냈다. 당시 안희정 후보 측의 "친노 인사들이 문재인을 떠났다"는 지적에 대해 전 의원은 "'싸가지 있는 친노는 다 떠났다'는 말씀은 사실 관계도 맞지 않을뿐더러 극단적인 분열의 언어"라고 반박했다.

　전 의원은 문 대통령과 동향이다. 김경수·최인호 의원, 윤건영 전 청와대 정무기획비서관 등과 함께 '부산파'로 분류된다. 2017년 대선에서도 부산지역 공동선대위원장을 맡아 문 대통령이 '야도野都'인 부산에서 높은 지지율을 기록하는 데 일조했다.

1971년 경상남도 의령군에서 출생한 전 의원은 국회의원 보좌관으로 정치권에 입문해 김진표 재정경제부 장관 정책보좌관을 지냈으며, 노무현 정부에서는 국정상황실 행정관, 영부인을 담당하는 청와대 제2부속실장 등을 역임했다.

전 의원은 20대 국회의원 선거에서 보수 진영의 텃밭인 부산에서만 '4수' 끝에 국회의원 배지를 달면서 주목을 받았다. 2006년 지방선거에서 열린우리당 후보로 부산 북구청장에 출마한 것을 시작으로 18·19대 국회의원 선거에서 연거푸 낙선의 고배를 마셨지만 오뚝이처럼 일어났다.

출 생　1971년 경남 의령
학 력　구덕고등학교, 동국대학교 역사교육과, 동 대학원 정치학 석사
경 력　청와대 제2부속실장, 노무현 정부 인수위원회 경제1분과 행정관, 20대 국회의원

전해철 　더불어민주당 의원

당과 캠프의 가교 맡은 '3철'

　전해철 의원은 선대위에서 조직특보단장으로 활약했다. 동시에 당 최고위원으로 활동하며 추미애 대표 등 당 지도부와 캠프 사이의 가교 역할을 담당했다. 민주사회를위한변호사모임(민변) 출신으로 재야 법조계에서 활약해온 86그룹 법조인이며, 참여정부에서 대통령비서실 민정비서관, 민정수석, 대통령 정무특별보좌관을 역임했다. 당내 대표적 친노·친문 의원으로 분류된다.

　1993년 천정배 의원이 세운 법무법인 '해마루'에 몸담으면서 노무현 전 대통령과 인연을 맺었다. 2002년 대선 때는 노무현 후보 선대위 법률지원단 간사로 참여했고, 2003년 대통령소속 의문사진상규명위원회(의문사위) 비상임위원으로 제도권에 진입했다. 대선 후에는 안희정 충남지사가 연루된 나라종금 사건의 변호인을 맡았다. 민정비서관 시절 직속 상관인 문재인 대통령과 인연을 쌓으면서 친문 핵심으로 떠올랐다. 양정철·이호철 전 비서관과 함께 '3철'로 불리기도 한다.

　의문사진상규명위원으로 위촉돼 활동하던 2004년 노 전 대통령에 대한 탄핵안이 국회에서 가결되자 이를 규탄하는 의문사위의 시국선언문 발표를 주도하는 등 강단도 갖췄다는 평가를 받는다. 2012년에는 '찾아가는 노무현시민학교'에 참여하기도 했다. 찾아가는 노무현시민학교는 노무현재단 주최로 일반 시민들을 대상으로 노 전 대통령의 가치와 철학, 업적을 교육하는 강좌다. 그의 공식 블로그에는 '원칙과 상식이 통하는 세상, 여러분과 함께 만들어가겠습니다'라는 글귀가 적혀 있다.

전 의원은 지난 18대 총선에서 통합민주당 안산 상록갑 후보로 출마했지만 5,000표 차이로 낙선했다. 2012년에는 대선을 앞두고 다른 참모 출신 인사 8명과 함께 백의종군을 선언하기도 했다. 이후 19·20대 총선에서 잇따라 당선되면서 재선 의원 대열에 올라섰다. 2016년 비문계인 이언주 의원을 63.27%의 득표율로 누르고 경기·인천 권역 최고위원이 되면서 당 지도부에 입성했다. 응용미술을 전공하고 미술심리치료를 공부한 부인 장선희 씨와 결혼해 1남 1녀를 두고 있다.

출 생 1962년 전남 목포
학 력 마산중앙고등학교, 고려대학교 법학과
경 력 대통령비서실 민정비서관, 대통령비서실 민정수석, 대통령 정무특별보좌관, 19·20대
　　　 국회의원, 더불어민주당 경기도당 위원장, 더불어민주당 최고위원

전현희 더불어민주당 의원

직능단체 지지를 이끌어낸 강남 홍일점

'국내 최초 치과의사 출신 변호사, 20년 만의 야당 출신 강남 국회의원.' 전현희 의원을 따라다니는 수식어는 그야말로 화려하다. 문재인 대통령과 특별한 인연은 없었으나 캠프에 참여해 직능특보단장을 맡은 것도 이 같은 이력이 바탕이 됐다. 특히 전 의원은 전공 분야를 살려 의료·제약업계의 현안을 정리해 문 대통령의 정책에 녹여내면서 관련 업계의 지지를 이끌어냈다는 평가를 받았다. 또 여성 의원으로서 여성 정책에도 상당한 공을 들였다는 후문이다.

전 의원은 경상남도 통영 출신으로 부산 데레사여자고등학교와 서울대학교 치의학과를 졸업한 뒤 1990년부터 치과의사를 시작했다. 1996년에는 사법고시에 합격해 한국 최초의 치과의사 출신의 변호사가 됐다. 의료 전문 변호사 시절에는 혈우병 환자들의 집단 에이즈 감염에 대한 무료 변론에 나서고, 적십자사 혈액관리 부실 문제를 제기해 정치권과 언론의 주목을 받았다. 이후 18대 국회의원 선거에서 통합민주당 비례대표 국회의원 7번을 받아 정치에 입문했다.

전 의원은 야권의 불모지나 다름없는 서울 강남을 지역구를 선택해 일찌감치 지역구 도전을 준비했으나 19대 국회의원 선거에서는 당내 경선에서 정동영 의원에게 밀려 공천을 받지 못했다. 당에서 송파갑 지역 전략 공천을 제의했으나 이를 마다하고 의료소송 전문 변호사로 활동하며 지역구를 지켰다.

전 의원을 다시 정치권으로 불러들인 인물은 아이러니하게도 박지원 국민의당

대표였다. 박 대표가 2015년 2·8 전당대회에 출마하자 야인이었던 그를 비서실장에 임명해 다시 여의도로 소환한 것이다. 전 의원은 2012년 국회의원 시절 박 대표가 당시 민주통합당 원내대표를 역임할 때 원내대변인으로 호흡을 맞춘 바 있다.

2016년 20대 국회의원 선거에서 다시 강남을 지역구에 출마해 현역인 김종훈 당시 새누리당 의원을 6,624표 차이로 꺾는 이변을 연출하며 당당히 재기에 성공했다. 서울 강남을은 14대 총선 당시 민주당 홍사덕 후보가 당선된 이후 20년 동안 야당 의원이 배출되지 않았던 지역이다. 열정적인 지역구 관리에 야권 바람까지 더해지면서 화려한 재기에 성공했다.

남편은 고 김헌범 전 창원지방법원 거창지원장으로 2014년 교통사고로 작고했다. 서울대학교 1학년 때 동아리에서 만난 첫사랑이었다. 남동생과 올케 역시 변호사인 법조계 집안이다.

출 생   1964년 경남 통영
학 력   부산 데레사여자고등학교, 서울대학교 치의학과, 고려대학교 법무대학원 의료법학 석사
경 력   치과의사, 사법고시 38회, 18·20대 국회의원, 대한의사협회 자문변호사, 민주통합당
       원내대변인, 더불어민주당 전국직능대표자회의 총괄본부장

정세현 전 통일부 장관

민주정부 통일 정책의 브레인

정세현 전 통일부 장관은 2017년 2월에 꾸려진 문재인 국정자문단 '10년의힘위원회' 공동위원장을 맡으면서 '문재인의 사람'으로 합류했다. '10년의힘위원회'는 김대중·노무현 정부 장·차관 출신 60여 명이 모여 만들었다. 정 전 장관은 이 위원회의 구성 이유에 대해 이렇게 설명했다.

"젊은 학자들, 대개 정부에 들어가서 일하고 싶은 사람들이 싱크탱크 내지는 캠프에 들어간다. 그런 분들이 개발한 정책 또는 구호를 현장 경험이 있는 사람들이 볼 때 실현 가능성이 있는지 확인하는 기구라 할 수 있다."

정 전 장관을 비롯해 전직 고위 관료들의 행정 경험과 연륜으로 공약을 평가하는 역할을 자임한 것이다. 통일 문제 전문가인 정 전 장관의 행보는 이채롭다. 1977년 국토통일원(현 통일부) 공산권 연구관실에서 연구관으로 근무했고, 전두환 정부 때는 일해연구소(현 세종연구소)에서 기획조정실 실장을 지냈다. 노태우 정부 때는 민족통일연구원 부원장을 역임했고, 김영삼 정부 때는 청와대 대통령비서실 통일비서관과 민족통일연구원 원장에 임명됐다.

김대중 정부 때 대학에 머물다가 국가정보원장 통일특별보좌관이 됐고, 2002년 1월부터 2003년 2월까지 통일부 장관을 지냈다. 특히 노무현 정부가 출범한 이후에도 유임돼 2004년 6월까지 장관직을 수행했다. 정권이 수차례 바뀌었지만 북한 문제에 높은 이해도가 필요한 요직을 두루 거친 셈이다. 북한을 직접 방문해 북의

고위층과 대화를 나누고 현지 모습을 살핀 국무위원 출신의 지식인이라는 희소성 때문이다. 공직에서 물러난 뒤에도 언론에 자주 등장해 '비둘기파'의 목소리를 꾸준히 냈다.

선거 캠프에 합류한 지 얼마 안 돼 설화에 휘말리기도 했다. 2017년 2월 김정남 암살 사건을 두고, 과거 여권이 야당 정치인이었던 김대중 전 대통령을 암살하려 했던 시절을 언급하며 "우리가 비난만 할 처지는 아니다"라는 취지의 발언이 언론을 통해 보도된 것. 범보수 진영의 맹비난을 받았지만 결국 문 대통령이 "다른 뜻은 없을 것"이라며 적극적으로 감싸며 논란을 진화했다.

문 대통령의 대북관이 이전 정부보다 대화와 협상에 방점이 찍혀 있는데 정 전 장관이 설파해온 대북 정책 기조가 반영됐다는 후문이다. 그는 2017년 4월 사단법인 남북물류포럼과 동북아평화협력연구원이 개최한 학술회의에서 "대미 의존적 사고를 버리고 대미 순종적 자세도 시정해야 한다. 차기 정부의 대북 정책이 '자국 중심성'을 확립해야 한다"고 밝혔다.

출 생　1945년 중국 헤이룽장성
학 력　경기고등학교, 서울대학교 외교학과, 동 대학원 국제정치학 석사, 동 대학원 국제
　　　　정치학 박사
경 력　일해연구소(현 세종연구소) 기획조정실장, 청와대 대통령비서실 통일비서관, 민족통일
　　　　연구원 원장, 국가정보원장 통일특별보좌관, 통일부 장관, 10년의힘위원회 공동위원장

정의용 청와대 국가안보실장

외교 자문 그룹 '국민아그레망' 주도한 외교 책사

　문재인 대통령이 비서실장과 함께 청와대 투톱인 국가안보실장으로 선택한 인사다. 정의용 전 의원은 2017년 2월 발족한 외교 자문 그룹 '국민아그레망' 단장을 맡으면서 캠프에 합류했다. 1971년 외무고시 5회로 외교부에서 공직 생활을 시작했다. 34년간 외교관 생활을 하며 주제네바 대사, 국제노동기구ILO 의장 등 요직을 두루 거쳤다. 주제네바 대사는 통상 관련 업무를 주로 다뤄 외교부 내 경제통들이 부임하는 자리다. 통상국장, 주미 공사, 주이스라엘 대사 등도 역임했다.

　2004년 17대 총선 때 당시 집권 여당이던 열린우리당 비례대표 10번으로 국회에 입성했다. 당시 참여정부 통일부 장관으로 정권 실세였던 정동영 현 국민의당 의원이 비례대표로 그를 적극 추천했다고 한다. 당시 86운동권 출신 인사들이 대거 국회로 진출해 국제적인 네트워크를 갖춘 인사가 일천했던 여당에서 정통 외교관 출신으로서 의원 외교 활동을 주도했다. 의정 활동을 함께했던 임종석 비서실장이 당시 국회의원 신분에도 불구하고 미국 비자 발급이 불허되자 그가 미국 대사관과 거의 싸우다시피 비자를 받아낸 일화는 유명하다.

　미국대사관이 임 비서실장의 국가보안법 위반 전과를 문제 삼자 그는 직접 대사관에 전화를 걸어 "대한민국 국민이 선택한 현직 국회의원에게 과거 학생운동을 이유로 비자를 발급하지 않는 게 말이 되느냐"고 따졌다. 대사관이 끝까지 발급을 거부하자 그는 개인적인 외교 인맥을 총동원해 결국 비자를 받아냈다. 당시 임 비서실장의 비자 문제로 정 전 의원과 맞붙었던 대사관 인사가 바로 현재 미국 트럼프 정부에서 국무부 부차관보(대북정책특별대표)로 활약 중인 조지프 윤이다.

1946년생인 정 전 의원은 외무고시 5회로 캠프 외교 자문 그룹에서 큰형님으로 통했다. 박근혜 정부 외교 수장이었던 윤병세 장관보다 외무고시 기수로 5기 선배다. 외교부 안팎에선 그를 두고 "외교부 내 통상 전문가", "합리적이고 탁월한 영어 실력의 소유자", "매너 좋은 전형적인 외교관" 등으로 평가했다. 그가 외교부에서 두각을 나타낸 것은 문민정부 때 이회창 당시 국무총리의 신임을 받으면서부터다. 최대 현안이었던 '우루과이 라운드' 수습이 당면 과제였는데 이 전 총리는 당시 통상국장이던 정 전 의원을 공관으로 불러 따로 '과외'를 받았다고 한다. 차관급도 아닌 담당 국장을 총리가 공관으로 호출해 현안 논의를 한 것은 매우 이례적인 일이었다.

문 대통령과 개인적인 인연은 없지만 캠프에 합류한 뒤 매주 한 번씩 문 대통령과 만나 외교 현안을 놓고 논의할 정도로 긴밀한 관계를 유지해왔다. 대선 전 이슈가 됐던 사드 배치에 대해 전략적 모호성을 유지하며 취임 후 사드를 지렛대로 미국·중국과 대북 현안을 협상하겠다는 문 대통령의 동북아 외교 전략이 정 전 의원의 머리에서 나왔다. 박근혜 정부 때 이병기 비서실장이 그의 이종사촌이다.

출 생 1946년 서울
학 력 서울고등학교, 서울대학교 외교학과
경 력 외교부 통상국장, 주미 공사, 주이스라엘 대사, 주제네바 대사, 국제노동기구 이사회
　　　　의장, 17대 국회의원

정재호 더불어민주당 의원

안희정 지사의 30년 지기에서 친문으로

"청와대에서 같이 일한 오랜 동지이자 노무현 대통령 청와대비서관, 국무총리실 민정수석 경험을 바탕으로 정책 능력과 정무 능력을 겸비한 아주 뛰어난 사람."

문재인 대통령이 정재호 의원에 대해 내린 평가다. 정 의원은 참여정부 시절 문 대통령과 함께 일하며 인연을 맺었다. 달성고등학교와 고려대학교를 졸업한 후 외환은행 신용카드사 노동조합위원장을 거쳐 노무현 정부 출범부터 청와대 생활을 시작해 정무기획행정관 사회조정비서관과 총리실 민정수석비서관을 거쳤다. 노무현 전 대통령은 그를 '일 잘하는 비서관'이라고 불렀다.

1990년대 중반 정 의원이 외환은행 신용카드사 노동조합위원장을 맡았던 시절 노 전 대통령이 노동변호사로 활동하며 제2금융권 사무금융 노조연맹 행사에 강연자로 가끔씩 왔던 게 인연이 됐다. 노 전 대통령 곁에는 늘 안희정 현 충남지사가 있었다고 한다. 노 전 대통령이 대선후보가 되자 회사를 나와 정무보좌역으로 선거를 도왔다. 그가 문 대통령을 직접 도운 건 18대 대선부터다. 문 대통령은 2017년 4월 경기도 고양시 대선 유세 당시 "18대 대선 때 (정 의원이) 펀드 기획총괄을 맡아 단기간에 400억 원을 모았다. 사상 최초로 대선자금 때문에 구속된 사람이 없는 선거를 이끌었다"고 말한 바 있다.

그는 안 지사의 '동지'란 점에서 2017년 대선 국면에서 여의도 안팎의 주목을 받았다. 안 지사와는 고려대학교 운동권 시절부터 30년간 고락을 같이했다. 안 지사가 두 차례의 지방선거를 치를 때 이를 총괄한 이가 정 의원이다. 2017년 대선 경선에서도 안 지사의 최측근으로 활약했다. 하지만 경선이 문 대통령의 승리로 끝나자 대선 과정에서 문 대통령을 지원하며 문재인-안희정 고리를 잇는 가교 역할을 했다.

정 의원은 경선 직후 실망한 안 지사 지지자들이 이탈할 때 적극적인 통합 행보를 보였다. 경선 당시 안 지사를 도왔던 박영선 의원 등이 경선에서 생긴 앙금으로 탈당설이 도는 상황에서 안 지사 측 의원들이 힘을 모아 문 대통령을 지원해야 한다고 역설한 것이다. 그의 이런 태도로 경선 앙금은 해소될 수 있었고, 이탈한 안 지사 지지층을 회복하는 데도 큰 도움이 됐다.

정 의원은 청와대 근무 경험을 토대로 '서별관회의' 등 비공식 기구가 국무회의를 대체하는 일이 발생해서는 안 된다고 강조하고 있다. 그는 "서별관회의는 사전 소통의 채널로서 필요하지만 의결과 비슷한 결정을 해서는 곤란하다. 어떤 자료와 기록도 남기지 않고 의사결정을 하는 것은 군사정부 때나 하던 짓"이라고 비판한 바 있다.

출 생 1965년 대구
학 력 달성고등학교, 고려대학교 행정학과
경 력 외환은행 신용카드사 노조위원장, 노무현 대통령비서실 사회조정비서관, 국무총리실
　　　　 민정수석, 충청남도 정책특별보좌관, 20대 국회의원

정 철 카피라이터

'나라를 나라답게', 문재인 슬로건 만든 주인공

'나라를 나라답게, 든든한 대통령'. 대선 과정에서 전국 곳곳에 붙은 문재인 대통령 선거 벽보에 쓰인 문구다. 동시에 문 대통령이 유세 때 가장 강조한 슬로건이기도 하다. '준비된 대통령' 이미지를 가장 함축적으로 보여준 이 문구의 주인공은 선대위 홍보본부 부본부장으로 활동한 카피라이터 정철이다.

문 대통령은 이번 대선을 포함해 모두 세 차례 총선과 대선에 출마했다. 그때마다 문 대통령은 유권자의 가슴을 자극하는 문구를 앞세워 표심을 공략했다. 2012년 총선에서는 '바람이 다르다'는 문구를 꺼내들었고 2012년 대선에서는 '사람이 먼저다'라는 슬로건을 내세웠다. 모두 정 씨의 머릿속에서 나온 작품이었다. 2012년 총선에서 문 대통령은 '바람이 다르다' 슬로건을 자신의 명함에 적고 "중의적인 뜻이 있다. 선거 때만 부는 바람이 아니라 정권 교체와 정치 개혁의 근본적 바람"이라고 설명할 정도로 애정을 보였다.

정 씨와 문 대통령을 이어준 것은 노무현 전 대통령이다. 정 씨는 한 인터뷰를 통해 "2002년 대선 민주당 광주 경선을 인터넷으로 지켜봤는데 노 전 대통령이 1등을 하는 순간 내가 울고 있었다. 노 전 대통령이 '너 지금 이대로 살아도 되는 거니?'라고 묻고 있는 것 같았다"고 말했다. 그는 "노 전 대통령 친구(문재인 대통령)에게까지 모든 걸 투자할 만큼 노 전 대통령을 좋아한다"고 말했다.

정 씨가 가장 강조하는 것은 결국 '사람'이다. 카피라이터로 일하면서 가장 기억에 남는 순간도 결국 '사람'이라고 한다. 약 20년 전 정씨가 살던 아파트 앞에 고층 스포츠센터 건축이 시작되면서 주민들이 반발했다. 카피라이터라는 이유로 그는 대책회의에 불려나가 아파트 현수막에 넣을 문구를 작성하게 됐다. 이때 정 씨가 쓴 문구가 '아이들이 햇볕을 받고 자랄 수 있게 한 뼘만 비켜 지어주세요'였 다. 당시 이 문구는 언론에서 다룰 정도로 화제가 됐고 해당 기업은 결국 한 뼘가 량 비켜 건물을 세웠다. 정 씨는 "가장 재미있으면서 울림이 큰 글은 결국 사람 이 야기"라며 당시를 회상했다.

1985년 MBC애드컴 시절부터 30년 넘게 카피라이터로 활동했다. 그동안 하이 트맥주, 기아자동차, 이랜드, 삼양라면 등 다양한 분야에서 히트작을 냈고 《꼰대 김철수》, 《카피책》, 《한 글자》, 《내 머리 사용법》 등의 저서를 썼다.

출 생 1960년 전남 여수
학 력 고려대학교 경제학과
경 력 MBC애드컴 카피라이터, 서울카피라이터즈클럽 부회장, 단국대학교 언론영상학부 겸 임교수, 정철 카피 대표

정청래 전 국회의원

SNS에서 문 대통령 당선 도운 친노

대선 기간 진행된 '문재인과 함께하는 국민의원 캠페인'에는 수만 명이 몰려들었다. 누구나 스마트폰을 이용해 정책 제안 또는 다양한 의견을 문자로 보내면 관련 분야의 정책공약 카드와 문 대통령 서포터스인 '국민의원' 인증서를 받을 수 있는 캠페인이다. 네거티브가 아닌 포지티브 방식의 선거운동으로 온오프라인에서 국민의 열띤 호응을 얻었다. 선대위 국민참여본부 작품으로, 공동본부장을 맡은 정청래 전 의원이 이 캠페인의 주역이다. 선거 20일 전에 시작된 캠페인은 5월 9일 투표일 직전까지 진행됐다. 국민들로부터 취합한 정책 제안은 고스란히 새 정부의 국정 운영에 반영될 예정이다.

정 전 의원은 대선 기간 안철수, 홍준표 후보 등에게 공세를 퍼부으며 더불어민주당의 '주포主砲'로도 활약했다. 특히 매일 아침 SNS에 "박모닝, 박지원 대표님~"으로 시작하는 글을 남기며 안 후보를 견제하는 데 큰 역할을 했다. 정 전 의원은 SNS 선거운동의 달인으로 불린다. 가장 빛을 발했던 때가 바로 2002년 노무현 전 대통령의 당선이다. 당시 영화배우 문성근, 명계남 등과 함께 '노사모' 주축 멤버로 활약했다. 대선 이후에는 노사모에서 분화한 '국민의힘' 공동대표를 거쳐 열린우리당 청년위원으로 본격적인 정치인의 길을 걷게 된다.

전국대학생연합(전대협) 간부로 1989년 미국 대사관저 점거 농성을 주도해 구속됐던 열혈 운동권 출신이다. 서울 마포에서 학원을 운영하던 정 전 의원은 노무현 전 대통령의 등장과 함께 정치에 발을 들였다. 2004년 17대 총선 서울 마포을에서 당선됐다. 2005년에는 과거 노사모 세력을 결집한 '국민참여연대'를 설립하고 당시 정동영 당의장의 대선 가도를 지원했다.

18대 총선 낙선 뒤, 19대 총선에서 다시 국회로 돌아왔다. 2015년 전당대회에서 최고위원에 당선돼 재선으로 지도부 입성에 성공했지만 당시 주승용 최고위원과 재보선 참패 책임공방을 벌이다 막말 논란에 휩싸이기도 했다. 그로 인해 당 윤리위 징계로 20대 총선 공천에서 배제되는 아픔을 겪었다. 직설적인 어법으로 언론은 물론 같은 정치인들과도 부딪치는 일이 많아 거칠다는 평가도 받지만 두터운 지지 세력을 가진 범진보 진영의 대표적인 정치인이다. 정봉주 전 의원, 이재명 성남시장, 주진우《시사인》기자, 김어준《딴지일보》총수 등과 가깝다.

출 생   1965년 충남 금산
학 력   보문고등학교, 건국대학교 산업공학과, 서강대학교 북한통일정책학 석사
경 력   길잡이학원장, 국민의힘 대표, 한명숙 서울시장 후보 유세본부장, 민주통합당 인터넷
         소통위원장, 17·19대 국회의원, 새정치민주연합 최고위원, 더불어민주당 최고위원

정태호 전 청와대 대변인

캠프와 자문 그룹 이어준 문 대통령 측근

2015년 4·29 재보궐선거에서 서울 관악을에 출마했던 정태호 전 청와대 대변인. 문재인 대통령은 당시 정 후보 선거 유세에 그야말로 올인했다. 앞서 2·8 전당대회에서 당대표에 오른 문 대통령은 자신의 캠프 인력을 대거 정 전 대변인 캠프에 투입한 것은 물론 거의 매일 관악으로 출근해 그의 당선을 위해 뛰었다. 결과는 낙선. 27년간 야권 후보가 한 번도 당선을 놓친 적 없는 텃밭이었고 정 전 대변인의 정치적 스승인 이해찬 의원이 5선을 했던 지역구여서 더욱 충격이 컸다.

정 전 대변인은 이듬해 20대 총선에서도 출마했지만 연달아 고배를 마셨다. 금배지 없는 원외 생활을 장기간 해왔지만 이해찬 의원 보좌관으로 시작해 노무현 전 대통령을 거쳐 문 대통령의 곁을 지키며 최측근으로 자리매김했다. 8년 넘게 이해찬 의원 보좌관을 지냈고 이 의원의 총리 시절에도 최측근으로 활약했다. 김대중 전 대통령과 노무현 전 대통령 인수위에서 모두 활약하며 야권의 대표적인 정무, 전략, 정책통으로 평가받았다. 문 대통령은 정 전 대변인을 "우리 당의 손꼽히는 정책통이자 전략가"라며 "선거를 하다 모르면 정태호에게 물어보라는 말이 있다"고 치켜세우기도 했다.

노무현 정권에서 정책조정, 기획조정, 정무비서관 등을 섭렵했고 대통령의 '입'인 대변인을 역임했다. 노 전 대통령 서거 이후에는 대표적인 친문 측근으로 활약했다. 특히 2012년 대선 문 대통령 캠프에서는 양정철, 전해철, 이호철 등

이른바 '3철'과 함께 가신 그룹으로 분류된 9인방 중 한 명이다. 당시 캠프 전략기획실장으로 사실상 대선전을 물밑에서 진두지휘했다.

2017년 대선에서도 경선 캠프에 이어 선대위에서 정책 실세로 활약했다. 특히 캠프와 '정책공간 국민성장' 등 외부 자문 그룹과의 가교 역할을 도맡았다. 당내 윤호중 의원, 김용익 전 의원 등과 정책공간 국민성장의 조윤제, 조대엽, 김기정, 김현철 교수, 서훈 전 국정원 차장 등을 조율하며 '문재인노믹스'의 밑그림을 그렸다. 서울대학교 82학번으로 과거 김근태계 86그룹 정치인들과 친분이 두텁다.

출 생 1963년 경남 사천
학 력 인창고등학교, 서울대학교 사회복지학과, 미국 뉴욕주립대학 행정학 석사
경 력 이해찬 서울시 부시장 비서관, 김대중 대통령인수위 행정관, 노무현 대통령 인수위 전문위원, 노무현 대통령비서실 대변인, 노무현 대통령비서실 정무비서관, 노무현재단 기획위원, 문재인 의원 정무특보, 민주통합당 정책위 부의장, 새정치민주연합 관악을 지역위원장

조대엽   고려대학교 교수

'일자리 대통령' 정책 만든 사회학자

조대엽 고려대학교 노동대학원장은 문재인 캠프의 싱크탱크인 '정책공간 국민성장'의 부소장을 맡아 '문재인호號'에 본격적으로 합류했다. 문재인 대통령이 더불어민주당 경선에서 승리하자 당내 경쟁자였던 후보들의 정책자문단을 통합한 민주정책통합포럼에서 공동대표를 맡아 정책 수립을 진두지휘하게 됐다. 문 대통령은 이 포럼에 대해 "다른 후보들의 생각을 함께하면서 정책이 더 넓어지고 깊어졌다"며 기대감을 드러낸 바 있다.

조 교수는 '정책공간 국민성장'에 참여하면서 문 대통령에 대한 평가와 정책 수립의 기조를 이렇게 설명했다. "문재인이라는 사람이 한쪽으로 치우쳤을 거라는 인식이 있지만, 싱크탱크의 면면을 보면 이념적 스펙트럼을 완전히 뛰어넘었다. 보수·진보, 성장·분배와 같은 이분법이 아니고 국민의 먹고사는 문제를 해결하는 정책을 내놓기 위해 참여했다." 자신의 참여 역시 외연 확장에 방점이 찍혀 있다는 뜻이다. 조 교수는 "보수냐 진보냐, 좌냐 우냐 등의 이념 싸움 속에서 죽어나는 것은 결국 국민들의 삶이고 일자리"라며 "이 같은 틀을 뛰어넘어야 답이 나온다. 우리는 오로지 국민들의 삶이 편해지는 것을 추구한다"고 부연 설명했다.

문 대통령이 수차례 TV 토론과 유세에서 '일자리 대통령'이 되겠다고 강조한 것도 조 교수의 생각이 스며든 것으로 보인다. 그는 근래의 한국 경제 상황을 이렇게 설명했다. "두 번의 보수 정권 동안 경제뿐 아니라 국민의 살림살이가 나아졌다거나 사회 구성원들의 삶이 펴졌다고 절대로 이야기할 수 없다. 그런 의미에서 이번에 정권을 바꾸고 새로운 경제 질서를 가져오지 않으면 우리 사회의 미래가 없다는 것에 대한 절실함과 간절함이 있다." 그가 문재인을 선택한 이유는 뭘까. 조 교수는 "학자들이 볼 때 공적 책임을 누가 가장 잘 짊어질 수 있을 것인가에 대해 문재인만큼 정면으로 부딪친 분도 드물다"고 설명했다.

경북 안동이 고향인 그는 고려대학교에서 사회학으로 학사부터 박사까지 했다. 한국의 시민사회 형성 과정과 사회운동 등을 주로 연구해왔다. 고려대학교 한국 사회연구소 소장을 역임했고 지금은 노동대학원 원장을 맡고 있다. 《한국 사회학의 미래》, 《생활민주주의의 시대》 등 저술 활동도 활발히 하고 있다.

출 생 1960년 경북 안동
학 력 고려대학교 사회학과, 동 대학원 석·박사
경 력 고려대학교 사회학과 교수, 미국 네브래스카대학 오마하캠퍼스 방문교수, 고려대학교
 문과대학 사회학과 학과장, 한국비교사회학회 회장, 고려대학교 노동대학원 원장,
 정책공간 국민성장 부소장, 민주정책통합포럼 공동대표

조병제 전 주말레이시아 대사

정무 감각이 뛰어난 미국통 외교관

조병제 전 대사는 2017년 2월 출범한 문재인 대통령의 외교 자문 그룹 '국민아그레망'의 핵심 멤버로 활약했다. 외교부 내에서도 보수 성향으로 알려져 있어 다소 의외의 행보라는 평가가 많았다. 조 전 대사는 "박근혜 정부가 너무 잘못하고 있었다. 이번엔 반드시 바꿔야 한다는 생각을 하고 있었는데 문 후보 측으로부터 함께 일해보자는 제안을 받고 합류를 결심했다"고 했다. 특히 대선 과정에서 북핵 위기가 고조되는 등 안보 이슈가 주목받으면서 그의 활약도 두드러졌다. 당시 조지프 윤 미국 국무부 차관보, 추궈훙邱國洪 주한 중국대사 등이 문재인 대통령과 면담을 요청할 때마다 문 대통령 대신 항상 카운터파트로 나섰다.

2008년 한·미방위비분담협상 정부대표를 역임한 바 있어 향후 미국 트럼프 정부와의 방위비분담협상을 주도할 것이라는 전망도 나온다. 조 전 대사는 북미국장과 대변인을 역임한 만큼 정무 감각이 뛰어나다는 평가를 받는다. 또 보고서 작성에 일가견이 있어 보고서 작성법을 배우려는 외교부 후배들이 많았다고 한다. 현직 외교부 인사는 "북미국장을 역임해 미국을 잘 이해하고 있고 중국의 사드 보복에도 분명하게 문제 제기를 할 것으로 본다. 외교부 내에서는 장관감으로 훌륭한 카드라는 분위기가 감지된다"고 전했다.

경북 영천 출신인 조 전 대사는 대구 대륜고등학교와 서울대학교 외교학과를 졸업하고 1981년 외무고시 15회로 외교관 생활을 시작했다. 북미2과장, 주샌프

란시스코 부총영사, 북미국장, 한·미방위비분담협상 정부대표, 한·미안보협력담당대사를 맡아 외교부 내에서는 대표적인 미국통으로 꼽힌다.

이후 주미얀마 대사에 임명됐다가 1년여 만인 2011년 2월 외교부 대변인에 임명됐다. 당시 김성환 장관의 신임이 두터웠다고 한다. 하지만 이명박 정부 당시 청와대와 외교부 간의 책임 떠넘기기 논란이 빚어졌던 '한·일 정보보호협정 밀실처리' 사태에 대한 책임을 지고 이듬해 7월 대변인직에서 물러났다. 당시 외교부에서는 "조 전 대사가 억울하게 책임지고 사임했다"며 안타까워하는 목소리가 많았다. 2016년 주말레이시아 대사를 끝으로 외교관 생활을 마무리했다.

출 생 1956년 경북 영천
학 력 대륜고등학교, 서울대학교 외교학과, 영국 서식스대학(University of Sussex) 국제
　　　 정치학 석사
경 력 외무고시 15회, 외교부 북미국장, 한·미방위비분담협상 정부대표, 주미얀마 대사,
　　　 주말레이시아 대사

조윤제 서강대학교 교수

캠프 정책 좌장 맡았던 정통 이코노미스트

문재인의 싱크탱크인 '정책공간 국민성장' 소장을 맡아 대선공약과 집권 후 정책 방향을 총괄한 핵심 중의 핵심이다. 2017년 2월 말 서강대학교 국제대학원 교수에서 정년퇴임한 그는 서강학파를 대표하는 정통파 이코노미스트다. 문재인 정부 첫 대통령 특사로 유럽연합EU·독일 특사로 활약했다.

조 교수는 경기고등학교에서도 성적이 뛰어났지만 본고사에 두 번 떨어지는 바람에 3수 끝에 서울대학교 경제학과에 들어갔다. 하지만 뛰어난 학문적 재능은 미국 일리노이대학 경제학 석사에 이어 미국 명문 스탠퍼드대학에서 경제학 석·박사를 하면서 빛을 발했다. 젊은 시절 세계은행에서 6년간 경제분석관을 지내 국제감각도 뛰어나다는 평가. 세계은행 재직 중에 국제통화기금IMF 정책개발감독국에서 3년간 분석관으로 활약했다.

한국조세연구원 부원장으로 초빙돼 국내에 들어왔고, 1997년 서강대학교 교수로 둥지를 옮겼다. 노무현 전 대통령의 러브콜을 받아 2003년 청와대에 입성했다. 참여정부 청와대의 첫 경제보좌관을 맡아 서울대학교 선배인 이정우 당시 정책실장(경북대학교 명예교수)과 손발을 맞췄다.

참여정부에서 영국 대사를 마치고 학교로 돌아갔다가 15년 만에 정년퇴임에 맞춰 다시 문재인 캠프로 돌아왔다. 조 교수는 "2012년 대선 때 고사했지만 이번에는 그를 도와 정권 교체를 이루는 것이 도리라고 생각했다. 참여정부에서 같이 일해보니 문 대통령은 강직하면서도 합리적이고, 도덕과 정의에 대한 신념을 갖고 있다"고 치켜세웠다.

그의 경제관은 온건 개혁파에 가깝다. 기업 경쟁력 강화와 글로벌화를 촉진하기 위해 재벌 개혁은 필요하지만 "건물을 부수지 않고 코끼리를 꺼낼 현실적 대안을 찾아야 한다"고 강조한다. 한국 경제의 위기는 주변 환경 변화에 제때 대응하지 못했기 때문이라고 분석한다. 한국 경제가 전적으로 의존해온 제조업 경쟁력이 급격히 약화됐지만 그동안 고부가가치의 서비스업 경쟁력을 키우지 못한 탓에 새로운 돌파구를 찾지 못하고 헤매는 처지라는 얘기다. 따라서 문재인 정부는 전반적 경제구조 개혁에 나서야 한다고 주장했다. 재벌 개혁으로 시장 생태계를 복원하되 소득 재분배 정책을 병행해야 한다는 것이다. 이를 통해 경제의 역동성을 회복하고 인재 양성으로 생산성 회복에 경주할 때라는 것이 조 교수의 시각이다.

섬세하고 온화한 성격답게 조 교수의 취미는 꽃 가꾸기다. 등산도 즐긴다. 네살 연하인 우선애 씨와 사이에 1남 2녀가 있다.

출 생 1952년 부산
학 력 경기고등학교, 서울대학교 경제학과, 미국 스탠퍼드대학 경제학 석·박사
경 력 국제통화기금·세계은행 이코노미스트, 한국조세연구원 부원장, 재정경제원 장관 자문관, 대통령 경제보좌관, 주영국 대사, 서강대학교 국제대학원 교수, 더불어민주당 정책공간 국민성장 소장

진성준 전 국회의원

민주당 전략가에서 문재인의 전략통으로

'문재인의 호위무사'.

문재인 대통령의 대선 전략의 실무를 맡은 진성준 전 의원을 부르는 별명이다. 2017년 대선에서는 선거대책위원회 TV토론단장도 맡아 상대 후보의 집중 공격 속에 문 대통령의 맞대응 논리를 만들어내는 '방패' 역할을 수행했다. 진 전 의원은 문 대통령의 두 번에 걸친 대선 과정을 현장에서 직접 겪은 몇 안 되는 핵심 인사로 향후 '문재인 정부'에서 상당한 역할을 할 것으로 보인다.

진 전 의원과 문 대통령의 인연은 2012년으로 거슬러 올라간다. 민주통합당 당직자였던 그는 당 전략기획위원장과 문재인 캠프 대변인으로 동시에 발탁됐다. 당시 문 캠프 대변인직 임명에 대해 "단지 민주당 소속이라는 것 외에 특별한 인연은 없다"며 이례적임을 스스로 고백하기도 했다. 문 캠프의 공보단장이었던 우상호 더불어민주당 의원은 진 전 의원의 선임 배경에 대해 "당 전략기획위원장으로서 전략통이자 전북 출신이라는 점이 고려됐다"고 설명했다.

진 전 의원은 캠프 합류 이후 대표적인 친문 인사로 떠올랐다. 2012년 19대 총선에서는 새정치민주연합 당직자 몫으로 비례대표 18번을 받아 당선됐다. 2014년 6·4 지방선거에서 문 대통령이 새정치민주연합 중앙선거대책위원장을 맡을 당시에는 박원순 서울시장 캠프의 대변인을 맡아 박 시장의 재선을 이끌어냈다.

문 대통령이 20대 총선을 앞둔 2015년 말 당대표 시절에는 '비노(비非노무현)' 세력이 문재인 흔들기에 나설 때 당 총무본부장이었던 최재성 전 의원과 더불어 맞서 싸운 몇 안 되는 '친문' 지도부 인사이기도 했다. 당시 비노 출신 의원들이 문 대표에게 사퇴를 요구하며 집단탈당 압박을 가할 때 "탈당이 구국의 결단이라도 되는 겁니까?"라며 "당대표가 물러나야 당이 수습된다고 한다? 지도부가 없는데 어떻게 수습이 됩니까?"라며 호위무사를 자처했다. '문(재인)·안(철수)·박(원순)' 연대와 문 대통령의 재신임 제안 등 굵직한 승부수들이 최 전 의원과 진 전 의원의 작품이란 말이 나올 정도였다.

1967년 전라북도 전주에서 태어난 진 전 의원은 전북대학교 법학과에 진학했다. 대학 시절 학생운동 전력 때문에 군 복무 당시 심한 구타를 당하기도 했으며 보안대로부터 불순 조직으로 몰려 군사재판을 받아 3년 6개월 동안 육군 교도소에서 감옥 생활을 했다. 정치권에는 1995년 장영달 전 의원의 권유로 국회 보좌진으로 입문해 13년간 국회서 실력을 갈고닦았다.

2007년에는 대통합민주신당 당직자로 변신해 당시 이명박 전 대통령의 발목을 잡았던 'BBK 사건'을 전담했으며 2010년에는 민주당 전략기획국장을 맡는 등 당내의 전략 분야에서 잔뼈가 굵었다. 진 전 의원은 20대 총선에서 현역 의원인 김성태 바른정당 의원에 맞서 고배를 마셨다. 지난해 추미애 대표 체제가 출범한 뒤 민주당의 싱크탱크인 민주연구원 상근 부원장을 맡았다.

출 생 1967년 전북 전주
학 력 동암고등학교, 전북대학교 법학과
경 력 열린우리당 원내대표실 부실장, 민주통합당 전략기획위원회 위원장, 문재인 대통령
후보 대변인, 19대 국회의원, 더불어민주당 서울시 강서을 지역위원회 위원장

최재성   전 국회의원

총선 백의종군한 신新친문 핵심

최재성 전 의원은 더불어민주당 선거대책위원회에서 종합상황본부 1실장을 맡아 이번 대선을 승리로 이끈 '일등공신' 중 한 명으로 꼽힌다. 터프한 성격이지만 전략적 마인드를 갖춘 지략가이기도 하다. 직제상 종합상황본부에서는 2인자였지만 대선 기간 실제 위상은 그 이상이라는 평가를 받았다. 문재인 대통령과 직접적으로 인연을 맺은 시간은 길지 않다. 그러나 문 대통령이 정치적 위기를 맞은 순간에 최 전 의원이 자기 희생을 감수하면서 '신친문新親文'의 핵심으로 떠올랐다는 평가다.

대표적인 정세균 계열로 분류됐던 그가 문재인의 복심으로 부상한 시점은 2015년 6월경, 당시 새정치민주연합 대표였던 문 대통령은 20대 국회의원 선거를 앞두고 총선기획단장을 겸임하는 사무총장에 최 전 의원을 임명했다. 비주류 측이 계파 편향 인사라며 임명 전부터 크게 반발했지만 문 대통령이 이를 강행하면서 당내에서 파열음이 터져나왔다. 비주류 측의 이종걸 원내대표는 최 전 의원 임명을 막기 위해 당무를 거부하기도 했다.

결국 새정치민주연합 혁신위원회가 당 사무총장직을 아예 폐지하면서 한 달여 만에 한 단계 낮은 총무본부장으로 옮겼으나 비주류 측의 사퇴 요구는 잦아들지 않았다. 그러자 최 전 의원은 전격적인 20대 총선 불출마 선언으로 문 대통령의 정치적 부담을 줄여줬다. 또 김종인 신임 비상대책위 대표 체제가 들어서자 모든 당직에서 사퇴하고 당의 총선 승리를 위해 백의종군했다. 최 전 의원은 2016년 총선에서 문 대통령이 영입한 조응천 전 청와대 공직기강비서관이 자신의 지역구에 전략 공천을 받도록 도왔고 조 전 비서관의 당선에 기여했다.

당직 사퇴 전에는 현역이었던 진성준 의원과 함께 비노계의 '문재인 흔들기'에 앞장서 싸웠고 문 당선자의 든든한 지지 기반인 온라인 10만 당원을 기획했다. 2015년 12월 안철수 전 대표가 새정치민주연합을 탈당했을 때는 문 대통령이 자택에서 '최재성-진성준' 투톱과 면담하며 대응책을 논의하기도 했다.

최 전 의원은 1965년 경기도 가평군 출신으로 서울고등학교, 동국대학교 불교학과를 졸업했다. 이른바 '86그룹'으로 분류되는 그는 동국대학교 재학 시절 총학생회장으로서 전국대학생대표자협의회(전대협)에 참여했다가 수감되기도 했다. 수배와 투옥, 제적 등의 이유로 1994년에 뒤늦게 졸업한 그는 1990년대 후반부터 서울외곽순환고속도로 구리남양주TG, 토평IC 통행료 징수 폐지 운동을 주도했다.

2004년 17대 국회의원 선거에서 열린우리당 후보로 경기 남양주갑에 출마해 당선되면서 정계에 입문했다. 이후 같은 선거구서 19대 국회까지 내리 3선을 했다. 2015년 5월 새정치민주연합 원내대표 경선에 주류 측 후보로 나섰지만 비주류인 이종걸 의원에게 밀려 낙선했다.

출 생 1965년 경기 가평
학 력 서울고등학교, 동국대학교 불교학과, 동 대학원 공공정책학 석사
경 력 17~19대 국회의원, 열린우리당 대변인, 새정치민주연합 총무본부장, 더불어민주당 총무본부장

최정표 건국대학교 교수

경실련 출신의 재벌 개혁론자

　최정표 교수는 학계 내에서 대표적인 재벌 개혁론자다. 1989년 경제정의실천 시민연합(경실련) 창립을 주도하면서 30대 시절부터 시민운동을 통해 참여형 학자 의 길을 걸었다. 이후 2012년에는 경실련 공동대표까지 역임하면서 한국 대기업 의 '소유와 경영 분리' 목소리를 내왔다. 공정거래와 독과점 정책이 전공인 최 교 수는 2005년 공정거래위원회(공정위) 비상임위원을 역임하기도 했다. 때문에 캠프 내에서 공정위를 가장 잘 꿰뚫고 있는 인사로 통한다.

　최 교수는 2016년 10월에 발족한 문 대통령의 싱크탱크 '정책공간 국민성장'에 서 핵심인 경제분과위원장을 맡으면서 합류했다. 2012년 대선 때도 외곽에서 문 대통령 측에 재벌 개혁과 관련한 조언을 해왔다. 재계에선 "문재인의 재벌 개혁안 은 최 교수가 만든다"는 얘기가 돌면서 강도 높은 재벌 개혁안을 걱정하는 목소리 가 많았다.

　문 대통령은 2017년 1월 재벌 개혁 공약을 발표했는데 노동자추천이사제·집중 투표제·전자투표·서면투표를 도입해 근로자와 소액주주를 대변하는 감사위원과 이사를 선출하고 대표소송제·다중대표소송·다중장부열람권을 통해 소액주주가 총수 일가를 직접 견제하도록 했다. 이를 통해 경영진의 책임을 무겁게 함으로써 경영 능력이 없는 오너 3, 4세들은 자연스럽게 퇴출시킬 수 있다는 게 최 교수의 지론이다.

최 교수가 꼽는 좋은 지배구조의 롤 모델은 미국 제너럴일렉트릭GE이다. GE는 지배력을 행사하는 주주가 뚜렷하지 않은 대신 전문경영인 잭 웰치 전 회장이 사실상 기업을 지배하며 끊임없이 혁신했고 제프리 이멜트 현 회장을 후계자로 지목하기도 했다. 그가 최근 발간한 저서《경영자 혁명》에서도 "기업 규모가 커질수록 주주 구성에서 기관투자자 비중이 커지게 되는 만큼 주식을 거의 소유하지 않은 전문경영인이 기업의 실권자가 되는 게 바람직하다"는 견해를 밝혔다.

그는 한국형 지주회사 체제는 편법적 지배체제라는 인식이 강하다. 미국처럼 지주회사만 기업공개하고 나머지 자회사와 손자회사들은 100% 지분을 보유하는 방향으로 국내 지주회사 제도를 손질해야 한다는 입장이다. 지주회사의 자회사·손자회사의 의무보유 지분율 요건을 강화해야 한다는 문 대통령의 재벌 개혁 공약에 최 교수의 입김이 미쳤다.

최 교수는 고지식한 학자라기보다 다방면에 조예가 깊은 멀티플레이어 스타일이다. 그의 연구실에는 미국 유학 시절에 구매한 LP 턴테이블과 다수의 클래식 LP가 비치돼 있다. 미술에도 조예가 깊어 여행 중에 방문한 해외 미술관 방문기를 언론에 기고하고 있다.

출 생 1953년 경남 하동
학 력 진주고등학교, 성균관대학교 경제학과, 뉴욕주립대학 경제학 석·박사
경 력 건국대학교 경제학과 교수, 경제정의실천시민연합 공동대표, 공정거래위원회 비상임위원, 검찰미래발전위원회 위원

추미애 더불어민주당 의원

제1야당을 집권 여당으로 바꾼 여장부

    추미애 의원은 최순실 국정농단 사태와 박근혜 전 대통령 탄핵이라는 초유의 사건에도 더불어민주당 대표로서 정치력을 발휘하며 제1야당이던 더불어민주당을 마침내 집권 여당으로 바꿔놓았다. 촛불 민심을 온전히 문재인 대통령에 대한 지지로 결집시킨 일등공신이다. 각종 여론조사에서 민주당 정당 지지율이 역대 최고인 50%에 육박한 적도 있었고 19대 대선일 직전까지 40%대를 유지할 정도로 민심을 얻는 데 성공했다. 대선 과정에서 상임 선대위원장을 맡아 대중적인 인지도를 바탕으로 전국을 누비면서 활약했다.

    추 의원은 1995년 광주고등법원 판사 재직 때 김대중 전 대통령의 권유로 정계에 입문했다. 15대 총선을 앞두고 여성 재목을 찾던 새정치국민회의는 각종 판결에서 나타난 그의 소신과 진보 성향에 주목했다. 그가 호남을 기반으로 한 당을 선택한 것은 지역 감정을 해소하겠다는 사명감 때문이다. 정계 입문 후에 서울 광진구에서 당선돼 금배지를 달았다. 그의 나이 38세였다. 첫 여성 판사 출신 국회의원이며, 1997년 대선에서 김대중 캠프 선거유세단장을 맡아 '추다르크'라는 별명을 얻었다. 야권 불모지였던 대구 지역에서 '잔다르크 유세단'을 꾸려 선거운동에 나서면서 강력한 돌파력과 추진력을 보여줬다. 지역 감정을 누그러뜨려 김 전 대통령을 당선시키는 데 적지 않게 기여했다.

    2002년 대선에서는 노무현 전 대통령의 국민참여운동본부를 이끌며 희망돼지

저금통으로 국민성금을 모았다. 덕분에 '희망돼지 엄마'라는 애칭이 붙기도 했다. 노 전 대통령이 선거 직전 추 의원을 지목해 "차세대 대표주자"라고 치켜세운 일화는 유명하다. 승승장구하던 추 의원은 2003년 민주당 분당 사태 당시에 열린우리당 합류를 거부하면서 시련을 겪었다. 2004년 노 전 대통령 탄핵안에 찬성했다가 역풍을 맞았고, 17대 총선에서는 옛 민주당 선대본부장을 맡아 광주에서 삼보일배까지 하며 고군분투했지만 대패했다. 낙선한 뒤 미국 유학길에 올랐다. 18대 총선 서울 광진을에서 당선돼 정계 복귀에 성공했다. 이후 19~20대까지 연이어 승리하며 5선 중진으로 우뚝 섰다. 2012년 대선에서도 문재인 대통령 선대위에서 국민통합위원장으로 활동했다.

추 의원은 대구에서 세탁소 집 둘째 딸로 태어나 고등학교까지 대구에서 다닌 토박이다. 한양대학교 법대를 졸업한 뒤 사법고시에 합격해 줄곧 판사의 길을 걸었다. 집안의 반대를 무릅쓰고 전북 정읍 출신의 서성환 변호사와 결혼해 1남 2녀를 뒀다. 추 의원이 '대구의 딸이자 호남의 며느리'란 애칭으로 불리게 된 이유다.

출 생   1958년 대구
학 력   경북여자고등학교, 한양대학교 법학과, 연세대학교 경제학 석사
경 력   사법고시 24회, 춘천지방법원, 광주고등법원 판사, 15·16대, 18~20대 국회의원, 국회
　　　 환경노동위원장, 민주통합당 최고위원, 더불어민주당 대표

한병도 전 국회의원

호남 조직을 복원한 숨은 공신

　문재인 대통령 당선의 일등공신 중 하나가 호남의 전폭적인 지지다. 2016년 총선을 앞두고 문 대통령은 반문 정서가 극에 달했던 광주를 찾아 무릎을 꿇고 용서를 구했다. 하지만 국민의당이 호남을 싹쓸이하면서 호남 지지 복원은 문 대통령의 최대 과제였다. 이 현장에서 선봉에 섰던 이가 한병도 전 의원이다.

　당내 경선에서는 조직상황실장, 본선 선대위에서는 조직본부 부본부장을 맡아 활약했다. 노영민, 백원우 전 의원과 함께 '조직 3인방'으로 불렸다. 지지모임 등 사조직을 맡은 백 전 의원과 역할을 나눠 지역 기초의원을 영입하는 등 공조직을 총괄했다. 특히 전북 출신으로 대선 기간 내내 호남을 누비며 표심을 모았다.

　앞서 2012년 대선에서도 정무특보, 국민참여정책본부장, 운영지원단장 등을 맡아 문 대통령을 보좌했다. 특히 국민참여정책본부장을 맡아 대통령 당선 시 대통령 행정명령 1호를 국민들로부터 공모받는 이벤트를 벌여 화제를 모았다. 당시 국민들이 선택한 대통령 1호 정책은 '장애인 등급제 폐지'였다. 2015년 당권을 장악한 문 대통령이 한 전 의원을 조직사무부총장에 앉히려다 무산되면서 당내 친문-비문 계파 갈등을 촉발시킬 만큼 문 대통령의 측근으로 활약해왔다.

　2004년 총선 때 전북 익산에서 국회의원에 당선됐다. 당시 야당 거물인 최재승 의원을 꺾어 파란을 일으켰다. 18·19대 총선에선 경선에서 패했고 20대 총선에서도 본선 진출이 좌절됐지만 옆 지역구에 전략 공천된 끝에 후보로 나섰다가 호남을 휩쓴 국민의당 바람에 고배를 마셨다. 17대 의원 당시 친노 그룹이 주축이된 의원 모임 '의정연구센터'에서 이광재, 백원우, 서갑원 의원 등과 함께 노무현 정권 지원에 앞장섰다. 2007년에는 당내 대선후보 경선에 출마했던 이해찬 전 총리 비서실장을 맡았다.

원불교 집안 출신으로 원불교 재단의 원광대학교에서 총학생회장을 지냈다. 한·이라크 우호재단 이사장을 맡아 한국과 이라크 간의 가교 역할을 해왔다. 국회의원 시절 원불교를 대표해 참석한 종교지도자 모임에서 이라크 남부를 장악하고 있는 이슬람혁명최고평의회SCIRI의 최고실력자 압둘 아지즈 알하킴Abdul Aziz al-Hakim 위원장의 장남인 아마르 알하킴Ammar al-Hakim을 만난 인연 때문이다.

출 생 1967년 전북 익산
학 력 원광고등학교, 원광대학교 신문방송학과
경 력 원광대학교 총학생회장, 열린포럼 희망21 대표, 국가균형발전위원회 자문위원, 17대
국회의원, 한·이라크 우호재단 이사장, 노무현재단 자문위원, 한명숙 민주통합당대표
정무특보

한완상   서울대학교 명예교수

'햇볕정책' 밑그림 그린 진보 진영의 큰 어른

    한완상 교수는 문재인 대통령의 대선 싱크탱크 '정책공간 국민성장'의 상임고 문을 맡아 활약했다. 박정희 정권 시절부터 정권에 맞서 싸우다 투옥되기도 한 대 표적인 진보 지식인이다. 1970~1980년대 학생운동권에 큰 영향을 끼친《민중과 지식인》의 집필자이기도 하다. 김영삼 정부와 김대중 정부에서는 각각 통일부총 리와 교육부총리를 지냈으며, 2012년 대선에서는 문재인 싱크탱크 '담쟁이포럼' 이사장을 맡기도 했다.

    '햇볕정책'이란 화두를 처음 꺼낸 것으로도 유명한 한 교수는 김영삼 정부부터 노무현 정부에 이르기까지 직간접적으로 정책에 참여해온 몇 안 되는 인물이기 도 하다. 그는 김영삼 정부 통일원 부총리 시절이었던 1993년 5월 한 신문과의 인터뷰에서 국내에서 처음으로 햇볕정책이라는 화두를 던졌다. 당시 그는 '햇님 과 바람님'이라는 이솝우화를 인용하며 "전쟁은 절대 안 된다. 김영삼 정부는 흡 수통일을 할 필요도 느끼지 않고 그것을 추진할 능력도 없고 의지도 없다"고 밝 힌 바 있다.

    그러면서 한 교수는 '한반도 비핵화를 위한 남북 핵 통제 공동위원회 즉시 가 동', '남북미중 4자회담', '비무장지대의 평화적 경제적 이용' 등의 내용을 담은 이 른바 '김영삼 독트린'(한반도 탈냉전 및 평화선언)을 제안했다. 하지만 공교롭게도 한 교 수의 햇볕정책은 김대중 전 대통령이 실현했다. 김대중 전 대통령이 2000년 12월 노벨평화상을 수상할 때 현장에 함께하기도 했다.

한국 진보 진영의 거목인 한 교수는 2017년 대선에서 줄곧 통합을 강조하며 문 대통령에게 힘을 실어줬다. 그는 한 인터뷰에서 "통합과 적폐 청산은 모순 관계가 아니다. 적폐 청산과 이에 따르는 새로운 정책들, 정치적 대안 실천을 통해서 비로소 바람직하고 자랑스러운 통합이 이뤄진다"고 말했다. 한 교수는 대선 기간 중 각 정당과 대선주자들이 제시한 국정 운영 철학과 정책의 최대공약수를 찾는 것이 시급하다고 강조했다.

후보들의 주요 정책에 차이점보다 공통점이 많다는 판단에서다. 재벌의 지배구조 개선과 대-중소기업 간 공정거래를 통한 친시장 경제 질서의 회복, 정규직-비정규직 임금·근로조건 차별 최소화 및 노동시간 축소·공공부문 확대를 통한 일자리 증대는 대부분 후보들의 공통적인 공약이었다. '사드 배치' 역시 정당이나 진영 간의 입장 차이가 두드러지지만 외교·안보 분야라는 큰 틀에선 '한·미 동맹 우선, 중·러에 대한 적극적인 설득'이라는 데 이견이 없다는 게 그의 지론이다.

개헌과 연정 등에 대해서도 목소리는 다르지만 근본적으로 공유하는 인식은 같다고 판단한다. 개헌에 대한 구체적인 각론은 다르더라도 제왕적 대통령제의 폐단에 대해서는 모두 인정하고 있다는 것이다. 한 교수의 이런 구상은 앞으로 문재인 정부의 국정 기조에 반영될 것으로 보인다.

출 생 1936년 충남 당진
학 력 경복고등학교, 서울대학교 사회학과, 미국 에모리대학(Emory University) 정치
사회학 석·박사
경 력 서울대학교 사회학과 교수, 통일원 장관(부총리), 교육인적자원부 장관(부총리), 노무현
대통령후보 사회담당 고문, 대한적십자사 총재

홍영표 더불어민주당 의원

일자리위원회 이끈 노조 출신의 3선 의원

    문재인 대통령은 선대위 정책조직과 별도로 2017년 3월 일자리위원회를 출범시켰다. 2017년 대선 과정에서 문 대통령이 가장 강조했던 1호 공약이 바로 일자리 창출이다. 일자리 창출을 위한 공약 개발은 물론 '일자리 대통령'이란 이미지를 확산시킨 주역이 바로 일자리위원회 본부장으로 활약한 홍영표 의원이다.

    홍 의원은 2002년 대선에서 노무현 전 대통령을 돕고 열린우리당 창당에 관여하면서 본격적인 정치인의 길로 들어섰다. 2004년 국무총리실 시민사회비서관과 저출산·고령화대책 연석회의 지원단 부단장을 지냈으며 2007년에는 재정경제부 자유무역협정 국내대책본부장을 역임했다. 홍 의원은 2009년 4·29 재보궐선거에서 당선돼 18대 국회에 처음으로 입성했다.

    이후 19대 총선에서도 김연광 새누리당 후보를 누르고 재선에 성공했으며, 20대 총선에서도 당선되면서 부평을에서 3선 고지를 밟았다. 그는 18대 국회에서 환경노동위원회(환노위) 간사, 국회운영위원회 위원, 민주당 노동특별위원장으로 활동했으며 당시 한명숙 대표의 비서실장도 지냈다.

    당내에서는 문재인 대통령과 가까운 친노 핵심 인사로 꼽힌다. 18대 대선에서는 문재인 캠프 종합상황실장을 맡아 선거를 이끌었으며 이듬해에는 안철수 후보와의 단일화 과정 뒷얘기를 담은 《비망록》을 펴내 이슈가 되기도 했다. 19대 국회에서는 환노위, 예산결산특별위원회, 자원외교 국정조사 특별조사위원회 등에서 활동했다. 2013년 국정감사에서는 가습기살균제 피해와 관련해 옥시레킷벤키저 Oxy Reckitt Benckiser로부터 피해자 지원을 위한 50억 원 상당의 기금 조성 약속을 이끌어내기도 했다. 20대 국회에 들어서는 전반기 환경노동위원장으로 선출돼 정부의 '노동4법' 개정 등 노동시장의 구조적 문제 해결을 위해 활동하고 있다.

홍 의원은 1982년 대우자동차 차체부에 생산직으로 입사해 영국판매법인 주 재원으로 근무하기도 했다. 대우그룹 노동조합협의회 사무처장과 한국노동운동 연구소장, 참여연대 정책위원을 지낸 노동 전문가다. 1985년 4월 대우자동차 전 면파업 당시 김우중 회장이 홍 의원을 노동자 대표로 불러 임금 관련 담판을 지은 일화는 지금도 회자되고 있다.

출 생　1957년 전북 고창
학 력　이리고등학교, 동국대학교 철학과, 동 대학원 행정학 석사
경 력　대우그룹 노동조합협의회 사무처장, 한국노동운동연구소 소장, 국무총리실 시민사회
　　　　비서관, 재정경제부 자유무역협정 국내대책본부 본부장, 민주당 원내대변인, 18~20대
　　　　국회의원, 국회 환경노동위원회 위원장

홍익표 더불어민주당 의원

경제부터 통일 문제까지 '팔방미인'

홍익표 의원은 한양대학교 정치학 박사, 대외경제정책연구원 전문연구원, 일본 동북아경제연구소 객원연구원을 거쳤고 2007년 참여정부에서 이재정 통일부 장관 정책보좌관으로 일했다. 당시 경의선·동해선 철도 연결 행사와 10·4 남북정상회담을 실무 지휘하는 등 남북 협력의 현장에서 역량을 발휘했다. 2012년 대선 때는 문재인 대통령의 남북관계특보를 맡았다.

2017년 대선 과정에서 송민순 전 외교통상부 장관의 회고록이 논란이 되자 홍 의원은 당시 실무진으로 일한 경험을 바탕으로 적극 해명에 나섰다. 송 전 장관은 회고록에서 "2007년 12월 유엔의 북한 인권결의안 표결 당시 노무현 정부가 기권하는 과정에서 사전에 북한의 입장을 물어봤다"고 주장한 바 있다. 홍 의원은 선대위 수석대변인으로서 이 같은 의혹에 대해 "송 전 장관이 손학규 국민의당 선대위원장과 굉장히 가까운 사이로 알고 있다"며 역공을 취하며 적극 방어했다.

홍 의원은 서울 중구·성동구갑이 지역구인 재선 의원으로 2012년 19대 국회에 등원한 이래 국회 외교통일위원회, 운영위원회, 산업통상자원위원회, 여성가족위원회 그리고 예산결산특별위원회 등 다양한 상임위원회에서 활발한 활동을 펼쳤다. 20대 국회에서는 산업통상자원위원회 민주당 간사를 맡았지만 원래는 북한·통일 문제 전문가다. 19대 총선에서 임종석 전 의원이 후보 자리를 내놓은 서울 성동을에 출마해 당선됐다. 임 전 의원은 당초 성동을 공천을 받았지만 불법 정치자금 수수 혐의로 유죄 판결을 받은 전력 때문에 당 안팎에서 사퇴 압박을 받고 후보직을 내놨다. 홍 의원은 한양대학교 정치학 박사 출신으로 같은 학교 학생회장을 지낸 임 전 의원과 오랜 인연이 있는 것으로 알려졌다.

홍 의원은 19대 국회에서 당의 '을乙지로위원회' 활동에 가장 열심히 참여한 의원 중 한 명이다. 을지로위원회는 사회에서 약자로 핍박받는 '을'을 위해 활동하는 위원회다. 중소자영업자 신용카드 수수료 인하, 대형마트 및 복합쇼핑몰 등으로 인한 지역소상공인 피해 방지를 위한 '유통산업발전법' 통과, 중소기업 특허기술의 대기업 무단복제탈취 문제 해결 등의 성과를 거둔 바 있다.

원내대변인으로 활약했던 2013년 7월 "귀태鬼胎의 후손들이 한국과 일본의 정상으로 있습니다. 바로 박근혜 대통령과 아베 총리입니다"라고 발언해 논란이 되기도 했다. 홍 의원은 박근혜 정권이 유신공화국으로 회귀하는 것을 겨냥한 발언이었다고 해명했지만 결국 국회 파행의 빌미를 제공한 데 대해 공개 사과와 함께 원내대변인에서 물러나기도 했다.

출 생   1967년 서울
학 력   관악고등학교, 한양대학교 정치외교학과, 동 대학원 정치학 석·박사
경 력   대외경제정책연구원 전문연구원, 북한대학원대학교 겸임교수, 통일부 정책보좌관,
         19·20대 국회의원

홍종학 전 국회의원

깜짝 경제공약 주도한 경제민주화 전도사

50조 원 도시재생 뉴딜, 공공 일자리 81만 개 창출, 중소벤처기업부 신설, 자율형사립고·외고 폐지. 문재인표 공약의 대부분이 홍 전 의원의 손을 거쳤다. 경선 캠프에 이어 본선 선대위에서도 정책본부장을 맡았다. 2012년 19대 국회의원 선거에서 당시 문재인 대표가 비례대표로 직접 영입한 '경제통'이다. 그해 대선에서 박근혜 후보가 김종인 전 의원을 앞세워 '경제민주화'에 불을 지피자 맞수로 영입한 인물이다.

국회의원 시절 면세점 면세권을 기존 10년에서 5년으로 줄이는 관세법 개정안을 주도해 유통업계에선 '저승사자'로 불리기도 했다. 주세법 개정안 처리를 주도하면서 국내 주류업계에 큰 변화를 가져오기도 했다. 당시 80여 년간 지속된 양대 주류 기업의 과점 체제를 깨고 소규모 양조장에서 만들어진 맥주의 외부 유통을 허용하며 주류 산업의 판도를 바꿔놓았다. 20대 국회의원 선거에서 불출마를 선언하고 당 디지털소통본부장으로서 총선 승리에 앞장섰다. 김기식 전 의원과 함께 박근혜 전 대통령이 지목한 낙선 명단자에 올랐다는 의혹이 제기돼 화제가 됐다.

노영민(조직), 전병헌(전략) 전 의원과 함께 캠프 핵심 3인방으로 불렸다. 조윤제 서강대학교 교수가 좌장을 맡은 외곽 정책 자문 그룹인 '정책공간 국민성장'이 생산한 정책과 공약을 선거판에 '핀포인트' 정책으로 가다듬는 역할을 맡았다. 모든 정책은 홍 전 의원의 손을 거친다고 해서 정책 실세로 평가받았다.

가천대학교 교수로 경제정의실천시민연합(경실련)에서 오랜 기간 활동하며 진보적 경제 정책에 목소리를 높여왔다. 경실련 경제정책연구소장을 거쳐 '진보와 개혁을 위한 의제27' 공동대표, '복지국가와 민주주의를 위한 싱크탱크 네트워크' 공동대표, '시민정치행동 내가 꿈꾸는 나라' 공동대표 등을 맡으며 시민단체와 정치권 간의 가교 역할을 해왔다. 특히 2011년 친노 세력이 주축이 된 '혁신과통합'에서 정책위원장을 맡아 문재인 대통령과 인연을 맺었다.

출 생 1959년 인천
학 력 제물포고등학교, 연세대학교 경제학과, UC샌디에이고대학 경제학 박사
경 력 가천대학교 교수, 경실련 경제정책연구소장, 혁신과통합 정책위원장, 19대 국회의원,
　　　 민주통합당 정책위의장

황 희 더불어민주당 의원

노무현의 '도보 방북' 아이디어를 낸 측근

1997년 김대중 전 대통령이 새정치국민회의 총재로 있을 때 비서로 정치에 입문했다. 2002년 16대 대통령직인수위원회 기획조정분과 행정관을 시작으로 노무현 전 대통령의 참여정부 때에는 청와대에 들어가 정무와 홍보수석실 행정관으로 근무했다. 이후 2009년부터 2011년까지 민주당 상근 부대변인을 하다가 2012년 대선 때 문재인 대통령 선대위에서 기획조정팀장으로 일했다.

20대 총선을 앞두고 더불어민주당 정책위원회 부의장을 맡으며 본격적으로 국회 진출을 준비했고, 서울 양천갑에 출마해 이기재 새누리당 후보를 꺾고 당선되는 이변을 연출했다. 이는 국회의원 선거에 출마한 적 없는 정치 신인인 황 의원이 이 지역에서 최초로 당선된 민주당 의원이었기 때문이다. 게다가 이기재 후보는 이 지역에서 3선을 지낸 원희룡 제주도지사의 보좌관 출신이었다.

황 의원이 태어난 곳은 전남 목포지만 초중고를 모두 양천구 인근에서 나온 토박이임을 강조해 선거에서 승리했다. 목동초등학교(3회), 장훈중학교(29회), 강서고등학교(1회)를 졸업했다. 모교인 강서고등학교에서 초빙 강연을 할 때 청와대 근무 당시의 재미있는 일화를 후배들에게 소개했다. 참여정부에서 청와대 행정관으로 재직하던 2007년, 남북정상회담 준비 과정에서 노 전 대통령에게 군사분계선을 차량이 아닌 도보로 건널 것을 제안한 게 바로 그였다는 것이다.

대통령이 직접 걸어서 군사분계선을 넘는 것이 국민에게 상징적 메시지를 줄 것 같다는 이유에서였다. 실제로 이 건의는 받아들여졌고, 노 전 대통령은 영부인 권양숙 여사와 함께 군사분계선을 도보로 건너 큰 화제가 됐다. 비상한 기획력을 보유하고 있었던 셈이다. 이름 때문에 긍정적인 효과를 보기도 했다. 조선시대 명재상인 황희 정승과 동명이인이라 선거 출마 때부터 화제가 됐다. 황 의원 스스로 "이름 덕에 고령층에서 인지도를 높일 수 있었다"고 말할 정도였다.

20대 총선에서 문재인 대통령의 호위무사 역할을 하기도 했다. 문 대통령 지지자들이 경쟁자였던 안철수 후보 지지자들에게 '적폐'라고 비방하자, 안 후보가 문 대통령에게 이를 따져 물었던 것에 대신 답변했다. 황 의원은 자신의 페이스북에 "안철수 후보께서 적폐 청산을 이야기하시면서 자꾸 문재인 후보에게 국민을 적으로 규정한다는 말이냐며 공세를 취하고 있습니다. 혹시 해서 드리는 말씀입니다. 적폐의 적은 적군 할 때 적敵이 아니라 쌓일 적積으로 즉, '오랫동안 쌓인 폐단'을 이야기합니다"라는 글을 올렸다. 이어 "국민을 적으로 취급하냐는 발언은 적의 한자 의미를 모르시는 것 아닌가 하는 의구심을 떨쳐버릴 수가 없네요"라고 에둘러 안 후보를 비판했다.

참여정부 청와대 참모들이 본 인간 노무현의 모습을 담은 책《님은 갔지만 보내지 아니하였습니다》를 공저했다.

출 생 1967년 전남 목포
학 력 강서고등학교, 숭실대학교 경제학과, 연세대학교 대학원 도시공학과 석·박사 통합과정
경 력 새정치국민회의 김대중 총재 비서실 비서, 대통령비서실 행정관, 민주당 상근 부대변인,
　　　　노무현재단 기획위원, 더불어민주당 정책위원회 부의장, 20대 국회의원

문재인 시대 파워엘리트 표

이름	출생	학력	경력	직업(선대위 직책)
강기정	1964년, 전남 고흥	대동고, 전남대 공대	민주통합당 최고위원	전 국회의원(총괄수석본부장)
강병원	1971년, 전북 고창	대성고, 서울대 농경제학과	참여정부 행정관	국회의원(환경노동특보단장)
고민정	1979년, 서울	분당고, 경희대 중어중문학과	KBS 아나운서	전 KBS 아나운서(대변인)
권인숙	1964년, 강원 원주	원주여고, 서울대 의류학과	노동인권회관 대표간사	명지대 교수(공동선대위원장)
권칠승	1965년, 경북 영천	경북고, 고려대 경제학과	참여정부 행정관	국회의원(총무부본부장)
권혁기	1968년, 서울	청량고, 국민대 국사학과	민주당 전략기획국장	보도지원비서관(춘추관장)
김경수	1967년, 경남 고성	진주동명고, 서울대 인류학과	참여정부 연설기획비서관	국회의원(대변인)
김광두	1947년, 전남 나주	광주제일고, 서강대 경제학과	한국국제경제학회장	서강대 석좌교수 (새로운대한민국위원장)
김기식	1966년, 서울	경성고, 서울대 인류학과	민주당 인재영입위원회 부위원장	전 국회의원(정책특보)
김기정	1956년, 경남 통영	경남고, 연세대 정치외교학과	참여정부 정책기획위원	연세대 교수 (국민성장 연구위원장)
김동연	1957년, 충북 음성	덕수상고, 국제대 법학과	국무조정실장	부총리 겸 기획재정부 장관
김두관	1959년, 경남 남해	남해종합고, 동아대 정치외교학과	행정자치부 장관	국회의원(공동선대위원장)
김민석	1964년, 서울	숭실고, 서울대 사회학과	민주당대표	전 국회의원(종합상황본부장)
김병기	1961년, 서울	중동고, 경희대 국민윤리학과	국가정보원 인사처장	국회의원(상황본부 제1부실장)
김상곤	1949년, 광주	광주제일고, 서울대 경영학과	새정치민주연합 혁신위원장	전 교육감(공동선대위원장)
김상조	1962년, 경북 구미	대일고, 서울대 경제학과	경제개혁연대 소장	한성대 교수 (공정거래위원장)
김석동	1953년, 부산	경기고, 서울대 경영학과	재경부 1차관	전 금융위원장
김수현	1962년, 경북 영덕	경북고, 서울대 도시공학과	환경부 차관	청와대 사회수석(정책특보)
김영록	1955년, 전남 완도	광주제일고, 건국대 행정학과	전라남도 행정부지사	전 국회의원(공동본부장)

이름	출생	학력	경력	직업(선대위 직책)
김용기	1960년, 강원 고성	경기고, 성균관대 신문방송학과	국민성장 일자리 추진단장	아주대 교수 (국민성장 일자리 추진단장)
김용익	1952년, 충남 논산	서울고, 서울대 의대	19대 국회의원	민주연구원장
김조원	1957년, 경남 진주	진주고, 영남대 행정학과	감사원 사무총장	더불어민주당 당무감사원장
김진표	1947년, 경기 수원	경복고, 서울대 법학과	부총리 겸 재정경제부 장관	국회의원(일자리위원장)
김태년	1965년, 전남 순천	순천고, 경희대 행정학과	민주당 비대위원	국회의원(특보단장)
김해영	1977년, 부산	개금고, 부산대 법학과	김해영법률사무소 대표	국회의원(청년특보)
김현	1965년, 강원 강릉	강릉여고, 한양대 사학과	참여정부 춘추관장	전 국회의원(대변인)
김현미	1962년, 전북 정읍	전주여고, 연세대 정치외교학과	새정치민주연합 대표비서실장	국회의원(방송콘텐츠본부장)
김현철	1962년	서울대 경영학과	한국자동차산업학회장	서울대 국제대학원 교수 (국민성장 추진단장)
김호기	1960년, 경기 양주	장충고, 연세대 사회학과	참여연대 정책위원장	연세대 교수
김홍걸	1963년	이화여대사대부고, 고려대 불어불문학과	미국 퍼모나대 태평양연구소 연구원	연세대 객원교수 (국민통합위원장)
김효석	1949년, 전남 장성	광주제일고, 서울대 경영학과	새정치민주연합 최고위원	전 국회의원(공동선대위원장)
남인순	1958년, 인천	인일여고, 세종대 국문학과	민주통합당 최고위원	국회의원(여성본부장)
노영민	1957년, 충북 청주	청주고, 연세대 경영학과	민주당 원내수석부대표	전 국회의원(조직본부장)
도종환	1954년, 충북 청주	원주고, 충북대 국어교육학과	시인	국회의원(문화예술특보단장)
문정인	1951년, 제주	오현고, 연세대 철학과	동북아시대위원장	연세대 교수
박광온	1957년, 전남 해남	광주상고, 고려대 사회학과	MBC 보도국장	국회의원(공보단장)
박남춘	1958년, 인천	제물포고, 고려대 행정학과	참여정부 국정상황실장	국회의원(안전행정정책위원장)
박범계	1963년, 충북 영동	남강고 중퇴, 연세대 법학과	참여정부 법무비서관	국회의원(총괄부단장)
박병석	1952년, 대전	대전고, 성균관대 법학과	《중앙일보》 기자	국회의원(공동선대위원장)
박선원	1963년, 전남 나주	영산포상고, 연세대 경영학과	참여정부 외교안보전략비서관	전 청와대비서관(안보상황단 부단장)

이름	출생	학력	경력	직업(선대위 직책)
박수현	1964년, 충남 공주	공주사대부속고, 서울대 서양사학과(중퇴)	19대 국회의원	청와대 대변인
박승	1936년, 전북 김제	이리공고, 서울대 경제학과	한국은행 총재	중앙대 명예교수 (10년의힘 상임고문)
박영선	1960년, 경남 창녕	수도여고, 경희대 지리학과	MBC 앵커	국회의원(공동선대위원장)
박정	1962년, 경기 파주	동인천고, 서울대 농생물학과	박정어학원 CEO	국회의원(총괄부본부장)
박형철	1968년, 서울	서울고, 서울대 공법학과	서울지검 공공형사수사부장	청와대 반부패비서관
백원우	1966년, 서울	동국대사대부고, 고려대 신문방송학과	청와대 행정관	전 국회의원
변양균	1949년, 경남 통영	부산고, 고려대 경제학과	기획예산처 장관	스마일게이트인베스트먼트 회장
서갑원	1962년, 전남 순천	매산고, 국민대 법학과	참여정부 의전비서관	전 국회의원(특보단장)
서훈	1954년, 서울	서울고, 서울대 교육학과	국정원 3차장	국정원장(안보상황단장)
설훈	1953년, 경남 창원	마산고, 고려대 사학과	김대중 총재 보좌관	국회의원(새로운교육위원장)
성경륭	1954년, 경남 진주	부산고, 서울대 사회복지학과	참여정부 정책실장	한림대 교수(포용국가위원장)
손혜원	1955년, 서울	숙명여고, 홍익대 응용미술학과	서울디자인센터 이사	국회의원(홍보부본부장)
송영길	1963년, 전남 고흥	대동고, 연세대 경영학과	민주당 최고위원	국회의원(총괄선대본부장)
송인배	1968년, 부산	사직고, 부산대 독어독문과	참여정부 사회조정2비서관	청와대 제1부속비서관 (일정총괄팀장)
신경민	1953년, 전북 전주	전주고, 서울대 사회학과	MBC 기자	국회의원(미디어본부장)
신동호	1965년, 강원 화천	강원고, 한양대 국문과	민주당 당대표실 부실장	한양대 겸임교수 (메시지선임팀장)
안규백	1961년, 전북 고창	서석고, 성균관대 철학과	더불어민주당 사무총장	국회의원(총무본부장)
안민석	1966년, 경남 의령	수성고, 서울대 체육교육학과	중앙대 사회체육학부 교수	국회의원(직능본부장)
양정철	1964년, 서울	우신고, 한국외대 법학과	참여정부 홍보기획비서관	우석대 문예창작학과 초빙교수
염한웅	1966년, 서울	서라벌고, 서울대 물리학과	기초과학연구원 전자계연구단장	포항공대 물리학과 교수

이름	출생	학력	경력	직업(선대위 직책)
예종석	1953년, 부산	캘리포니아주립대 경제학과	아름다운재단 이사장	한양대 교수(홍보본부장)
오갑수	1948년, 충남 논산	대전고, 서울대 경영학과	글로벌금융학회 회장	전 SC금융 부회장 (금융경제위원장)
오거돈	1948년, 부산	경남고, 서울대 철학과	해양수산부 장관	전 동명대 총장(부산선대위원장)
오영식	1967년, 전북 정읍	양정고, 고려대 법학과	전대협 2기 의장	전 국회의원(조직본부장)
우상호	1962년, 강원 철원	용문고, 연세대 국문과	더불어민주당 원내대표	국회의원(공동선대위원장)
우원식	1957년, 서울	경동고, 연세대 토목공학과	17·19·20대 국회의원	국회의원(을지로민생본부장)
위철환	1958년, 전남 장흥	중동고, 성균관대 법학과	수원지방변호사회장	전 변협회장(공명선거본부장)
유송화	1968년, 전남 고흥	송원여고, 이화여대 경제학과	참여정부 행정관	청와대 제2부속비서관
유정아	1967년, 서울	세화여고, 서울대 사회학과	노무현시민학교장	전 KBS 아나운서 (더불어포럼 운영위원장)
윤건영	1969년, 부산	배정고, 국민대 무역학과	참여정부 정무기획비서관	청와대 국정상황실장 (종합상황본부 2실장)
윤관석	1960년, 서울	보성고, 한양대 신문방송학과	인천광역시 대변인	국회의원(공보단장)
윤대희	1949년, 인천	제물포고, 서울대 경영학과	국무조정실장	가천대 석좌교수(10년의힘위원)
윤영찬	1964년, 전북 전주	영등포고, 서울대 지리학과	네이버 부사장	청와대 국민소통수석 (SNS본부 공동본부장)
윤종원	1960년, 경남 밀양	인창고, 서울대 경제학과	기재부 경제정책국장	주 OECD 대사
윤태영	1961년, 경남 진해	대신고, 연세대 경제학과	참여정부 연설기획비서관	전 청와대 대변인 (미디어본부 부분부장)
윤호중	1963년, 경기 가평	춘천고, 서울대 철학과	더불어민주당 정책위의장	국회의원(정책본부장)
이광재	1965년, 강원 평창	원주고, 연세대 법학과	17·18대 국회의원, 강원지사	여시재 부원장
이낙연	1952년, 전남 영광	광주제일고, 서울대 법학과	16~19대 국회의원, 전남지사	국무총리
이다혜	1985년, 서울	선린인터넷고, 한국외대 일본학부	한국여자바둑리그 호반건설 감독	바둑기사 (청년분과 공동선대위원장)
이미경	1950년, 부산	이화여고, 이화여대 영문학과	민주당 사무총장	전 국회의원(공동선대위원장)

이름	출생	학력	경력	직업(선대위 직책)
이병완	1954년, 전남 장성	광주고, 고려대 신문방송학과	참여정부 기획조정비서관	전 청와대 비서실장
이석현	1951년, 전북 익산	남성고, 서울대 법학과	19대 후반기 국회 부의장	국회의원(공동선대위원장)
이수혁	1949년, 전북 정읍	서울고, 서울대 외교학과	북핵 6자회담 수석대표	전 주독일 대사
이영탁	1947년, 경북 영주	대구상고, 서울대 상대	교육부 차관	전 국무조정실장 (10년의힘공동위원장)
이용섭	1951년, 전남 함평	학다리고, 전남대 무역학과	행정자치부 장관	건국대 석좌교수 (비상경제대책단장)
이정도	1965년, 경남 합천	초계종합고, 창원대 행정학과	기재부 인사과장	청와대 총무비서관
이해찬	1952년, 충남 청양	용산고, 서울대 사회학과	국무총리	국회의원(공동선대위원장)
이호철	1958년, 부산	경남고, 부산대 법학과	참여정부 국정상황실장	전 청와대 민정수석
이훈	1965년, 전남 신안	대원고, 서강대 사학과	참여정부 국정상황실장	국회의원
임종석	1966년, 전남 장흥	용문고, 한양대 무기재료공학과	16·17대 국회의원	청와대 비서실장
전병헌	1958년, 충남 홍성	휘문고, 고려대 정치외교학과	더불어민주당 최고위원	청와대 정무수석
전윤철	1939년, 전남 목포	서울고, 서울대 법학과	경제부총리	전 감사원장(공동선대위원장)
전재수	1971년, 경남 의령	구덕고, 동국대 역사교육학과	참여정부 제2부속실장	국회의원(교육특보)
전해철	1962년, 전남 목포	마산중앙고, 고려대 법학과	참여정부 민정수석	국회의원(조직특보단장)
전현희	1964년, 경남 통영	데레사여고, 서울대 치의학과	치과의사	국회의원 (직능본부 수석부본부장)
정세현	1945년, 중국 헤이룽장성	경기고, 서울대 외교학과	통일부 장관	전 통일부 장관 (10년의힘공동위원장)
정의용	1946년, 서울	서울고, 서울대 외교학과	17대 국회의원	청와대 국가안보실장 (국민아그레망 단장)
정재호	1965년, 대구	달성고, 고려대 행정학과	참여정부 사회조정비서관	국회의원
정철	1960년, 전남 여수	고려대 경제학과	정철 카피 대표	카피라이터(홍보부본부장)
정청래	1965년, 충남 금산	보문고, 건국대 산업공학과	더불어민주당 최고위원	전 국회의원 (국민참여본부 공동본부장)
정태호	1963년, 경남 사천	인창고, 서울대 사회복지학과	민주통합당 정책위 부의장	전 청와대 대변인(정책상황실장)

이름	출생	학력	경력	직업(선대위 직책)
조국	1965년, 부산	혜광고, 서울대 법학과	서울대 법대 교수	청와대 민정수석
조대엽	1960년, 경북 안동	고려대 사회학과	고려대 노동대학원장	고려대 사회학과 교수 (국민성장 부소장)
조병제	1956년, 경북 영천	대륜고, 서울대 외교학과	외교부 북미국장	전 주말레이시아 (국민아그레망 간사)
조윤제	1952년, 부산	경기고, 서울대 경제학과	주영국 대사	서강대 국제대학원 교수 (국민성장 소장)
조현옥	1956년, 서울	숙명여고, 이화여대 정외과	참여정부 균형인사비서관	청와대 인사수석
주영훈	1956년, 충남 금산	한국외대 아랍어과	경호실 안전본부장	경호실장 (광화문대통령공약위 부위원장)
진성준	1967년, 전북 전주	동암고, 전북대 법학과	18대 대선 문재인 후보 대변인	전 국회의원(전략본부장)
최재성	1965년, 경기 가평	서울고, 동국대 불교학과	더불어민주당 총무본부장	전 국회의원 (종합상황본부 1실장)
최정표	1953년, 경남 하동	진주고, 성균관대 경제학과	경실련 공동대표	건국대 경제학과 교수 (국민성장 경제분과위원장)
추미애	1958년, 대구	경북여고, 한양대 법학과	15·16대, 18·20대 국회의원	더불어민주당 대표 (상임선대위원장)
하승창	1961년, 서울	마포고, 연세대 사회학과	서울시 정무부시장	청와대 사회혁신수석 (사회혁신위원장)
한병도	1967년, 전북 익산	원광고, 원광대 신문방송학과	노무현재단 자문위원	전 국회의원 (조직본부 부본부장)
한완상	1936년, 충남 당진	경복고, 서울대 사회학과	교육부총리	서울대 명예교수 (국민성장 상임고문)
홍남기	1960년, 강원 춘천	춘천고, 한양대 경제학과	미래부 1차관	국무조정실장
홍영표	1957년, 전북 고창	이리고, 동국대 철학과	한국노동운동연구소장	국회의원 (일자리위원회 본부장)
홍익표	1967년, 서울	관악고, 한양대 정치외교학과	북한대학원대 겸임교수	국회의원(수석대변인)
홍종학	1959년, 인천	제물포고, 연세대 경제학과	경실련 경제정책연구소장	전 국회의원(정책본부장)
황희	1967년, 전남 목포	강서고, 숭실대 경제학과	참여정부 행정관	국회의원(총무부본부장)

문재인 시대 파워엘리트

초판 1쇄 2017년 6월 9일

지은이 매일경제 정치부
펴낸이 전호림
책임편집 강혜진 권병규 강현호
마케팅 민안기 박태규 김혜원
영 업 강동균

펴낸곳 매경출판㈜
등 록 2003년 4월 24일(No. 2-3759)
주 소 (04557) 서울시 중구 충무로 2(필동1가) 매일경제 별관 2층 매경출판㈜
홈페이지 www.mkbook.co.kr **페이스북** facebook.com/maekyung1
전 화 02)2000-2640(기획편집) 02)2000-2636(마케팅) 02)2000-2606(구입 문의)
팩 스 02)2000-2609 **이메일** publish@mk.co.kr
인쇄 · 제본 ㈜M-print 031)8071-0961
ISBN 979-11-5542-678-4(03340)